最高人民法院环境资源审判指导系列

最高人民法院
生态环境侵权民事证据规定
理解与适用

最高人民法院环境资源审判庭◎编著

中国法制出版社

CHINA LEGAL PUBLISHING HOUSE

前　言

党的十八大以来，以习近平同志为核心的党中央把生态文明建设作为关系中华民族永续发展的根本大计，开展了一系列开创性工作，生态文明建设从理论到实践都发生了历史性、转折性、全局性变化，美丽中国建设迈出重要步伐。

环境资源审判作为生态环境治理体系的重要组成部分，担负着化解生态环境矛盾纠纷，保护生态环境国家利益和社会公共利益，保障人民群众环境权益的重要职责。环境资源审判职能作用的有效发挥，有赖于证据裁判原则的全面贯彻及符合环境资源案件特点的证据裁判规则体系的健全完善。

为保证人民法院正确认定案件事实，公正、及时审理生态环境侵权责任纠纷案件，保障和便利当事人依法行使诉讼权利，保护生态环境，最高人民法院制定《关于生态环境侵权民事诉讼证据的若干规定》（以下简称《规定》），就生态环境侵权民事诉讼的举证责任、证明标准、免证事实、证据的调查收集和保全、证据共通原则、专家证据、书证提出命令、损失和费用的酌定等问题作出较为系统的规定。《规定》于2023年4月17日经最高人民法院审判委员会第1885次会议审议通过，2023年8月15日发布，自2023年9月1日起施行。

《规定》的出台，是最高人民法院深入践行习近平生态文明思想和习近平法治思想的重要举措。《规定》坚持以人民为中心，深入贯彻绿水青山就是金山银山的理念，落实用最严格制度最严密法治保护生态环境的要求，保障人民法院充分发挥审判职能作用，不断夯实守护绿水青山和增进民生福祉的法治防线。

《规定》的出台，是最高人民法院贯彻实施《民法典》绿色原则和生态环境侵权责任制度的重要举措。作为《民法典》中绿色条款的重要组成部分，在侵权责任编中设置专章规定了环境污染和生态破坏责任，对生态环境侵权的归责原则、举证责任等内容作出明确规定。《规定》严格遵循立法原意，立足审判实际，深入研究、系统解决生态环境侵权民事纠纷案件中的证据规则问题，确保《民法典》绿色原则和生态环境侵权责任制度在审判实践中得到正确实施。

《规定》的出台，是最高人民法院丰富完善生态环境裁判规则体系的重要举措。最高人民法院自 2014 年 6 月成立环境资源审判庭以来，先后制定发布了 20 余部司法解释，基本涵盖生态环境案件审理的实体和程序问题，但对作为实体与程序问题"结合部""连接点"的证据问题，并无系统性、专门性规定。证据问题直接关系到保护当事人权利和人民法院裁判结果的公正性，而生态环境侵权案件在证据方面又存在一些突出特点，诸如适用特殊的举证责任分配规则，事实认定的"专业壁垒"问题突出，"证据偏在"问题突出，等等，确需构建相应的规则体系。

《规定》的出台，是最高人民法院积极回应和满足审判实践需要的重要举措。在历次对环境资源审判疑难问题的调研中，证据问题总是一线法官反映、讨论的焦点，诸如公益诉讼与私益诉讼举证责任分配之异同，鉴定依赖问题如何破解，当事人自行委托有关机构出具的专业意见如何处理，等等。人民法院对这些问题的认识和把握，直接关系到"努力让人民群众在每一个司法案件中感受到公平正义"目标的实现，需要深入研究并妥善解决。

　　为使司法工作人员和社会各界更好地了解《规定》出台的背景、意义，准确适用具体规则，我们组织参与司法解释制定的同志和部分业务骨干编写了本书。本书的写作坚持合法原则、问题导向、效果意识，系统阐释了条文主旨和适用要点，并对司法实践中的重点难点问题进行了详细阐述。本书成稿仓促，作者水平有限，难免有疏漏之处，欢迎批评指正、提出宝贵意见，共同推动环境资源审判工作高质量发展。

最高人民法院环境资源审判庭
2023 年 9 月

凡 例

1. 为行文简洁，方便读者阅读，本书第三部分条文理解与适用法律名称均使用简称，如《中华人民共和国民法典》简称为《民法典》。

2. 相关司法解释直接使用了简称，具体如下：

序号	全称	简称
1	2015 年《最高人民法院关于审理环境侵权责任纠纷案件适用法律若干问题的解释》	《环境侵权责任规定》
2	《最高人民法院关于生态环境侵权民事诉讼证据的若干规定》	本解释
3	《最高人民法院关于审理环境民事公益诉讼案件适用法律若干问题的解释》	《环境民事公益诉讼解释》
4	《最高人民法院关于审理生态环境损害赔偿案件的若干规定（试行）》	《生态环境损害赔偿规定（试行）》
5	《最高人民法院关于适用〈中华人民共和国民事诉讼法〉的解释》	《民事诉讼法司法解释》
6	《最高人民法院关于审理生态环境侵权责任纠纷案件适用法律若干问题的解释》	《生态环境侵权责任解释》

序号	全称	简称
7	《最高人民法院关于适用〈中华人民共和国刑事诉讼法〉的解释》	《刑诉法解释》
8	《最高人民法院关于民事诉讼证据的若干规定》	《民事诉讼证据规定》
9	《最高人民法院、最高人民检察院关于办理环境污染刑事案件适用法律若干问题的解释》	《环境污染刑事解释》

目　录
Contents

第一部分

司法解释全文

最高人民法院关于生态环境侵权
民事诉讼证据的若干规定

（2023 年 4 月 17 日　法释〔2023〕6 号）

为保证人民法院正确认定案件事实，公正、及时审理生态环境侵权责任纠纷案件，保障和便利当事人依法行使诉讼权利，保护生态环境，根据《中华人民共和国民法典》《中华人民共和国民事诉讼法》《中华人民共和国环境保护法》等有关法律规定，结合生态环境侵权民事案件审判经验和实际情况，制定本规定。

第一条　人民法院审理环境污染责任纠纷案件、生态破坏责任纠纷案件和生态环境保护民事公益诉讼案件，适用本规定。

生态环境保护民事公益诉讼案件，包括环境污染民事公益诉讼案件、生态破坏民事公益诉讼案件和生态环境损害赔偿诉讼案件。

第二条　环境污染责任纠纷案件、生态破坏责任纠纷案件的原告应当就以下事实承担举证责任：

（一）被告实施了污染环境或者破坏生态的行为；

（二）原告人身、财产受到损害或者有遭受损害的危险。

第三条　生态环境保护民事公益诉讼案件的原告应当就以下事实承担举证责任：

（一）被告实施了污染环境或者破坏生态的行为，且该行为违反国家规定；

（二）生态环境受到损害或者有遭受损害的重大风险。

第四条 原告请求被告就其污染环境、破坏生态行为支付人身、财产损害赔偿费用，或者支付民法典第一千二百三十五条规定的损失、费用的，应当就其主张的损失、费用的数额承担举证责任。

第五条 原告起诉请求被告承担环境污染、生态破坏责任的，应当提供被告行为与损害之间具有关联性的证据。

人民法院应当根据当事人提交的证据，结合污染环境、破坏生态的行为方式、污染物的性质、环境介质的类型、生态因素的特征、时间顺序、空间距离等因素，综合判断被告行为与损害之间的关联性是否成立。

第六条 被告应当就其行为与损害之间不存在因果关系承担举证责任。

被告主张不承担责任或者减轻责任的，应当就法律规定的不承担责任或者减轻责任的情形承担举证责任。

第七条 被告证明其排放的污染物、释放的生态因素、产生的生态影响未到达损害发生地，或者其行为在损害发生后才实施且未加重损害后果，或者存在其行为不可能导致损害发生的其他情形的，人民法院应当认定被告行为与损害之间不存在因果关系。

第八条 对于发生法律效力的刑事裁判、行政裁判因未达到证明标准未予认定的事实，在因同一污染环境、破坏生态行为提起的生态环境侵权民事诉讼中，人民法院根据有关事实和证据确信待证事实的存在具有高度可能性的，应当认定该事实存在。

第九条 对于人民法院在生态环境保护民事公益诉讼生效裁判中确认的基本事实，当事人在因同一污染环境、破坏生态行为提起的人身、财产损害赔偿诉讼中无需举证证明，但有相反证据足以推翻的除外。

第十条 对于可能损害国家利益、社会公共利益的事实，双方当事人未主张或者无争议，人民法院认为可能影响裁判结果的，可以责令当事人提供有关证据。

前款规定的证据，当事人申请人民法院调查收集，符合《最高人民法院关于适用〈中华人民共和国民事诉讼法〉的解释》第九十四条规定情形的，人民法院应当准许；人民法院认为有必要的，可以依职权调查收集。

第十一条　实行环境资源案件集中管辖的法院，可以委托侵权行为实施地、侵权结果发生地、被告住所地等人民法院调查收集证据。受委托法院应当在收到委托函次日起三十日内完成委托事项，并将调查收集的证据及有关笔录移送委托法院。

受委托法院未能完成委托事项的，应当向委托法院书面告知有关情况及未能完成的原因。

第十二条　当事人或者利害关系人申请保全环境污染、生态破坏相关证据的，人民法院应当结合下列因素进行审查，确定是否采取保全措施：

（一）证据灭失或者以后难以取得的可能性；

（二）证据对证明待证事实有无必要；

（三）申请人自行收集证据是否存在困难；

（四）有必要采取证据保全措施的其他因素。

第十三条　在符合证据保全目的的情况下，人民法院应当选择对证据持有人利益影响最小的保全措施，尽量减少对保全标的物价值的损害和对证据持有人生产、生活的影响。

确需采取查封、扣押等限制保全标的物使用的保全措施的，人民法院应当及时组织当事人对保全的证据进行质证。

第十四条　人民法院调查收集、保全或者勘验涉及环境污染、生态破坏专门性问题的证据，应当遵守相关技术规范。必要时，可以通知鉴定人到场，或者邀请负有环境资源保护监督管理职责的部门派员协助。

第十五条 当事人向人民法院提交证据后申请撤回该证据，或者声明不以该证据证明案件事实的，不影响其他当事人援引该证据证明案件事实以及人民法院对该证据进行审查认定。

当事人放弃使用人民法院依其申请调查收集或者保全的证据的，按照前款规定处理。

第十六条 对于查明环境污染、生态破坏案件事实的专门性问题，人民法院经审查认为有必要的，应当根据当事人的申请或者依职权委托具有相应资格的机构、人员出具鉴定意见。

第十七条 对于法律适用、当事人责任划分等非专门性问题，或者虽然属于专门性问题，但可以通过法庭调查、勘验等其他方式查明的，人民法院不予委托鉴定。

第十八条 鉴定人需要邀请其他机构、人员完成部分鉴定事项的，应当向人民法院提出申请。

人民法院经审查认为确有必要的，在听取双方当事人意见后，可以准许，并告知鉴定人对最终鉴定意见承担法律责任；主要鉴定事项由其他机构、人员实施的，人民法院不予准许。

第十九条 未经人民法院准许，鉴定人邀请其他机构、人员完成部分鉴定事项的，鉴定意见不得作为认定案件事实的根据。

前款情形，当事人申请退还鉴定费用的，人民法院应当在三日内作出裁定，责令鉴定人退还；拒不退还的，由人民法院依法执行。

第二十条 鉴定人提供虚假鉴定意见的，该鉴定意见不得作为认定案件事实的根据。人民法院可以依照民事诉讼法第一百一十四条的规定进行处理。

鉴定事项由其他机构、人员完成，其他机构、人员提供虚假鉴定意见的，按照前款规定处理。

第二十一条 因没有鉴定标准、成熟的鉴定方法、相应资格的鉴定人等原因无法进行鉴定，或者鉴定周期过长、费用过高的，人民法院可以结合案件有关事实、当事人申请的有专门知识的人的意见和其他证据，对涉及专门性问题的事实作出认定。

第二十二条 当事人申请有专门知识的人出庭，就鉴定意见或者污染物认定、损害结果、因果关系、生态环境修复方案、生态环境修复费用、生态环境受到损害至修复完成期间服务功能丧失导致的损失、生态环境功能永久性损害造成的损失等专业问题提出意见的，人民法院可以准许。

对方当事人以有专门知识的人不具备相应资格为由提出异议的，人民法院对该异议不予支持。

第二十三条 当事人就环境污染、生态破坏的专门性问题自行委托有关机构、人员出具的意见，人民法院应当结合本案的其他证据，审查确定能否作为认定案件事实的根据。

对方当事人对该意见有异议的，人民法院应当告知提供意见的当事人可以申请出具意见的机构或者人员出庭陈述意见；未出庭的，该意见不得作为认定案件事实的根据。

第二十四条 负有环境资源保护监督管理职责的部门在其职权范围内制作的处罚决定等文书所记载的事项推定为真实，但有相反证据足以推翻的除外。

人民法院认为有必要的，可以依职权对上述文书的真实性进行调查核实。

第二十五条 负有环境资源保护监督管理职责的部门及其所属或者委托的监测机构在行政执法过程中收集的监测数据、形成的事件调查报告、检验检测报告、评估报告等材料，以及公安机关单独或者会同负有环境资源保护监督管理职责的部门提取样品进行检测获取的数据，经当事人质证，可以作为认定案件事实的根据。

第二十六条 对于证明环境污染、生态破坏案件事实有重要意义的书面文件、数据信息或者录音、录像等证据在对方当事人控制之下的，承担举证责任的当事人可以根据《最高人民法院关于适用〈中华人民共和国民事诉讼法〉的解释》第一百一十二条的规定，书面申请人民法院责令对方当事人提交。

第二十七条 承担举证责任的当事人申请人民法院责令对方当事人提交证据的，应当提供有关证据的名称、主要内容、制作人、制作时间或者其他可以将有关证据特定化的信息。根据申请人提供的信息不能使证据特定化的，人民法院不予准许。

人民法院应当结合申请人是否参与证据形成过程、是否接触过该证据等因素，综合判断其提供的信息是否达到证据特定化的要求。

第二十八条 承担举证责任的当事人申请人民法院责令对方当事人提交证据的，应当提出证据由对方当事人控制的依据。对方当事人否认控制有关证据的，人民法院应当根据法律规定、当事人约定、交易习惯等因素，结合案件的事实、证据作出判断。

有关证据虽未由对方当事人直接持有，但在其控制范围之内，其获取不存在客观障碍的，人民法院应当认定有关证据由其控制。

第二十九条 法律、法规、规章规定当事人应当披露或者持有的关于其排放的主要污染物名称、排放方式、排放浓度和总量、超标排放情况、防治污染设施的建设和运行情况、生态环境开发利用情况、生态环境违法信息等环境信息，属于《最高人民法院关于民事诉讼证据的若干规定》第四十七条第一款第三项规定的"对方当事人依照法律规定有权查阅、获取的书证"。

第三十条 在环境污染责任纠纷、生态破坏责任纠纷案件中，损害事实成立，但人身、财产损害赔偿数额难以确定的，人民法院可以结合侵权行为对原告造成损害的程度、被告因侵权行为获得的利益以及过错程度等因素，并可以参考负有环境资源保护监督管理职责的部门的意见等，合理确定。

第三十一条　在生态环境保护民事公益诉讼案件中，损害事实成立，但生态环境修复费用、生态环境受到损害至修复完成期间服务功能丧失导致的损失、生态环境功能永久性损害造成的损失等数额难以确定的，人民法院可以根据污染环境、破坏生态的范围和程度等已查明的案件事实，结合生态环境及其要素的稀缺性、生态环境恢复的难易程度、防治污染设备的运行成本、被告因侵权行为获得的利益以及过错程度等因素，并可以参考负有环境资源保护监督管理职责的部门的意见等，合理确定。

第三十二条　本规定未作规定的，适用《最高人民法院关于民事诉讼证据的若干规定》。

第三十三条　人民法院审理人民检察院提起的环境污染民事公益诉讼案件、生态破坏民事公益诉讼案件，参照适用本规定。

第三十四条　本规定自 2023 年 9 月 1 日起施行。

本规定公布施行后，最高人民法院以前发布的司法解释与本规定不一致的，不再适用。

第二部分

司法解释新闻发布稿

《最高人民法院关于生态环境侵权民事诉讼
证据的若干规定》新闻发布稿①

最高人民法院环境资源审判庭庭长　刘竹梅

各位记者朋友：

大家好！下面我来发布《最高人民法院关于生态环境侵权民事诉讼证据的若干规定》（以下简称《规定》）。该规定已于 2023 年 4月 17 日经最高人民法院审判委员会第 1885 次会议审议通过，我就这部司法解释制定的背景和意义、基本原则、主要内容作简要介绍说明。

一、制定背景和意义

制定《规定》，是最高人民法院深入践行习近平生态文明思想和习近平法治思想的重要举措。《规定》坚持以人民为中心，深入贯彻绿水青山就是金山银山理念，落实以最严格制度最严密法治保护生态环境要求，保障人民法院充分发挥审判职能作用，不断夯实守护绿水青山和增进民生福祉的法治防线。

制定《规定》，是最高人民法院贯彻实施民法典绿色原则和生态环境侵权责任制度的重要举措。作为民法典绿色条款的重要组成部分，侵权责任编专章规定了环境污染和生态破坏责任，对生态环境

---

① 参见《最高人民法院发布〈关于生态环境侵权民事诉讼证据的若干规定〉》，载最高人民法院网站，https://www.court.gov.cn/zixun/xiangqing/408992.html，最后访问时间：2023 年 8月 15 日。

侵权的归责原则、举证责任等内容作出明确规定。《规定》严格遵循立法原意，立足审判实际，深入研究、系统解决生态环境侵权民事纠纷案件中的证据规则问题，确保民法典绿色原则和生态环境侵权责任制度在审判实践中得到正确实施。

制定《规定》，是最高人民法院丰富完善生态环境裁判规则体系的重要举措。最高人民法院自 2014 年 6 月成立环境资源审判庭以来，先后制定发布 20 余部司法解释，基本涵盖生态环境案件审理的实体和程序问题，但对作为实体与程序问题"结合部""连接点"的证据问题，并无系统性、专门性规定。证据问题直接关系到当事人权利的保护和人民法院裁判结果的公正性，而生态环境侵权案件在证据方面又存在一些突出特点，诸如适用特殊的举证责任分配规则，事实认定的"专业壁垒"问题突出，"证据偏在"问题突出，等等，确需构建相应的规则体系。

制定《规定》，是最高人民法院积极回应和满足审判实践需要的重要举措。在历次环境资源审判疑难问题调研中，证据问题都是一线法官反映、讨论的焦点，诸如公益诉讼与私益诉讼举证责任分配之异同，过度依赖鉴定问题如何破解，当事人自行委托有关机构出具的专业意见如何处理，等等。人民法院对这些问题的认识和把握，直接关系到"努力让人民群众在每一个司法案件中感受到公平正义"目标的实现，需要深入研究并妥善解决。

二、制定的基本原则

一是坚持合法性原则。贯彻落实民法典、民事诉讼法、环境保护法等法律规定，解决法律关于证据制度的规定在生态环境侵权诉讼中的具体适用问题，是制定《规定》的核心目标。在起草过程中，始终坚持合法性原则，坚持在现行法律框架下思考问题、拟定条文，严格就如何具体适用法律问题作出解释。

二是满足司法实践需要。立足审判实践，坚持问题导向，强化效果意识，系统梳理生态环境侵权案件中证据方面的突出问题，深入研究其特点和规律，有针对性地设计条文内容，确保《规定》能够满足生态环境审判实践需要，切实解决证据方面的难点、堵点问题。

三是重点完善技术性、操作性规则。严守司法解释功能定位，准确把握《规定》与《最高人民法院关于适用〈中华人民共和国民事诉讼法〉的解释》（以下简称《民事诉讼法司法解释》）、《最高人民法院关于民事诉讼证据的若干规定》（以下简称《民事诉讼证据规定》）的适用关系，不追求体系的完整性，对于法律及有关司法解释已有明确规定的内容，不作重复规定。所拟条文紧扣法律规定的适用问题，推动生态环境侵权民事诉讼在当事人举证、证据调查收集、认定、采信等方面的规范化。

三、《规定》的主要内容

《规定》共 34 条，除引言外，主要包括适用范围、举证责任、证据的调查收集和保全、证据共通原则、专家证据、书证提出命令、损失费用的酌定等内容，择要解析如下：

（一）关于举证责任

举证责任是"民事诉讼的脊梁"，在民事证据规则体系中居于基础性地位。《规定》采用法律要件分类说中的规范说①，严格按照民法典相关规定确定生态环境侵权民事诉讼各方当事人的举证责任。

关于原告的举证责任。根据《规定》第 2 条至第 5 条，原告的举证责任包括三个部分：一是根据生态环境侵权责任构成要件，环

---

① 编者注：该说为大陆法系通说，认为举证责任分配具有法定性，民事实体法规范已经对举证责任分配作出了规定，法官在举证责任分配问题上是适用实体法的过程，通过对实体法规范的分析发现法律确定的举证责任分配规则，而非创造举证责任分配规则。

境污染责任纠纷案件、生态破坏责任纠纷案件的原告应当就被告实施了污染环境或者破坏生态的行为，以及原告人身、财产受到损害或者有遭受损害的危险承担举证责任；生态环境保护民事公益诉讼案件的原告应当就被告实施了污染环境或者破坏生态的行为且该行为违反国家规定，以及生态环境受到损害或者有遭受损害的重大风险承担举证责任。其中，"违反国家规定"是否为侵权责任构成要件，以及是否由原告举证证明，是生态环境私益侵权诉讼与生态环境保护民事公益诉讼的重要区别。二是根据谁主张谁举证的举证责任分配原则，原告应当就其主张的人身、财产损害赔偿费用，或者民法典第 1235 条规定的损失、费用，承担举证责任。三是为防止滥诉，提高因果关系认定的准确性，原告起诉请求被告承担环境污染、生态破坏责任的，应当提供被告行为与损害之间具有关联性的证据。

关于被告的举证责任。根据民法典第 1230 条的规定，因污染环境、破坏生态发生纠纷，行为人应当就两种情形承担举证责任：一是其行为与损害不存在因果关系；二是存在法律规定的不承担责任或者减轻责任的情形。基于此，《规定》第 6 条明确，生态环境侵权民事诉讼的被告应当就其行为与损害之间不存在因果关系承担举证责任；被告主张不承担责任或者减轻责任的，应当就法律规定的不承担责任或者减轻责任的情形承担举证责任。因果关系是确定生态环境侵权是否成立的最关键要件，《规定》将因果关系不存在的举证责任分配给被告，旨在平衡原被告的举证能力，有利于被侵权人及时有效地获得司法救济。

（二）关于证明标准

因同一污染环境、破坏生态行为分别提起刑事、民事、行政诉讼的情况在司法实践中较为普遍。调研中发现，审判实践中存在生效刑事裁判、行政裁判未予认定的事实，生态环境侵权民事裁判亦不予认定的情况，忽视了三大诉讼证明标准之不同。比如，对于因证据不足、案件事实不清，未达到排除合理怀疑的刑事诉讼证明标准而作出的无罪判决，如果相关事实能够达到高度可能性的民事诉讼证明标准，民事裁判应当认定该事实存在。基于此，《规定》第8条规定，对于发生法律效力的刑事裁判、行政裁判因未达到证明标准未予认定的事实，在因同一污染环境、破坏生态行为提起的生态环境侵权民事诉讼中，人民法院根据有关事实和证据，确信待证事实的存在具有高度可能性的，应当认定该事实存在。

（三）关于证据共通原则

证据共通原则是证据法上的一项基本原则，其基本涵义是指某项证据在提交法院后，虽然可以被提交证据的一方当事人撤回，但不影响对方当事人援引该证据证明案件事实。证据共通原则虽然未被民事诉讼法及相关司法解释所规定，但在司法实践中被普遍遵循。《规定》第15条立足基本法理，对该原则在生态环境侵权司法实践中的具体适用作出较为全面的规定：当事人向人民法院提交证据后申请撤回该证据，或者声明不以该证据证明案件事实的，不影响其他当事人援引该证据证明案件事实以及人民法院对该证据进行审查认定。当事人放弃使用人民法院依其申请调查收集或者保全的证据的，按照前款规定处理。

（四）关于专家证据

民事诉讼法及相关司法解释构建了鉴定人和专家辅助人并存的"双层"专家证据制度。专家证据制度对于破解生态环境侵权案件事实认定的"专业壁垒"问题具有重要作用。《规定》以第16条至第23条共8个条文的体量，对专家证据制度在生态环境侵权案件适用中的重点、难点问题作出较为全面的规定。关于鉴定意见，《规定》重点围绕生态环境侵权案件委托鉴定比例高、个别案件存在"以鉴代审"、一些复杂鉴定事项难以由某一鉴定人全部完成、当事人自行委托有关机构出具专业意见等情况，分别明确了不予委托鉴定的情形、鉴定之外认定专门性事实的方法、鉴定人邀请其他机构、人员完成部分鉴定事项的"有限许可、严格限制"规则，以及当事人自行委托有关机构出具专业意见的审查认定规则。关于专家辅助人制度，《规定》在充分总结司法经验基础上，明确当事人可以聘请有专门知识的人对鉴定意见或者污染物认定、损害结果、因果关系、生态环境修复方案、生态环境修复费用、生态环境受到损害至修复完成期间服务功能丧失导致的损失、生态环境功能永久性损害造成的损失等专业问题提出意见。

（五）关于损失、费用等的酌定

由于生态环境侵权案件的专业性、复杂性，司法实践中存在"定性不易、定量更难"问题，即使根据在案证据能够认定侵权事实成立，损害赔偿数额或者损失、费用数额仍然难以确定。对于这种情况，人民法院既不能因事实不清拒绝裁判，也不能仅以原告未完成相关举证责任为由不支持其关于赔偿数额或者损失、费用的主张，而应结合已查明的案件事实和其他证据，对相关数额进行酌定。为保证酌定的规范和公平，《规定》第30条、第31条在充分总结审判经验的基础上，对酌定时的考量因素进行了列举式规定：对于环境污染责任纠纷、生态破坏责任纠纷案件，人民法院可以结合侵权行为对原告造成损害的程度、被告因侵权行为获得的利益以及过错程度等因素，并可以参考负有环境资源保护监督管理职责的部门的意见等，合理确定人身、财产损害赔偿数额；对于生态环境保护民事公益诉讼案件，人民法院可以根据污染环境、破坏生态的范围和程度等已查明的案件事实，结合生态环境及其要素的稀缺性、生态环境恢复的难易程度、防治污染设备的运行成本、被告因侵权行为获得的利益以及过错程度等因素，并可以参考负有环境资源保护监督管理职责的部门的意见等，合理确定生态环境修复费用、生态环境受到损害至修复完成期间服务功能丧失导致的损失、生态环境功能永久性损害造成的损失等数额。

记者朋友们，生态环境是人类生存和发展的根基，良好的生态环境是最普惠的民生福祉。人民法院将持续深入贯彻习近平生态文明思想和习近平法治思想，贯彻落实全国生态环境保护大会部署，胸怀"国之大者"，坚持能动司法，狠抓公正与效率，努力为全面推进美丽中国建设、加快推进人与自然和谐共生的现代化提供更加有力的司法服务和保障。

谢谢大家！

《最高人民法院关于生态环境侵权民事诉讼证据的若干规定》新闻发布会答记者问[①]

问题 1：听了刚才的介绍，我们感到《规定》聚焦生态环境侵权特点，坚持问题导向，指导性、操作性强。我们了解到，最高人民法院之前已经出台了《关于民事诉讼证据的若干规定》，请再具体谈一谈针对生态环境侵权纠纷制定专门证据规定的必要性和制定的基本思路。

答（刘竹梅庭长回答）：这是一个好问题。之所以针对生态环境侵权纠纷制定专门的证据规定，是因为与其他民事纠纷相比，生态环境侵权纠纷在证据方面存在以下突出特点：**一是适用特殊的举证责任分配规则**。生态环境侵权适用无过错责任归责原则，且侵权人对因果关系不存在承担举证责任。二是事实认定"专业壁垒"问题突出。生态环境侵权大多具有长期性、潜伏性、持续性、广泛性，造成损害的过程、因果关系链条比较复杂，专门性问题较多，相关事实查明的难度大，对专家证据的依赖程度高。三是"证据偏在"问题突出。诸如污染物名称、排放方式、排放浓度和总量、超标排放情况以及防治污染设施的建设和运行情况等对案件审理至关重要的环境信息，往往掌握在侵权人手中，被侵权人收集证据的手段不足，举证能力受限，申请人民法院调查收集证据的情况较为普遍。因此，构建符合生态环境

[①] 参见《最高法相关负责人就最新发布的生态环境侵权相关司法解释答记者问》，载最高人民法院网站，https://www.court.gov.cn/zixun/xiangqing/408952.html，最后访问时间：2023 年 8 月 15 日。另本部分仅节录与本规定相关的问题，特此说明。

侵权案件特点和审判规律的证据规则体系，就十分必要了。

针对生态环境侵权纠纷在证据方面的突出特点，《规定》坚持问题导向、合法原则、效果意识，有针对性地设计了相关条文。比如，关于举证责任分配规则，《规定》用第2条至第7条共6个条文，对原被告的举证责任进行了详细规定；针对事实认定的"专业壁垒"问题，《规定》通过第16条至第23条，以及第30条、第31条共10个条文，对专家证据制度、损失费用的酌定等内容进行了具体规定；针对证据偏在被告一方、原告举证困难的问题，《规定》通过第9条、第26条至第29条共5个条文，对免证事实、书证提出命令，在环境侵权诉讼中的具体适用作出规定。这些条文作为《规定》的主干内容，都广泛征求了意见，进行了反复论证，相信会对破解生态环境司法实践中的证据难题起到积极作用。

问题2：我们了解到，在生态环境侵权案件中，专门性问题较多，司法鉴定发挥了重要作用。但是在司法实践中，一定程度上还存在鉴定机构有限、过度依赖鉴定、虚假鉴定等问题，请问《规定》是通过哪些制度设计破解这些问题的。

答（李明义副庭长回答）：鉴定意见是法定的民事诉讼证据种类之一，在民事诉讼法及相关司法解释构建的专家证据制度中居于基础性地位，对于解决生态环境侵权案件事实认定的"专业壁垒"问题具有重要作用。我们在起草《规定》过程中，高度重视、系统梳理了司法实践中存在的鉴定问题，在深入调研论证基础上，有针对性地设计了相关条文，旨在推动鉴定制度更好发挥作用。具体而言，主要规定了三方面内容：

一是规定了不予委托鉴定的情形和鉴定之外认定专门性事实的方法，以解决委托鉴定比例高、对鉴定过度依赖的问题。第17条规定，对于法律适用、当事人责任划分等非专门性问题，或者虽然属于专门性问题，但可以通过法庭调查、勘验等其他方式查明的，人民法院不予委托鉴定。第 21 条规定，因没有鉴定标准、成熟的鉴定方法、相应资格的鉴定人等原因无法进行鉴定，或者鉴定周期过长、费用过高的，人民法院可以结合案件有关事实、当事人申请的有专门知识的人的意见和其他证据，对涉及专门性问题的事实作出认定。

二是以"有限许可、严格限制"为原则，对鉴定人邀请其他机构、人员完成部分鉴定事项的问题作出规定，以解决环境损害等司法鉴定鉴定范围广、鉴定事项复杂，一个鉴定机构或者鉴定人无法完成全部鉴定事项的问题。为防止"皮包机构""鉴定中介"等问题的发生，第 18 条作出严格限制：仅能针对部分非主要鉴定事项；必须经过人民法院准许；鉴定人对最终鉴定意见负责。第 19 条规定了未经法院准许的法律后果：该鉴定意见不得作为认定案件事实的根据；鉴定人退还鉴定费用。针对接受邀请的机构、人员提供虚假鉴定意见的情况，《规定》第 20 条明确，该鉴定意见不得作为认定案件事实的根据，人民法院可以依照民事诉讼法第 114 条的规定对其进行处理。

三是规定了当事人自行委托有关机构出具专业意见的审查认定规则，填补了一项制度空白。在生态环境侵权案件中，当事人提供此类意见证明案件事实的情况比较普遍，但其并非民事诉讼法上的鉴定意见，法律和司法解释没有规定相应的审查判断规则，司法实践中也存在不同做法。考虑到此类意见与专家辅助人意见性质相同，以及证据效力体系的内在平衡，第 23 条明确规定，当事人就环境污染、生态破坏的专门性问题自行委托有关机构、人员出具的意见，人民法院应当结合本案的其他证据，审查确定能否作为认定案件事实的根据。对方当事人对该意见有异议的，人民法院应当告知提供意见的当事人可以申请出具意见的机构或者人员出庭陈述意见；未出庭的，该意见不得作为认定案件事实的根据。

第三部分

条文理解与适用

> 第一条　【适用范围】人民法院审理环境污染责任纠纷案件、生态破坏责任纠纷案件和生态环境保护民事公益诉讼案件，适用本规定。
>
> 生态环境保护民事公益诉讼案件，包括环境污染民事公益诉讼案件、生态破坏民事公益诉讼案件和生态环境损害赔偿诉讼案件。

【条文主旨】

本条是关于本规定适用范围的规定。

【条文理解】

一、生态环境

《环境保护法》第二条规定："本法所称环境，是指影响人类生存和发展的各种天然的和经过人工改造的自然因素的总体，包括大气、水、海洋、土地、矿藏、森林、草原、湿地、野生生物、自然遗迹、人文遗迹、自然保护区、风景名胜区、城市和乡村等。"《环境保护法》第二条所界定的环境非常广泛，生态环境侵权也是一个与《环境保护法》相对应的、在广义上使用的法律概念。

二、生态环境侵权法律规定的发展

第一阶段，作为普通侵权。法律关注到环境侵权会对他人的财产、人身造成损害，属于传统侵权损害的一种。1986 年《民法通则》① 第一百二十四条规定："违反国家保护环境防止污染的规定，污染环境造成他人损害的，应当依法承担民事责任。"

第二阶段，作为特殊侵权。人们意识到，环境侵权是一种特殊侵权，区别于产品责任、机动车交通事故责任、医疗损害责任等侵权责任，环境侵权责任具有间接性，需要以环境为介质对他人的人身、财产造成损害。这种间接性造成了侵权行为的隐蔽性、损害后果的潜伏性、取证的困难，体现在法律上则为无过错责任归责原则、因果关系推定、举证责任倒置等规则设计。2009 年《侵权责任法》第八章用四个条文规定了环境污染责任。

第三阶段，将生态环境本身作为法律保护的对象。随着认识的深化，人们意识到，环境侵权，不只是会通过环境介质对人造成损害，它也会对生态环境本身造成损害。即，因污染环境与破坏生态造成大气、地表水、地下水、土壤、森林等环境要素和植物、动物、微生物等生物要素的不利改变，以及上述要素构成的生态系统功能退化。这里的损害不对应某个具体民事主体，而是对生态环境整体造成的损害。两种损害之间存在关联，多数情况下，造成人身、财产损害的，生态环境或多或少都会有所损害，但反过来，造成生态环境损害的，未必一定会对人身、财产造成具体损害。比如，对途经某地的候鸟滥捕滥猎，造成当地生态恶化，很难说当地居民的人身、财产遭受了何种损害。因此，有必要对生态环境本身作出法律上的保护。2020 年《民法典》第一千二百三十四条、第一千二百三十五条增加了针对造成生态环境损害之公共利益的环境侵权责任

---

① 注：《民法典》已于 2021 年 1 月 1 日起实施，《婚姻法》《继承法》《民法通则》《收养法》《担保法》《合同法》《物权法》《侵权责任法》《民法总则》同时废止。下文不再对上述法律规范的效力作特别说明。

条款。

三、适用范围

本规定既适用于生态环境侵权的私益诉讼，也适用于公益诉讼。如系限定适用于私益诉讼或公益诉讼，相关条文会有专门限制，比如第二条（私益诉讼原告举证责任）、第九条（免证事实）、第三十条（私益诉讼赔偿数额的酌定）仅适用于私益诉讼；第三条（公益诉讼原告举证责任）、第十条（公益事实证据的调查收集）、第三十一条（公益诉讼损失、费用的酌定）仅适用于公益诉讼。没有限制的①，则适用于私益诉讼与公益诉讼。

需要提请注意的是，本规定第四条需与 2023 年《生态环境侵权责任解释》关于责任范围的规定结合来看。虽然本规定第四条既适用于私益诉讼，又适用于公益诉讼，但结合《生态环境侵权责任解释》第二十二条第二款中责任范围规定关于"被侵权人同时请求侵权人根据民法典第一千二百三十五条的规定承担生态环境损害赔偿责任的，人民法院不予支持"的条文表述来看，司法解释对于生态环境侵权私益诉讼不允许被侵权人主张修复生态环境。

---

① 包括第四条（原告关于损害、费用的举证责任）、第五条（关联性的证明与认定）、第六条（被告举证责任）、第七条（因果关系判断）、第八条（证明标准）、第十一条（集中管辖法院委托调查收集证据）、第十二条（证据保全的考量因素）、第十三条（证据保全中的利益影响最小化原则）、第十四条（证据收集、保全的科学性要求）、第十五条（证据共通原则）、第十六条（委托鉴定）、第十七条（不予委托鉴定情形）、第十八条（部分鉴定事项的转委托）、第十九条（未经准许转委托的处理）、第二十条（虚假鉴定意见的法律后果）、第二十一条（鉴定之外认定专门性事实的方法）、第二十二条（专家辅助人）、第二十三条（当事人提供的专业意见的处理）、第二十四条（公文书证）、第二十五条（行政执法、刑事侦查证据的使用）、第二十六条（书证提出命令之适用）、第二十七条（对象书证特定化的认定）、第二十八条（对方当事人控制书证的认定）、第二十九条（环境信息适用书证提出命令）、第三十二条（与民事诉讼证据规定的衔接）、第三十四条（效力规定）。

（一）私益诉讼

《民事案件案由规定》第三十一个二级案由"侵权责任纠纷"之下规定了第 377 个三级案由"环境污染责任纠纷"（其下又包括 8 个四级案由：大气污染责任纠纷、水污染责任纠纷、土壤污染责任纠纷、电子废物污染责任纠纷、固体废物污染责任纠纷、噪声污染责任纠纷、光污染责任纠纷、放射性污染责任纠纷），规定了第 378 个三级案由"生态破坏责任纠纷"，系本条第一款中所规定的生态环境保护私益诉讼的直接案由依据。

1. 环境污染责任纠纷案件

根据经济合作与发展组织环境委员会在 1974 年最早提出的定义，环境污染指被人们利用的物质或者能量直接或者间接进入环境，导致对自然的有害影响，以致危及人类健康、危害生命资源和生态系统，以及损害或者妨碍舒适和环境的其他合法用途的现象。环境污染着眼于"超容量排放"。"排放"对生态环境造成的影响一般具有负面性。

（1）按照环境污染的原因类型，可以将环境污染侵权责任分为物质污染侵权责任和能量污染侵权责任。

所谓物质污染，主要指污染者在生产、经营、使用、消费的过程中所排放的化学物质或病原微生物对环境介质造成了实质性的损害，进而对暴露于其中的动植物或人群产生损害。物质污染侵权责任包括固体废物、电子废物、放射性废物、危险化学品等有毒有害物质污染侵权责任，以及未纳入国家或地方环境标准的污染物等其他物质污染侵权责任。《生态环境侵权责任解释》第一条第一项"排放废气、废水、废渣、医疗废物、粉尘、恶臭气体、放射性物质等污染环境的"，是关于物质型污染的一般规定。

所谓能量污染，是指对于过量的声、振动、光、热、辐射等能量引发的物理性污染，由于环境介质仅仅是一种传输媒介，故并未产生实质性的损害。能量污染侵权责任则包括噪声、振动、光、热、电磁辐射、电离辐射等类型。《生态环境侵权责任解释》第一条第二项"排放噪声、振动、光辐射、电磁辐射等污染环境的"，是关于能量型污染的一般规定。

物质污染和能量污染在若干方面存在区别，故环境科学上亦将其命名为环境污染和环境干扰。能量污染并未被视为实质污染，不属于严格意义上的污染，只是赋予其相同于污染环境的法律适用规则，所以也有学者称其为拟制型污染。

（2）按照被侵害的环境介质属性，可以把环境污染侵权责任分为大气污染责任、水污染责任、土壤污染责任、海洋污染责任等。

（3）按照现有案由规定，环境污染责任纠纷是第三级案由，大气污染责任纠纷[①]、水污染责任纠纷[②]、土壤污染责任纠纷[③]、电子

[①]　大气污染责任纠纷，是指由于人为活动，使大气受到超出了国家规定标准，即超出大气承载能力和自净能力的污染物的侵害，产生化学、物理、生物或者放射性等方面的特性改变，从而造成他人人身、财产损害，行为人依法应当承担侵权责任所引发的纠纷。

[②]　水污染责任纠纷，是指由于人类排放的外源性物质介入水体，超出了水体承载能力和自净能力，导致其化学、物理、生物或者放射性等方面特性的改变，从而影响水的有效利用，从而造成他人人身、财产损害，行为人依法应当承担侵权责任所引发的纠纷。

[③]　土壤污染责任纠纷，是指由于人类活动产生的污染物进入土壤并积累到一定程度，引起土壤质量恶化，并进而造成农作物中某些指标超过国家标准，使他人人身财产受到损害，或者其他公共环境、公共财产遭受损害，或者有造成损害的危险时，责任人依法应当承担侵权责任所引发的纠纷。

废物污染责任纠纷①、固体废物污染责任纠纷②、噪声污染责任纠纷③、光污染责任纠纷④、放射性污染责任纠纷⑤是第四级案由。在能确定具体适用第四级案由时，则直接适用上述八个四级案由中的其中一个；不好确定的，或者在上述八类污染之外的环境污染案件，则适用第三级案由"环境污染责任纠纷"。

2. 生态破坏责任纠纷案件

2014 年修订后的《环境保护法》第六十四条规定，"因污染环境和破坏生态造成损害的，应当依照《中华人民共和国侵权责任法》的有关规定承担侵权责任"，采用引致的立法技术将破坏生态行为纳入了侵权责任法的调整范围。2015 年《环境民事公益诉讼解释》（2020 年已修正）以及 2015 年《环境侵权责任规定》（已废止），均将污染环境和破坏生态并列作为承担环境侵权责任的原因行为。《民法典》第七编第七章用七个条文规定了环境污染和生态破坏责任，对于生态环境侵权的理解更为类型化。

生态破坏，是人类不合理地开发利用自然资源，过量向环境索取物质和能源，使自然环境的恢复受到破坏的现象，如水土流失、

---

① 电子废物污染责任纠纷，是指电子废物由于人类活动排入环境所引起的环境质量下降而造成他人人身财产受到损害，或者其他公共环境、公共财产遭受损害，或者有造成损害的危险时，责任人依法应当承担侵权责任所引发的纠纷。

② 固体废物污染责任纠纷，是指固体废物由于人类活动排入环境所引起的环境质量下降而造成他人人身财产受到损害，或者其他公共环境、公共财产遭受损害，或者有造成损害的危险时，责任人依法应当承担侵权责任所引发的纠纷。

③ 噪声污染责任纠纷，是指责任人因工业活动或是其他人为的原因，排放噪声造成污染，使他人人身财产受到损害，或者其他公共环境、公共财产遭受损害，或者有造成损害的危险时，依法应当承担侵权责任所引发的纠纷。

④ 光污染责任纠纷，是指责任人因工业活动或是其他人为的原因，由于一定数量和特定方向的障害光对人、动物、植物造成干扰或负面影响所引发的纠纷。相关案例可参见最高人民法院发布的第 128 号指导性案例"李劲诉华润置地（重庆）有限公司环境污染责任纠纷案"。

⑤ 放射性污染责任纠纷，是指由于人类活动造成物料、人体、场所、环境介质表面或者内部出现超过国家标准的放射性物质或者射线造成污染，使他人人身财产受到损害，或者其他公共环境、公共财产遭受损害，或者有造成损害的危险时，责任人依法应当承担侵权责任所引发的纠纷。

土壤沙漠化、动植物资源和渔业资源枯竭、气候变化异常、生物多样性减少等。生态破坏着眼于"不合理利用"。"索取"对生态环境的影响未必都是负面的。例如，有研究表明科学采伐有利于保护森林生态，适度捕捞有利于维持水质，适度放牧有利于牧草的生长，等等。因此，生态破坏的成立标准还应当强调其不合理性和过度性。如果行为人的"索取"是在合理的、对生态环境无害的程度内进行，即使造成损害结果，行为人亦不应按照生态环境侵权的规则承担民事责任。

《生态环境侵权责任解释》第一条第三项（不合理开发利用自然资源的）、第四项（违反国家规定，未经批准，擅自引进、释放、丢弃外来物种的）规定的即为典型的生态破坏行为。

（1）根据生态保护的不同对象，生态破坏责任可以进一步分为破坏生物多样性侵权责任①、破坏景观多样性侵权责任②、破坏区域生态侵权责任③等类型。

（2）根据原因行为的不同，生态破坏责任也可作出不同的类型区分。比如，地下水开采、砍伐林木、猎杀野生动物、开采矿产、垦荒造田、外来物种引进、基因改造，等等，都可能导致生物要素

---

① 破坏生物多样性侵权责任，是指破坏生物（动物、植物、微生物）以及它们所拥有的基因和生存环境等产生的侵权责任，可以细分为破坏遗传（基因）多样性、破坏物种多样性和破坏生态系统多样性三类侵权责任。破坏遗传（基因）多样性侵权责任，是指破坏生物遗传资源和相关传统知识的获取、开发、利用及其惠益分享、转基因生物和产品安全所产生的侵权责任；破坏物种多样性侵权责任，是指破坏外来物种入侵防控与动植物、微生物物种及其栖息地保护所产生的侵权责任；破坏生态系统多样性侵权责任，是指破坏森林、草原、湿地、荒漠、冻原、海洋、河流湖泊、农田、城市和乡村等生态系统所产生的侵权责任。

② 破坏景观多样性侵权责任，是指破坏一定时空范围内的景观类型和景物品类数量的丰富性和美观度所产生的侵权责任，包括破坏自然遗迹、破坏人文遗迹等类型的侵权责任。破坏自然遗迹侵权责任，是指破坏具有重要科学文化价值的地质构造、著名溶洞、化石分布区、冰川、火山、温泉等自然遗迹所产生的侵权责任；破坏人文遗迹侵权责任，是指破坏古迹、建筑群、遗址等人文遗迹所产生的侵权责任。

③ 破坏区域生态侵权责任，则包括破坏国家公园、自然保护区、自然公园等各类自然保护地所产生的侵权责任，以及破坏湖泊、河道、海洋等岸线区域所产生的侵权责任。

的不利改变或者生态系统功能退化，可能给他人人身、财产造成损害，进而产生相应的侵权责任。在此种情况下，可以考虑将破坏生态侵权责任细分为：地下水开采破坏生态侵权责任、砍伐林木破坏生态侵权责任、猎杀野生动物破坏生态侵权责任、开采矿产破坏生态侵权责任、垦荒造田破坏生态侵权责任、外来物种引进破坏生态侵权责任、基因改造破坏生态侵权责任，等等。

（二）公益诉讼

污染环境、破坏生态，如果损害了自然人、法人或者非法人组织等民事主体享有的人身、财产权益，包括饮用清洁水、呼吸清新空气、拥有稳静生活、享受日照、远眺风景等环境权益，则构成生态环境私益侵权责任。如果违反国家规定污染环境、破坏生态，损害了生态环境自身，使其正常的服务功能减损或者丧失，则构成生态环境保护民事公益责任。

生态环境保护民事公益诉讼与生态环境私益侵权纠纷存在明显区别：（1）立法目的不同。生态环境私益侵权纠纷的目的是维护自然人、法人或者非法人组织的个体利益。生态环境保护民事公益诉讼则是为了维护生态环境公共利益，防止生态环境遭受破坏或者使受到破坏的生态环境能够尽快得到修复。（2）被侵权人不同。生态环境私益侵权纠纷的被侵权人是人身、财产受到损害的自然人、法人或者非法人组织等民事主体。生态环境保护民事公益诉讼的被侵权人是所有享受生态环境服务功能的不特定的人，故必须由国家规定的机关或者法律规定的组织作为代表请求侵权人承担相应的责任。（3）权利主体不同。生态环境私益侵权纠纷由受害人提起侵权之诉。生态环境保护民事公益诉讼的权利主体是"国家规定的机关或者法律规定的组织"，"国家规定的机关"主要指《生态环境损害赔偿制度改革方案》规定的省级、市地级政府以及《民事诉讼法》规定的检察机关、相关法律规定的有关机关。"法律规定的组织"主要指符合《环境保护法》以及其他单行法律规定的社会组织。(4)责任构成不同。就生态环境私益侵权纠纷而言,只要行为人有污染环境或破坏生态的行为、受害人有损害、行为人的行为与损害之间有因果关系,不论污染环境、破坏生态者主观是否存在过错,都应对其造成的损害承担侵权责任。就生态环境保护民事公益诉讼来说,只有违反国家规定污染环境、破坏生态,行为人才就其造成的生态环境损害承担侵权责任。(5)救济重点不同。生态环境私益侵权纠纷的重点是被侵权人损害的填补。生态环境保护民事公益诉讼的首要任务是修复被损害的生态环境。(6)诉讼规则不同。生态环境私益侵权纠纷主要采当事人主义,遵循当事人处分原则和辩论原则,法官的职权原则上限于居中裁判。生态环境保护民事公益诉讼则具有较强的职权主义色彩,且当事人的处分权亦受一定的限制,如法官可以不受当事人自认的限制,主动依职权调查收集证据,在裁判方式上也可以采取综合性的解决方案。

《民事案件案由规定》第五十二个二级案由"公益诉讼"之下规定了第466个三级案由"生态环境保护民事公益诉讼"(其下又包括3个四级案由:环境污染民事公益诉讼、生态破坏民事公益诉讼、生态环境损害赔偿诉讼),系本条规定的生态环境保护民事公益诉讼的直接案由依据。

1. 环境污染民事公益诉讼

环境污染民事公益诉讼,是指国家规定的机关或者法律规定的组织对污染环境等损害环境公共利益的行为向人民法院提起的诉讼。相关案例可参见最高人民法院发布的第75号指导性案例"中国生物多样性保护与绿色发展基金会诉宁夏瑞泰科技股份有限公司环境污染公益诉讼案"。

2. 生态破坏民事公益诉讼

生态破坏民事公益诉讼，是指国家规定的机关或者法律规定的组织对破坏生态等损害环境公共利益的行为向人民法院提起的诉讼。相关案例可参见最高人民法院发布的第 208 号指导性案例"江西省上饶市人民检察院诉张永明、张鹭、毛伟明生态破坏民事公益诉讼案"。

3. 生态环境损害赔偿诉讼

生态环境损害赔偿诉讼，是指省级、市级人民政府及其指定的部门或者机构针对违反国家规定，造成生态环境损害的自然人、法人或者其他组织以及其他依法应当承担责任的自然人、法人或者其他组织向人民法院提起的主张生态环境损害赔偿的诉讼。生态环境损害赔偿诉讼案件中，还有一类特殊的生态环境损害赔偿协议确认之诉，即省级、市级人民政府及其指定的部门或者机构与赔偿义务人磋商达成生态环境损害赔偿协议后向人民法院要求确认协议效力的诉讼。相关案例可参见最高人民法院发布的第 129 号指导性案例"江苏省人民政府诉安徽海德化工科技有限公司生态环境损害赔偿案"。

环境污染民事公益诉讼、生态破坏民事公益诉讼与生态环境损害赔偿诉讼存在区别：（1）提起主体不同。生态环境损害赔偿诉讼由省级、市地级人民政府及其指定的相关部门、机构，或者受国务院委托行使全民所有自然资源资产所有权的部门提起。环境污染民事公益诉讼、生态破坏民事公益诉讼由检察机关、符合法定条件的社会组织、法律规定的机关（如行使海洋环境监督管理权的机关）提起。（2）案件范围不同。可以提起生态环境损害赔偿诉讼案件范围更窄，只有发生较大、重大、特别重大突发环境事件的，在国家和省级主体功能区规划中划定的重点生态功能区、禁止开发区发生环境污染、生态破坏事件的，或者产生其他严重影响生态环境后果的，才可以提起生态环境损害赔偿诉讼。相较而言，只要有污染环境、破坏生态，损害社会公共利益的行为，就可以提起环境污染民事公益诉讼或生态破坏民事公益诉讼。（3）起诉条件不同。生态环境损害赔偿诉讼只能在发生生态环境损害之后，仅具有风险的不能提起。而针对已经损害社会公共利益或者具有损害社会公共利益重大风险的污染环境、破坏生态的行为，法律规定的机关和有关组织可以提起环境污染民事公益诉讼或生态破坏民事公益诉讼。（4）诉讼程序不同。生态环境损害赔偿诉讼有政府诉前磋商前置程序，无须公告。而人民检察院、社会组织、法律规定的机关提起的环境污染民事公益诉讼、生态破坏民事公益诉讼无须诉前磋商，人民检察院提起的民事公益诉讼还需公告。（5）审判组织不同。《人民陪审员法》第十六条规定："人民法院审判下列第一审案件，由人民陪审员和法官组成七人合议庭进行……（二）根据民事诉讼法、行政诉讼法提起的公益诉讼案件……"由此可见，环境污染民事公益诉讼、生态破坏民事公益诉讼的一审案件需组成七人合议庭。而生态环境损害赔偿诉讼目前仅要求组成有人民陪审员的合议庭，未要求七人合议庭。

【审判实践中需要注意的问题】

1. 不适用于本规定的情形

《生态环境侵权责任解释》第二条第一款规定："因下列污染环境、破坏生态引发的民事纠纷，不作为生态环境侵权案件处理：（一）未经由大气、水、土壤等生态环境介质，直接造成损害的；（二）在室内、车内等封闭空间内造成损害的；（三）不动产权利人在日常生活中造成相邻不动产权利人损害的；（四）劳动者在职业活动中受到损害的。"生态环境侵权适用有别于一般侵权的无过错责任和因果关系推定，其正当性基础在于生态环境侵权的间接性所造成的损害发生的危险性，致害过程的复杂性，损害事实识别的困难性，等等。因此，对于虽然对生态环境造成损害，但不符合上述条件的侵害行为，不能认定为生态环境侵权。该条第一项规定的未经由生态环境介质所造成的损害，第二项规定的密闭空间造成的损害在致害过程、因果关系等要件等方面缺乏适用环境侵权的特殊规则的正当性基础，应认定为一般侵权。第三项规定的不动产权利人在日常生活中造成相邻不动产权利人的损害，应遵循《民法典》第二百八十八条确立的"有利生产、方便生活、团结互助、公平合理"的原则，不适用生态环境侵权的特殊规则。第四项关于劳动者在职业活动中受到的伤害，属于工伤保险的范畴，亦不属于生态环境侵权。

2. 生产经营型相邻关系中的生态环境侵权

《生态环境侵权责任解释》第三条规定："不动产权利人因经营活动污染环境、破坏生态造成相邻不动产权利人损害，被侵权人请求其承担生态环境侵权责任的，人民法院应予支持。"对于因生产经营活动发生的纠纷不适用相邻关系的规定。例如，因工厂生产造成周边居民空气污染、噪声污染的，属于典型的生态环境侵权，应适用生态环境侵权的特殊规则，即可适用本规定的特殊规则。

【法条链接】

《中华人民共和国民法典》（2020 年 5 月 28 日）①

第一千二百二十九条 因污染环境、破坏生态造成他人损害的，

————————

① 注：【法条链接】部分法律规范后所列时间为法律规范的公布时间或最后一次修正、修订公布时间。

侵权人应当承担侵权责任。

第一千二百三十四条 违反国家规定造成生态环境损害，生态环境能够修复的，国家规定的机关或者法律规定的组织有权请求侵权人在合理期限内承担修复责任。侵权人在期限内未修复的，国家规定的机关或者法律规定的组织可以自行或者委托他人进行修复，所需费用由侵权人负担。

第一千二百三十五条 违反国家规定造成生态环境损害的，国家规定的机关或者法律规定的组织有权请求侵权人赔偿下列损失和费用：

（一）生态环境受到损害至修复完成期间服务功能丧失导致的损失；

（二）生态环境功能永久性损害造成的损失；

（三）生态环境损害调查、鉴定评估等费用；

（四）清除污染、修复生态环境费用；

（五）防止损害的发生和扩大所支出的合理费用。

《中华人民共和国环境保护法》（2014 年 4 月 24 日）

第二条 本法所称环境，是指影响人类生存和发展的各种天然的和经过人工改造的自然因素的总体，包括大气、水、海洋、土地、矿藏、森林、草原、湿地、野生生物、自然遗迹、人文遗迹、自然保护区、风景名胜区、城市和乡村等。

第五十八条 对污染环境、破坏生态，损害社会公共利益的行为，符合下列条件的社会组织可以向人民法院提起诉讼：

（一）依法在设区的市级以上人民政府民政部门登记；

（二）专门从事环境保护公益活动连续五年以上且无违法记录。

符合前款规定的社会组织向人民法院提起诉讼，人民法院应当依法受理。

提起诉讼的社会组织不得通过诉讼牟取经济利益。

第六十四条 因污染环境和破坏生态造成损害的，应当依照《中华人民共和国侵权责任法》的有关规定承担侵权责任。

《中华人民共和国大气污染防治法》（2018 年 10 月 26 日）

第一百二十五条 排放大气污染物造成损害的，应当依法承担侵权责任。

《中华人民共和国水污染防治法》（2017 年 6 月 27 日）

第九十六条 因水污染受到损害的当事人，有权要求排污方排除危害和赔偿损失。

由于不可抗力造成水污染损害的，排污方不承担赔偿责任；法律另有规定的除外。

水污染损害是由受害人故意造成的，排污方不承担赔偿责任。水污染损害是由受害人重大过失造成的，可以减轻排污方的赔偿责任。

水污染损害是由第三人造成的，排污方承担赔偿责任后，有权向第三人追偿。

第九十七条 因水污染引起的损害赔偿责任和赔偿金额的纠纷，可以根据当事人的请求，由环境保护主管部门或者海事管理机构、渔业主管部门按照职责分工调解处理；调解不成的，当事人可以向人民法院提起诉讼。当事人也可以直接向人民法院提起诉讼。

《中华人民共和国水法》（2016 年 7 月 2 日）

第七十六条 引水、截（蓄）水、排水，损害公共利益或者他人合法权益的，依法承担民事责任。

《中华人民共和国长江保护法》（2020 年 12 月 26 日）

第九十三条 因污染长江流域环境、破坏长江流域生态造成他人损害的，侵权人应当承担侵权责任。

违反国家规定造成长江流域生态环境损害的，国家规定的机关或者法律规定的组织有权请求侵权人承担修复责任、赔偿损失和有关费用。

《中华人民共和国黄河保护法》（2022 年 10 月 30 日）

第一百一十九条 违反本法规定，在黄河流域破坏自然资源和生态、污染环境、妨碍防洪安全、破坏文化遗产等造成他人损害的，侵权人应当依法承担侵权责任。

违反本法规定，造成黄河流域生态环境损害的，国家规定的机关或者法律规定的组织有权请求侵权人承担修复责任、赔偿损失和相关费用。

《中华人民共和国土壤污染防治法》（2018 年 8 月 31 日）

第九十六条 污染土壤造成他人人身或者财产损害的，应当依法承担侵权责任。

土壤污染责任人无法认定，土地使用权人未依照本法规定履行土壤污染风险管控和修复义务，造成他人人身或者财产损害的，应当依法承担侵权责任。

土壤污染引起的民事纠纷，当事人可以向地方人民政府生态环境等主管部门申请调解处理，也可以向人民法院提起诉讼。

第九十七条 污染土壤损害国家利益、社会公共利益的，有关机关和组织可以依照《中华人民共和国环境保护法》《中华人民共和国民事诉讼法》《中华人民共和国行政诉讼法》等法律的规定向人民法院提起诉讼。

《中华人民共和国黑土地保护法》（2022 年 6 月 24 日）

第三十一条 违法将黑土地用于非农建设的，依照土地管理等有关法律法规的规定从重处罚。

违反法律法规规定，造成黑土地面积减少、质量下降、功能退化或者生态环境损害的，应当依法治理修复、赔偿损失。

农业生产经营者未尽到黑土地保护义务，经批评教育仍不改正的，可以不予发放耕地保护相关补贴。

《中华人民共和国固体废物污染环境防治法》（2020 年 4 月 29 日）

第一百一十八条 违反本法规定，造成固体废物污染环境事故的，除依法承担赔偿责任外，由生态环境主管部门依照本条第二款的规定处以罚款，责令限期采取治理措施；造成重大或者特大固体废物污染环境事故的，还可以报经有批准权的人民政府批准，责令关闭。

造成一般或者较大固体废物污染环境事故的，按照事故造成的直接经济损失的一倍以上三倍以下计算罚款；造成重大或者特大固体废物污染环境事故的，按照事故造成的直接经济损失的三倍以上五倍以下计算罚款，并对法定代表人、主要负责人、直接负责的主管人员和其他责任人员处上一年度从本单位取得的收入百分之五十以下的罚款。

第一百二十一条 固体废物污染环境、破坏生态，损害国家利益、社会公共利益的，有关机关和组织可以依照《中华人民共和国环境保护法》、《中华人民共和国民事诉讼法》、《中华人民共和国行政诉讼法》等法律的规定向人民法院提起诉讼。

第一百二十二条 固体废物污染环境、破坏生态给国家造成重大损失的，由设区的市级以上地方人民政府或者其指定的部门、机构组织与造成环境污染和生态破坏的单位和其他生产经营者进行磋商，要求其承担损害赔偿责任；磋商未达成一致的，可以向人民法院提起诉讼。

对于执法过程中查获的无法确定责任人或者无法退运的固体废物，由所在地县级以上地方人民政府组织处理。

第一百二十三条　违反本法规定，构成违反治安管理行为的，由公安机关依法给予治安管理处罚；构成犯罪的，依法追究刑事责任；造成人身、财产损害的，依法承担民事责任。

《中华人民共和国噪声污染防治法》（2021年12月24日）

第八十六条　受到噪声侵害的单位和个人，有权要求侵权人依法承担民事责任。

对赔偿责任和赔偿金额纠纷，可以根据当事人的请求，由相应的负有噪声污染防治监督管理职责的部门、人民调解委员会调解处理。

国家鼓励排放噪声的单位、个人和公共场所管理者与受到噪声侵害的单位和个人友好协商，通过调整生产经营时间、施工作业时间，采取减少振动、降低噪声措施，支付补偿金、异地安置等方式，妥善解决噪声纠纷。

《中华人民共和国放射性污染防治法》（2003年6月28日）

第五十九条　因放射性污染造成他人损害的，应当依法承担民事责任。

《中华人民共和国森林法》（2019年12月28日）

第七十一条　违反本法规定，侵害森林、林木、林地的所有者或者使用者的合法权益的，依法承担侵权责任。

《中华人民共和国草原法》（2021年4月29日）

第六十六条　非法开垦草原，构成犯罪的，依法追究刑事责任；尚不够刑事处罚的，由县级以上人民政府草原行政主管部门依据职权责令停止违法行为，限期恢复植被，没收非法财物和违法所得，并处违法所得一倍以上五倍以下的罚款；没有违法所得的，并处五万元以下的罚款；给草原所有者或者使用者造成损失的，依法承担赔偿责任。

《中华人民共和国湿地保护法》（2021 年 12 月 24 日）

第五十五条　违反本法规定，向湿地引进或者放生外来物种的，依照《中华人民共和国生物安全法》等有关法律法规的规定处理、处罚。

第五十九条　破坏湿地的违法行为人未按照规定期限或者未按照修复方案修复湿地的，由县级以上人民政府林业草原主管部门委托他人代为履行，所需费用由违法行为人承担；违法行为人因被宣告破产等原因丧失修复能力的，由县级以上人民政府组织实施修复。

《中华人民共和国水土保持法》（2010 年 12 月 25 日）

第五十八条　违反本法规定，造成水土流失危害的，依法承担民事责任；构成违反治安管理行为的，由公安机关依法给予治安管理处罚；构成犯罪的，依法追究刑事责任。

《中华人民共和国海岛保护法》（2009 年 12 月 26 日）

第四十九条　在海岛及其周边海域违法排放污染物的，依照有关环境保护法律的规定处罚。

第五十五条　违反本法规定，构成犯罪的，依法追究刑事责任。

造成海岛及其周边海域生态系统破坏的，依法承担民事责任。

《中华人民共和国青藏高原生态保护法》（2023 年 4 月 26 日）

第五十九条　污染青藏高原环境、破坏青藏高原生态造成他人损害的，侵权人应当承担侵权责任。

违反国家规定造成青藏高原生态环境损害的，国家规定的机关或者法律规定的组织有权请求侵权人承担修复责任、赔偿损失和相关费用。

《中华人民共和国生物安全法》（2020 年 10 月 17 日）

第八十二条　违反本法规定，构成犯罪的，依法追究刑事责任；造成人身、财产或者其他损害的，依法承担民事责任。

《中华人民共和国野生动物保护法》（2022 年 12 月 30 日）

第六十三条 对违反本法规定破坏野生动物资源、生态环境，损害社会公共利益的行为，可以依照《中华人民共和国环境保护法》、《中华人民共和国民事诉讼法》、《中华人民共和国行政诉讼法》等法律的规定向人民法院提起诉讼。

《中华人民共和国渔业法》（2013 年 12 月 28 日）

第三十九条 偷捕、抢夺他人养殖的水产品的，或者破坏他人养殖水体、养殖设施的，责令改正，可以处二万元以下的罚款；造成他人损失的，依法承担赔偿责任；构成犯罪的，依法追究刑事责任。

第四十七条 造成渔业水域生态环境破坏或者渔业污染事故的，依照《中华人民共和国海洋环境保护法》和《中华人民共和国水污染防治法》的规定追究法律责任。

《中华人民共和国民事诉讼法》（2023 年 9 月 1 日）

第五十八条 对污染环境、侵害众多消费者合法权益等损害社会公共利益的行为，法律规定的机关和有关组织可以向人民法院提起诉讼。

人民检察院在履行职责中发现破坏生态环境和资源保护、食品药品安全领域侵害众多消费者合法权益等损害社会公共利益的行为，在没有前款规定的机关和组织或者前款规定的机关和组织不提起诉讼的情况下，可以向人民法院提起诉讼。前款规定的机关或者组织提起诉讼的，人民检察院可以支持起诉。

《民事案件案由规定》（2020 年 12 月 29 日）

三十一、侵权责任纠纷

377. 环境污染责任纠纷

（1）大气污染责任纠纷

（2）水污染责任纠纷

（3）土壤污染责任纠纷

（4）电子废物污染责任纠纷

（5）固体废物污染责任纠纷

（6）噪声污染责任纠纷

（7）光污染责任纠纷

（8）放射性污染责任纠纷

378. 生态破坏责任纠纷

五十二、公益诉讼

466. 生态环境保护民事公益诉讼

（1）环境污染民事公益诉讼

（2）生态破坏民事公益诉讼

（3）生态环境损害赔偿诉讼

> 第二条 【生态环境私益侵权诉讼中原告的举证责任】
> 环境污染责任纠纷案件、生态破坏责任纠纷案件的原告应当
> 就以下事实承担举证责任：
> （一）被告实施了污染环境或者破坏生态的行为；
> （二）原告人身、财产受到损害或者有遭受损害的危险。

【条文主旨】

本条是关于环境污染责任纠纷案件、生态破坏责任纠纷案件两
类生态环境私益侵权诉讼中原告举证责任的规定。

【条文理解】

举证责任又称证明责任，是指当事人对自己提出的主张有提供证据进行证明的责任。《民事诉讼法》第六十七条第一款规定，"当事人对自己提出的主张，有责任提供证据"。在民事诉讼中，当事人能否正确履行举证责任，关系到其诉讼的胜败。因为法院的裁判是坚持以事实为依据，以法律为准绳原则。基本事实是过去发生的历史事件，多数情况下其再现需要依赖证据证明，若当事人对自己提出的事实主张，没有证据或者证据不足以证明的，将承担对自己不利的后果，因此民事诉讼中对于待证事实而言证据是关键，以证据为中心的举证责任问题则是最为核心的问题，举证责任乃诉讼之脊梁，因此举证责任的分配在民事诉讼中具有很重要的地位和很强的现实意义。在举证责任分配理论方面，历来有实质标准和形式标准之分，实质标准是根据证明对象与证明主体之间的利益关系来分配的一种举证责任的负担形式，主要被英美法系国家所采用；形式标准是根据现行法律规定为分配的一种举证责任的负担形式，主要被大陆法系国家所采用。而大陆法系中又以德国著名的诉讼法大师罗森贝克为代表的法律要件分类说中的规范说为"通说"。即在一切法律规范中既有关于发生权利的规范，也有妨碍、消灭、制约权利的规范，这些规范对权利有着肯定和否定的对立关系。主张权利存在的人，因为要求适用关于权利产生的规范，应就权利产生的法律要件事实举证；妨碍、消灭、制约权力存在的人，因为要求适用关于权利妨碍、消灭、制约的规范，应对妨碍、消灭、制约权利的法律要件事实举证。只有证明了法律要件事实的存在，法官才可能根据当事人的请求适用该法律。同时举证责任的分配具有法定性，在实体法规范已对举证责任分配作了规定的基础上，法官在举证责任分配问题上是适用实体法的过程，通过对实体法规范的分析发现法律确定的举证责任分配规则，而非创造举证责任分配规则①。我国采纳该规范说，如《民事诉讼法司法解释》第九十一条规定："人民法院应当依照下列原则确定举证证明责任的承担，但法律另有规定的除外：（一）主张法律关系存在的当事人，应当对产生该法律关系的基本事实承担举证证明责任；（二）主张法律关系变更、消灭或者权利受到妨害的当事人，应当对该法律关系变更、消灭或者权利受到妨害的基本事实承担举证证明责任。"本规定亦采此说，并严格按照《民法典》相关规定确定生态环境侵权民事诉讼各方当事人的举证责任。

在一般的侵权案件中，原告需对侵权行为、损害后果、行为与损害之间的因果关系及行为人行为时有过错四个构成要件所涉案件事实承担举证责任。但如前述，举证责任的分配具有法定性，《民法典》第一千一百六十六条②规定了无过错责任原则，即在某些特殊侵权类型案件中，行为人行为时是否具有过错，并非构成侵权的要件之一。又根据《民法典》第一千二百二十九条"因污染环境、破坏生态造成他人损害的，侵权人应当承担侵权责任"的规定，污染环境责任纠纷和破坏生态责任纠纷作为特殊的侵权类型，采取的正是无过错责任归责原则。基于此，为了更好地贯彻《民法典》的相关规定，本规定在本条规定了污染环境责任纠纷和破坏生态责任纠纷中原告需要承担的举证责任为：（1）被告实施了污染环境或者破坏生态的行为；（2）原告人身、财产受到损害或者有遭受损害的危险。而因果关系的举证责任则在本规定第五条进行了规定。

---

① 最高人民法院民法典贯彻实施工作领导小组办公室编著：《最高人民法院新民事诉讼法司法解释理解与适用（上）》，人民法院出版社 2022 年版，第 252~254 页。

② 行为人造成他人民事权益损害，不论行为人有无过错，法律规定应当承担侵权责任的，依照其规定。

1. 关于无过错责任原则

无过错责任是指不以行为人的过错为要件，只要其活动或者所管理的人、物损害了他人的民事权益，除非有法定的免责事由，否则行为人就要承担民事责任。无过错责任原则的基本含义，可以从以下几个方面理解：一是不以侵权人的主观过错为构成要件。除非有法定的免责事由，否则行为人不得以其主观无过错为由提出不构成侵权责任的抗辩，即无论其有无过错，均不影响侵权责任的成立。二是无过错责任采客观的致害事实为归责事由。三是无过错责任是对过错责任原则作为一般侵权归责原则的例外，适用于特殊侵权类型，故具有法定性。当然，在适用无过错责任原则的环境污染和生态破坏案件中，虽然不以过错为构成要件，但亦有例外情况，如《民法典》第一千二百三十二条规定："侵权人违反法律规定故意污染环境、破坏生态造成严重后果的，被侵权人有权请求相应的惩罚性赔偿。"《最高人民法院关于审理生态环境侵权纠纷案件适用惩罚性赔偿的解释》第四条规定："被侵权人主张侵权人承担惩罚性赔偿责任的，应当提供证据证明以下事实：……（二）侵权人具有污染环境、破坏生态的故意……"，即原告请求惩罚性赔偿时，对被告具有污染环境、破坏生态的主观故意负有举证责任。

2. 关于实施污染环境或破坏生态的行为

关于环境污染和生态破坏的行为，不难理解。关键是对于该行为是否具有违法性的认识，理论和实践中存在分歧。一种观点认为，无论合法行为还是违法行为，只要其造成环境污染或者生态破坏，即可构成环境侵权行为，因此违法性不是构成要素。另一种观点认为，污染环境或破坏生态的行为是一种违法行为，这种违法行为可能直接违反环境保护方面的法律法规，也可能不违反环境保护方面的法律法规，但是该行为指向他人受到法律保护的生命健康权以及财产权，因此，即使加害人的排污行为没有违反环境保护方面的法律规定，但是其排污行为污染环境造成他人损害的，也就是违反了保护他人生命健康权和财产权的法律规定，即污染环境或破坏生态造成损害就属违法。我们认为，违法性不是生态环境私益侵权的责任构成要件；是否具有违法性，应当依据国家法律规定判断，不宜作扩大解释。比如，合法排污行为并不违反法律规定，但是根据生态环境私益侵权的归责原则，其仍可能构成生态环境侵权并承担侵权责任。

3. 关于人身、财产受到损害的事实

损害是侵权责任必备的构成要件，无损害即无赔偿。环境污染、生态破坏致他人损害的事实，是指污染环境、破坏生态的行为致使自然人、法人或者非法人组织的人身、财产等合法权益受到损害的事实。其中以人身损害最为常见，如污染水源、空气等都可能造成自然人的人身损害，甚至死亡的后果。同时，基于环境损害所具有的潜在性和隐蔽性，被侵权人往往在开始受害时显露不出明显的损害，但随着时间的推移，损害逐渐显露，如受到影响的自然人开始出现早衰、人体功能减退等损害后果。对于这种潜在的危害，也应作为人身损害的事实。

4. 关于有遭受损害的危险

危险，是指使他人的人身或者财产安全处于随时可能遭受损失的紧急状态，即被侵权人的人身、财产安全处于现实的威胁之中。传统的侵权法关注的重点在于救济损害于已然，而非防止侵害于未然。虽然在传统侵权法的理念上，并不否认侵权法具有预防侵权的功能，但这种功能的发挥，往往是通过事后救济措施的"吓阻"功能来实现的，如惩罚性赔偿。但在现代社会，随着科技进步、工业发展，一方面造成了侵权手段的多样性和侵权的便利性，另一方面也给维权行动带来了一系列困难。体现在环境污染和生态破坏侵权方面，基于环境污染和生态破坏具有隐蔽性、潜伏性、长期积累性等特点，在环境侵权的初期往往较难发现侵害的存在及预见损害的大小，待环境侵权因长年累月的积累而暴发时，造成的损害后果可能会是巨大且难以弥补的。如建筑公司夜间违规施工产生大量噪声，一夜噪声可能造成部分居民无法安睡、精神萎靡，但不意味着对居民的人身财产一定造成可以量化的损害。但若长此以往而不对违规施工加以限制，待到对居民的人身损害出现显而易见的结果时，即使可以通过财产的方式进行赔偿，但居民身体的伤害并不必然可以得到根治或在根治前遭受到不少的痛苦，而这些实际上都是可以通过预防方式来实现的。因此，防患于未然，将侵权行为遏止于"青萍之末"，很有必要。对此，理论界也普遍认为，"损害的预防胜于损害补偿"[①]，"如果一个国家不授予其法院在'损害尚未发生的期间内'基于当事人的申请提供法律保护措施的职权，这个国家就未尽到法律保护的义务"[②]。而我国侵权责任法历来重视侵权防止与损害预防，在原《民法通则》中就从责任承担方式上体现了侵权防止和损害预防的立法指导思想。其中停止侵害、排除妨碍、消除危险的责任承担方式，逐渐演变为《民法典》第一千一百六十七条[③]规定的侵权防止请求权基础规范，这也是顺应侵权法发展趋势的必然要求，为未来权利人针对妨害型侵权（即发侵权）的事前救济提供了救济途径。也因此，本条在严格贯彻《民法典》第一千一百六十七条规定的消除危险的权利基础上，规定了原告对于"有遭受损害

① 王泽鉴：《侵权行为》，北京大学出版社2009年版，第10页。
② ［德］克雷斯蒂安·冯·巴尔：《欧洲比较侵权行为法》，焦美化译，张新宝审校，法律出版社2001年版，第158页。
③ 侵权行为危及他人人身、财产安全的，被侵权人有权请求侵权人承担停止侵害、排除妨碍、消除危险等侵权责任。

的危险"的举证责任，赋予了原告在损害尚未实际发生前，也可以主张环境污染和生态破坏侵权的权利，对于被侵权人人身、财产的保护具有重大的意义。

"危险"主要包括：（1）正在实施和持续的侵权行为，而非已经结束。（2）侵权行为已经危及被侵权人的人身、财产安全而非不可能危及。（3）侵权行为系侵权人所为，而非自然原因造成等情形。因此，原告（被侵权人）承担有遭受损害的"危险"举证责任的内容主要为：（1）环境污染者、生态破坏者在生产生活过程中产生了有害物质、能量。（2）环境污染者、生态破坏者有将有害物质、能量向外部排放或实施破坏生态的行为。（3）有害物质、能量或破坏行为对被侵权人人身、财产产生了影响。总之，被侵权人为防止危险转化为现实，有权请求侵权人通过行为排除或者状态排除的方式中断危险进程，消除危险因素，避免损害结果的发生。

【审判实践中需要注意的问题】

1. 注意与相邻侵权的区分

《民法典》第二百九十四条规定，不动产权利人不得违反国家规定弃置固体废物，排放大气污染物、水污染物、土壤污染物、噪声、光辐射、电磁辐射等有害物质。根据该条规定，虽然外在表现的是弃置固体废物，排放大气污染物、水污染物、土壤污染物、噪声、光辐射、电磁辐射等有害物质等污染环境或破坏生态的方式，但该条区别于本条规定的是，构成相邻侵权的要件需具备过错，即原告在诉讼时需要举证证明行为人存在过错，而非遵循无过错原则。

2. 生态环境侵权禁止令适用问题

2022年1月1日施行的《最高人民法院关于生态环境侵权案件适用禁止令保全措施的若干规定》第一条规定："申请人以被申请人

正在实施或者即将实施污染环境、破坏生态行为，不及时制止将使申请人合法权益或者生态环境受到难以弥补的损害为由，依照民事诉讼法第一百条、第一百零一条规定，向人民法院申请采取禁止令保全措施，责令被申请人立即停止一定行为的，人民法院应予受理。"生态环境侵权禁止令作为一项行为保全措施，在生态环境侵权领域尤其是在有遭受损害的危险的情况下，及时适用对于防止损害的进一步发生具有非常重要的意义。如广东法院审理的崔某某与李某某等噪声污染诉前禁止令案。[①] 因与 101 房邻居谢某产生无法调和的相邻纠纷，李某某等搬离居住的 102 房，自 2018 年 12 月起，采取喇叭紧贴卫生间墙壁的方式，定时在每天 8 时 45 分至 12 时、15 时 30 分至 22 时循环播放"荒山野鬼"录音，严重影响包括崔某某在内的周围居民的宁静生活。经生态环境部门监测，该声音在 302 房为 36 分贝，未达到噪声限值昼间 60 分贝、夜间 50 分贝的标准，但可清晰听到。崔某某认为李某某等故意制造噪声的行为，既严重影响其全家人的正常生活，又干扰女儿上网课学习的效果，遂向法院申请禁止令，要求李某某等停止播放前述噪声。广东法院审查认为，对于前述故意制造噪声的行为，审查禁止令申请是否符合条件不再囿于是否超过噪声排放标准，而应以申请人的宁静生活有无受到影响为标准。遂裁定：被申请人李某某等自本裁定生效之日起不得通过播放"荒山野鬼"录音等方式制造噪声扰民。该案为环境侵权纠纷的解决展示了一种新的途径，也是我们在面临有遭受损害的危险时，可以采取的一种有效措施。

---

① 参见《广东高院发布环境资源司法保护十大典型案例》，载人民网，http：//gd. people. com. cn/n2/2022/0606/c123932-35302252. html，2023 年 8 月 22 日访问。

【法条链接】

《中华人民共和国民法典》（2020 年 5 月 28 日）

第一千一百六十五条 行为人因过错侵害他人民事权益造成损害的，应当承担侵权责任。

依照法律规定推定行为人有过错，其不能证明自己没有过错的，应当承担侵权责任。

第一千一百六十六条 行为人造成他人民事权益损害，不论行为人有无过错，法律规定应当承担侵权责任的，依照其规定。

第一千一百六十七条 侵权行为危及他人人身、财产安全的，被侵权人有权请求侵权人承担停止侵害、排除妨碍、消除危险等侵权责任。

第一千二百二十九条 因污染环境、破坏生态造成他人损害的，侵权人应当承担侵权责任。

第一千二百三十条 因污染环境、破坏生态发生纠纷，行为人应当就法律规定的不承担责任或者减轻责任的情形及其行为与损害之间不存在因果关系承担举证责任。

《中华人民共和国民事诉讼法》（2023 年 9 月 1 日）

第六十七条 当事人对自己提出的主张，有责任提供证据。

当事人及其诉讼代理人因客观原因不能自行收集的证据，或者人民法院认为审理案件需要的证据，人民法院应当调查收集。

人民法院应当按照法定程序，全面地、客观地审查核实证据。

《最高人民法院关于适用〈中华人民共和国民事诉讼法〉的解释》（2022 年 4 月 1 日）

第九十一条 人民法院应当依照下列原则确定举证证明责任的承担，但法律另有规定的除外：

（一）主张法律关系存在的当事人，应当对产生该法律关系的基本事实承担举证证明责任；

（二）主张法律关系变更、消灭或者权利受到妨害的当事人，应当对该法律关系变更、消灭或者权利受到妨害的基本事实承担举证证明责任。

第三条　【生态环境保护民事公益诉讼案件中原告的举证责任】生态环境保护民事公益诉讼案件的原告应当就以下事实承担举证责任：

（一）被告实施了污染环境或者破坏生态的行为，且该行为违反国家规定；

（二）生态环境受到损害或者有遭受损害的重大风险。

【条文主旨】

本条是关于生态环境保护民事公益诉讼案件中原告举证责任的规定。

【条文理解】

本条与本司法解释第二条生态环境私益侵权诉讼中原告的举证责任相比较，主要区别在于两点：一是证明被告有污染环境或者破坏生态行为之外，还需证明被告该行为违反了国家规定；二是因生态环境民事保护公益诉讼涉及的是公共利益或国家利益，需要更高的保护门槛，在未发生实际损害的情况下，原告应当举证证明生态环境有遭受损害的"重大风险"，且这种风险应当具有现实性和紧迫性。

1. 关于"违反国家规定"

《民法典》第一千二百三十四条表述为"违反国家规定造成生态环境损害";第一千二百三十五条表述为"违反国家规定造成生态环境损害的,国家规定的机关或者法律规定的组织有权请求侵权人赔偿下列损失和费用"。对此,主流观点认为,"违反国家规定"意味着在生态环境保护民事公益诉讼案件中适用过错责任归责原则。[①]因为行政机关不能一边发放排污许可证,一边对排污行为主张损害赔偿,其可以通过排污许可证制度实现污染物排放总量和生态环境标准控制,所以在合规排放的情况下,不宜再令其承担生态环境损害赔偿责任。基于此,本条对原告的第一项举证责任作了不同于生态环境私益侵权诉讼的规定。

对于"国家规定"的解读,有两种不同的观点。一种观点认为,应当作狭义解释。考虑到受科技水平和认知能力所限,人们对于很多物质是否属于污染物,是否会造成生态环境损害还没有全面的认识。而法律规范的是对人最低的标准和要求,法律明确规定需要承担责任,该行为一定造成了他人生命健康、财产和生态环境的重大损害,必须由具有强制力的法律予以纠正。因此,"国家规定"应当特指国家法律、行政法规、国务院规章以及国家标准,地方性法规和规范性文件等均不应纳入其列。另一种观点认为,应当从广义上解释。对于没有国家层面规范性文件,而有地方性法规和规章予以规范的,或者国家标准较宽,而地方规定更为严格的,都应当视为"国家规定"。

对此,我们认为,应当在宽于法律规定的基础上,根据我国生

---

① 参见黄薇主编《中华人民共和国民法典侵权责任编解读》(中国法制出版社 2020 年版)对这一问题的论述。

态环境保护的现实需要和制度现状妥当把握"国家规定"。第一，"国家规定"首先包括体系化的法律规定。全国人民代表大会制定的宪法和基本法律，全国人民代表大会常务委员会制定的应由全国人大制定的法律以外的其他法律，是狭义上的法律。在全国人大闭会期间，全国人大常委会以"决定"或"补充规定"的形式对全国人大制定的基本法律进行的部分补充和修改，效力同于法律。国务院根据《宪法》和法律制定的行政法规，最高人民法院、最高人民检察院制定发布的司法解释，地方性法规、自治条例和单行条例，国务院部门规章和地方政府规章，也属于广义上的法律范畴。第二，国家规定也包含国家政策性规定。该类规定从制定层级上看应为国家层面，在适用范围上为全国通用。比如，中共中央办公厅、国务院办公厅公布的《生态环境损害赔偿制度改革方案》是生态环境损害赔偿领域的国家规定。

2. 关于有遭受损害的"重大风险"

生态环境损害与个体权益损害既有关联也存在区别。关联主要表现在，个体权益受到损害很多是以生态环境受到损害为前提，侵权人污染环境、破坏生态的行为，首当其冲受到损害的就是生态环境，如污染了空气、地下水、土壤，破坏了植物或动物种群等，以这些被污染的空气、水、土壤和被破坏的生态系统为媒介，进而侵害了个体权益，具体表现为人畜生病、种植物减产等。两者的区别主要表现在：个体权益有明确的权利人，有动力主张损害赔偿，可以用金钱来衡量；而生态环境具有明显的公共属性，是人们赖以生存的基础，须由法律明确规定的主体才能进行受损利益的主张；生态环境损害的计算也并非易事，尤其是涉及生态功能损失、永久性损害等，难以简单的进行计算，且根据不同的评估方法，出现的损害结果量化的数额也会有所区别；即使具备相关赔偿内容，也难以保证生态环境可以恢复至圆满状态。故在本条文第二项中明确指出，在生态环境民事公益诉讼中，原告应当举证证明生态环境有遭受损害的"重大风险"，目的在于将污染环境、破坏生态的行为遏制在源头，通过预防诉讼的方式避免生态环境遭受难以挽回的损失。

针对尚未发生实际损害后果的行为，也即针对具有损害社会公共利益或国家利益重大风险的行为能否提起生态环境保护民事公益诉讼，学界和实务界则存在不同的认识。由于环境污染和生态破坏具有不可逆性，事后的补救往往耗资巨大甚至不可挽救，因此，我们认为，基于预防原则，在被告的行为可能严重危及环境和生态安全，可能造成环境和生态难以恢复时，应当允许提起诉讼阻止正在进行的可能导致环境污染和生态破坏的行为，要求其承担相应的法律责任，而不论其是否已经带来实际的损失。这也与《民法典》第一千一百六十七条规定的"消除危险"责任承担方式相对应。

对于"重大风险"，有观点认为，应当进行明确的概念界定，否则过于模糊，既不利于法官在实践中准确判断，也赋予其过大的自由裁量权，不利于发挥生态环境保护民事公益诉讼的功能。但考虑到目前包括民事法律法规在内的我国立法中，尚无对"重大风险"这一概念的正面界定，因此需要在司法实践中进一步探索，通过相关案例的积累和类型化逐步形成裁判规则。如最高人民法院指导案例 173 号"北京市朝阳区自然之友环境研究所诉中国水电顾问集团新平开发有限公司、中国电建集团昆明勘测设计研究院有限公司生态环境保护民事公益诉讼案"的裁判要旨明确："人民法院审理环境民事公益诉讼案件，应当贯彻保护优先、预防为主原则。原告提供证据证明项目建设将对濒危野生动植物栖息地及生态系统造成毁灭性、不可逆转的损害后果，人民法院应当从被保护对象的独有价值、损害结果发生的可能性、损害后果的严重性及不可逆性等方面，综合判断被告的行为是否具有《环境民事公益诉讼解释》第一条规定的'损害社会公共利益'重大风险。"最终，法院据此认定如果案涉项目继续建设，势必导致国家一级保护动物绿孔雀的栖息地等被淹没，生物生境面临重大风险的可能性毋庸置疑，所产生的损害将是可以直观估计预测且不可逆转的。可以说，通过司法实践中的预防性生态环境保护民事公益诉讼，对于预防不可逆转的重大生态环境损害发挥了积极作用，也细化了对重大风险的判断标准。

3. 关于"重大风险"的现实紧迫性

现实紧迫性是形容事物的紧急迫切状态。在生态环境保护民事公益诉讼中，体现的是现实的环境和生态安全已处于严重危险中，不加以阻止，将造成不可挽回的损失。具有损害社会公共利益或国家利益重大风险的污染环境、破坏生态的行为，由于尚未发生实际损害的后果，因此，司法实践中应该从严把握，不应允许随意针对尚未发生损害结果的行为提起公益诉讼，而应考虑该风险是否具有现实紧迫性，以尊重现有社会管理秩序，并避免司法资源的浪费。正如前述最高人民法院指导案例173号，案涉项目已取得用地、环评、建设等批复和同意，若继续施工，将对"濒危"物种绿孔雀的生存等造成毁灭式打击。在此情况下，法院考虑到项目建设在即的现实性、物种保护的紧迫性，允许公益组织提起公益诉讼，突破了"无损害即无救济"的诉讼救济理念，维护了绿孔雀栖息地以及整个生态系统生物多样性和生物安全，是环境保护法"保护优先，预防为主"原则在生态环境保护民事公益诉讼中的具体落实与体现。

【审判实践中需要注意的问题】

关于生态环境损害赔偿诉讼中不适用"重大风险"举证责任的问题。根据《生态环境损害赔偿制度改革方案》的规定，生态环境损害发生后，赔偿权利人组织开展生态环境损害调查、鉴定评估、修复方案编制等工作，主动与赔偿义务人磋商。磋商未达成一致，赔偿权利人可依法提起诉讼。《生态环境损害赔偿规定（试行）》第一条第一款规定具有下列情形之一，省级、市地级人民政府及其指定的相关部门、机构，或者受国务院委托行使全民所有自然资源资产所有权的部门，因与造成生态环境损害的自然人、法人或者其他组织经磋商未达成一致或者无法进行磋商的，可以作为原告提起生态环境损害赔偿诉讼：（一）发生较大、重大、特别重大突发环境事件的；（二）在国家和省级主体功能区规划中划定的重点生态功能区、禁止开发区发生环境污染、生态破坏事件的；（三）发生其他严重影响生态环境后果的。基于上述规定，我们可以清晰地看到，《生态环境损害赔偿制度改革方案》规定的是"生态环境损害发生后"，本条规定的第二项中的"有遭受损害的重大风险"并不适用于生态环境损害赔偿诉讼，原告在生态环境损害赔偿诉讼中应当就生态环境遭受的现实损害而非"有遭受损害的重大风险"承担举证责任。

此外，虽然本规定将环境污染民事公益诉讼案件、生态破坏民事公益诉讼案件和生态环境损害赔偿诉讼案件统称为生态环境保护民事公益诉讼案件，但生态环境损害赔偿独具特色的前置磋商制度并不因此而发生变化，依然要作为生态环境损害赔偿诉讼的必经前置程序。且经实践的不断检验，生态环境损害赔偿磋商程序在及时处置环境污染和生态破坏事件中持续发挥着重要的作用。如在贵州大鹰田违法倾倒废渣案中，贵州省环境保护厅代表贵州省人民政府与赔偿义务人贵阳开磷化肥有限公司、息烽诚诚劳务有限公司进行磋商并达成《生态环境损害赔偿协议》，赔偿金额1000万元。湖南锡业郴州矿业有限公司屋场坪锡矿"11·16"尾矿库水毁灾害案中，湖南省郴州市人民政府成立的事故协调处置工作组与赔偿义务人达成协议，赔偿金额 1847 万元，均避免了环境污染、生态破坏事件因不及时处理而造成进一步的损害。①

【法条链接】

《中华人民共和国民法典》（2020 年 5 月 28 日）

第一千二百三十四条　违反国家规定造成生态环境损害，生态环境能够修复的，国家规定的机关或者法律规定的组织有权请求侵权人在合理期限内承担修复责任。侵权人在期限内未修复的，国家规定的机关或者法律规定的组织可以自行或者委托他人进行修复，所需费用由侵权人负担。

第一千二百三十五条　违反国家规定造成生态环境损害的，国家规定的机关或者法律规定的组织有权请求侵权人赔偿下列损失和费用：

（一）生态环境受到损害至修复完成期间服务功能丧失导致的损失；

（二）生态环境功能永久性损害造成的损失；

（三）生态环境损害调查、鉴定评估等费用；

（四）清除污染、修复生态环境费用；

（五）防止损害的发生和扩大所支出的合理费用。

《最高人民法院关于审理生态环境损害赔偿案件的若干规定（试行）》（2020 年 12 月 29 日）

第一条　具有下列情形之一，省级、市地级人民政府及其指定的相关部门、机构，或者受国务院委托行使全民所有自然资源资产所有权的部门，因与造成生态环境损害的自然人、法人或者其他组

---

①《生态环境部公布生态环境损害赔偿磋商十大典型案例》，载生态环境部网站，https：//www. mee. gov. cn/xxgk2018/xxgk/xxgk15/202005/t20200506_ 777852. html，最后访问时间：2023 年 8 月 17 日。

织经磋商未达成一致或者无法进行磋商的，可以作为原告提起生态环境损害赔偿诉讼：

（一）发生较大、重大、特别重大突发环境事件的；

（二）在国家和省级主体功能区规划中划定的重点生态功能区、禁止开发区发生环境污染、生态破坏事件的；

（三）发生其他严重影响生态环境后果的。

前款规定的市地级人民政府包括设区的市，自治州、盟、地区，不设区的地级市，直辖市的区、县人民政府。

第五条 原告提起生态环境损害赔偿诉讼，符合民事诉讼法和本规定并提交下列材料的，人民法院应当登记立案：

（一）证明具备提起生态环境损害赔偿诉讼原告资格的材料；

（二）符合本规定第一条规定情形之一的证明材料；

（三）与被告进行磋商但未达成一致或者因客观原因无法与被告进行磋商的说明；

（四）符合法律规定的起诉状，并按照被告人数提出副本。

第六条 原告主张被告承担生态环境损害赔偿责任的，应当就以下事实承担举证责任：

（一）被告实施了污染环境、破坏生态的行为或者具有其他应当依法承担责任的情形；

（二）生态环境受到损害，以及所需修复费用、损害赔偿等具体数额；

（三）被告污染环境、破坏生态的行为与生态环境损害之间具有关联性。

《最高人民法院关于审理环境民事公益诉讼案件适用法律若干问题的解释》（2020 年 12 月 29 日）

第八条 提起环境民事公益诉讼应当提交下列材料：

（一）符合民事诉讼法第一百二十一条规定的起诉状，并按照被告人数提出副本；

（二）被告的行为已经损害社会公共利益或者具有损害社会公共利益重大风险的初步证明材料；

（三）社会组织提起诉讼的，应当提交社会组织登记证书、章程、起诉前连续五年的年度工作报告书或者年检报告书，以及由其法定代表人或者负责人签字并加盖公章的无违法记录的声明。

> **第四条 【生态环境侵权诉讼中原告就其主张的损失、费用的举证责任】**原告请求被告就其污染环境、破坏生态行为支付人身、财产损害赔偿费用，或者支付民法典第一千二百三十五条规定的损失、费用的，应当就其主张的损失、费用的数额承担举证责任。

【条文主旨】

本条是关于生态环境侵权诉讼中原告就其主张的损失、费用承担举证责任的规定。

【条文理解】

根据"谁主张，谁举证"的举证责任分配规则，原告应当就其主张的损失、费用举证证明，这也是各类民事诉讼原告共同的举证责任。但是，在生态环境侵权诉讼特别是生态环境保护民事公益诉讼中，原告对损失、费用不主张具体数额，或虽主张具体数额但不提供证据证明，完全依赖法院查明的情况时有发生。我们经研究认为，人民法院虽然可以在确有必要时依职权调查收集证据，但当事人就其主张提供证据证明的责任是第一位的，故本条确有规定的必要。

一、适用范围

本条表述为"原告"，即本条既适用于私益诉讼，也适用于公益诉讼。

二、举证责任分配规则

1. 私益诉讼原告举证责任

《生态环境侵权责任解释》第二十二条规定，"被侵权人请求侵权人赔偿因污染环境、破坏生态造成的人身、财产损害，以及为防止损害发生和扩大而采取必要措施所支出的合理费用的，人民法院应予支持。被侵权人同时请求侵权人根据民法典第一千二百三十五条的规定承担生态环境损害赔偿责任的，人民法院不予支持"。结合该条规定，生态环境侵权私益诉讼中，原告就其损害承担举证责任，损害赔偿的具体范围包括：（1）因污染环境、破坏生态遭受的人身、财产损害；（2）为防止损害发生和扩大而采取必要措施所支出的合理费用。

2. 公益诉讼原告举证责任

结合《民法典》第一千二百三十五条规定，生态环境保护民事公益诉讼中，原告就生态环境损害承担举证责任，损害赔偿的具体范围包括：（1）生态环境受到损害至修复完成期间服务功能丧失导致的损失；（2）生态环境功能永久性损害造成的损失；（3）生态环境损害调查、鉴定评估等费用；（4）清除污染、修复生态环境费用；（5）防止损害的发生和扩大所支出的合理费用。

《民法典》出台前，最高人民法院通过司法解释就生态环境损害的相关赔偿内容作了规定。2015 年 1 月施行的《环境民事公益诉讼解释》规定了生态环境修复费用、生态环境受到损害至恢复原状期间服务功能损失、检验鉴定费用、合理的律师费以及为诉讼支出的其他合理费用。其第二十条规定："原告请求恢复原状的，人民法院可以依法判决被告将生态环境修复到损害发生之前的状态和功能。无法完全修复的，可以准许采用替代性修复方式。人民法院可以在判决被告修复生态环境的同时，确定被告不履行修复义务时应承担的生态环境修复费用；也可以直接判决被告承担生态环境修复费用。生态环境修复费用包括制定、实施修复方案的费用和监测、监管等费用。"第二十一条规定："原告请求被告赔偿生态环境受到损害至恢复原状期间服务功能损失的，人民法院可以依法予以支持。"第二十二条规定："原告请求被告承担检验、鉴定费用，合理的律师费以及为诉讼支出的其他合理费用的，人民法院可以依法予以支持。"2020 年修正时基本沿袭了上述规定，仅作个别文字修改。2019 年 6 月施行的《生态环境损害赔偿规定（试行）》则在中办、国办《生态环境损害赔偿制度改革方案》规定的基础上，明确原告可以针对应急处置费用、生态环境修复费用、生态环境受到损害至修复完成期间服务功能损失、生态环境功能永久性损害造成的损失、为生态环境损害赔偿磋商和诉讼支出的调查、检验、鉴定、评估等费用，合理的律师费以及其他为诉讼支出的合理费用请求赔偿。其第十二条规定："受损生态环境能够修复的，人民法院应当依法判决被告承担修复责任，并同时确定被告不履行修复义务时应承担的生态环境修复费用。生态环境修复费用包括制定、实施修复方案的费用，修复期间的监测、监管费用，以及修复完成后的验收费用、修复效果后评估费用等。原告请求被告赔偿生态环境受到损害至修复完成期间服务功能损失的，人民法院根据具体案情予以判决。"第十三条规定："受损生态环境无法修复或者无法完全修复，原告请求被告赔偿生态环境功能永久性损害造成的损失的，人民法院根据具体案情予以判决。"第十四条规定："原告请求被告承担下列费用的，人民法院根据具体案情予以判决：（一）实施应急方案、清除污染以及为防止损害的发生和扩大所支出的合理费用；（二）为生态环境损害赔偿磋商和诉讼支出的调查、检验、鉴定、评估等费用；（三）合理的律师费以及其他为诉讼支出的合理费用。"

从以上规定可以看出，随着我国生态文明建设的坚定推进和生态环境法律体系的不断健全，司法实践就生态环境损害及其法律赔偿的内容和范围亦日益拓展，至《生态环境损害赔偿规定（试行）》已经达到相对完善的程度。相较而言，《民法典》第一千二百三十五条规定的五个方面的生态环境损害赔偿内容，与《生态环境损害赔偿制度改革方案》《生态环境损害赔偿规定（试行）》基本相同，回应了生态环境损害赔偿的现实需要，也充分吸收了近些年来司法实践探索积累的经验做法。

关于生态环境受到损害至修复完成期间服务功能丧失导致的损失。生态环境受到损害至修复完成期间服务功能丧失导致的损失，被称为期间损失。从环境法的角度而言，生态环境服务功能包括供给服务（如提供食物和水）、调节服务（如调节气候、控制洪水）、文化服务（如精神、娱乐和文化收益）以及支持服务（如维持地球生命生存环境的养分循环），不仅包括服务于人的功能，还包括服务于其他生态环境要素的功能。《环境损害鉴定评估推荐方法（第Ⅱ版）》将期间损害定义为，生态环境损害发生至生态环境恢复到基线状态期间，生态环境因其物理、化学或生物特性改变而导致向公众或其他生态系统提供服务的丧失或减少，即受损生态环境从损害发生到其恢复至基线状态期间提供生态系统服务的损失量。① 《生态环境损害鉴定评估技术指南　总纲》将期间损害（interim damage）定义为生态环境损害发生至生态环境恢复到基线的期间，生态系统向公众或其他生态系统提供服务的丧失或减少。② 服务功能丧失导致的损失，即在生态环境损害开始发生至恢复到原有状态期间内上述功能全部丧失或部分丧失造成的损失，均属于《民法典》第一千二百三十五条规定的赔偿范围。通过修复完成这一可具有量化指标的表述，进一步明确生态环境无法恢复原状，而是通过修复达到原有的生态功能水平。

如图1所示，横轴为时间轴，纵轴为损害区域环境资源服务水平。在正常情况下，某地生态环境的资源服务水平应当是处于稳定状态。而自环境污染、生态破坏事件发生之日起，比如某处林地被山火烧毁，某处湿地被倾倒了水银，则该地的资源服务水平急剧下降。由于生态环境具有自净能力，一般情况下都能缓慢地自我恢复。在自然恢复的情况下，经过一定时间，也能恢复到基线水平即恢复到原来的资源服务水平，相应的期间损害量（即A+B区域）即为期间损失。在人为恢复的情况下，期间损失较小，即为A区域。可以说，环境资源量和服务量的期间损害与所选择的基本恢复方案密切相关，即所选择的基本恢复方案很大程度上决定了环境资源量和服务量的期间损害量。③

---

① 参见原环境保护部环境规划院《环境损害鉴定评估推荐方法（第Ⅱ版）》第4.12条。
② 参见原环境保护部《生态环境损害鉴定评估技术指南　总纲》第3.5条。
③ 参见《环境损害鉴定评估推荐办法（第Ⅱ版）》附录B.1。

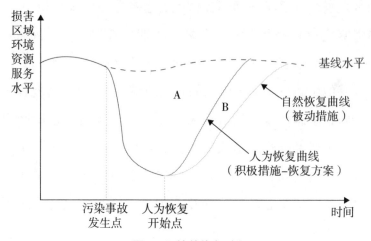

图 1 环境的恢复过程

关于生态环境功能永久性损害造成的损失。《环境损害鉴定评估推荐方法（第Ⅱ版）》从技术规范的角度对永久性损害（permanent damage）作出了定义，是指"受损生态环境及其功能难以恢复，其向公众或其它生态系统提供服务能力的完全丧失"。① 永久性损害并非绝对不可恢复，而是"难以恢复"。因为损害的可恢复性既需要考虑恢复工程措施的技术可行性，也需要考虑恢复工程措施的经济合理性，即需要进行成本-效益分析。有些环境污染和生态破坏造成的损害后果之所以不可逆转，是因为目前的科学技术认知局限和技术手段缺失，使恢复成为不可能。有些环境污染和生态破坏造成的损害后果虽然有修复的可能，但是恢复工程的成本远远高于受损生态环境的生态服务功能价值，那么可能在短时间内我们并不会选择修复。② 对于这部分内容的损害，在环境诉讼中，一般通过司法鉴定、评估或者参考专家意见等方式确定具体的损害数额。

关于生态环境损害调查、鉴定评估等费用。环境污染、破坏生

---

① 参见《环境损害鉴定评估推荐方法（第Ⅱ版）》第4.13条。
② 王小钢：《生态环境修复和替代性修复的概念辨正——基于生态环境恢复的目标》，载《南京工业大学学报（社会科学版）》2019年第1期。

态事件发生后，环境保护、农业、林业和草原、渔业、海洋等主管部门往往会组织进行生态环境损害调查，通过各种检验、检测和评估等技术方式最终形成事件调查报告。社会组织、人民检察院为了了解生态环境损害情况，也会开展诉前调查、收集证据的工作。此外，为了确定生态环境损害，还需要鉴定评估等手段予以帮助。这些工作往往需要依靠第三方专业机构，也可能会使用相关专业仪器、设备进行，这均会产生相应的费用。需要注意的是，对于行政机关来说，本项规定的调查是在生态环境损害发生后，行政机关专门开展的调查工作，与行政机关一般行政执法行为要有所区分。

关于清除污染、修复生态环境费用。本项仅指生态修复阶段的费用，具体包含两个部分，一是清除污染费用，二是修复生态环境费用。环境污染、生态破坏事件发生后，根据初步环境损害现场调查与监测的结果，初步确定污染因子、污染类型与污染对象，并根据污染物的扩散途径确定损害的范围，开展应急处置阶段的环境损害评估。在对损害进行量化后，判断是否启动中长期的损害评估以及修复工作。本项规定的清除污染、修复生态环境费用，是指在应急处置行动结束后，环境介质中的污染物浓度水平超过了基线水平并在 1 年内难以恢复至基线水平，或者环境介质中的污染物浓度水平或应急处置行动产生二次污染对公众健康或生态环境构成的潜在威胁没有完全消除①，继而开展的生态环境损害修复所发生的费用。因此，上述两类费用与应急处置费用不同，要予以区分。根据《突发环境事件应急处置阶段环境损害评估推荐方法》，应急处置费用是指突发环境事件应急处置期间，为减轻或消除对公众健康、公私财产和生态环境造成的危害，各级政府与相关单位针对可能或已经发

---

① 参见《突发环境事件应急处置阶段环境损害评估推荐方法》第 10.3 条。

生的突发环境事件而采取的行动和措施所发生的费用。① 换言之，应急处置费用系为防止损害发生或者扩大而支出的费用，清除污染费用是指为了及时有效地清除、清理环境污染行为造成的后果而采取必要、合理措施所产生的费用。

关于防止损害的发生和扩大所支出的合理费用。防止损害的发生和扩大所支出的合理费用，属于应急处置费用中的防范性措施费用，是指为了防止、遏制环境损害发生、扩大，所采取的或者将要采取的必要、合理措施产生的费用。突发环境事件发生后，各有关地方、部门和单位根据工作需要，组织采取现场污染处置、转移安置人员等响应措施。涉事企业事业单位或其他生产经营者要立即采取关闭、停产、封堵、围挡、喷淋、转移等措施，切断和控制污染源，防止污染蔓延扩散，同时应做好有毒有害物质和消防废水、废液等的收集、清理和安全处置工作。当涉事企业事业单位或其他生产经营者不明时，由当地生态环境主管部门组织对污染来源开展调查，查明涉事单位，确定污染物种类和污染范围，切断污染源。事发地人民政府应组织制订综合治污方案，采用监测和模拟等手段追踪污染气体扩散途径和范围；采取拦截、导流、疏浚等形式防止水体污染扩大；采取隔离、吸附、打捞、氧化还原、中和、沉淀、消毒、去污洗消、临时收贮、微生物消解、调水稀释、转移异地处置、临时改造污染处置工艺或临时建设污染处置工程等方法处置污染物。必要时，要求其他排污单位停产、限产、限排，减轻环境污染负荷。上述措施所花费的费用，除可以纳入第四项的清除污染费用外，属于本项规定的"防止损害的发生和扩大所支出的合理费用"。需要指出的是，关于生态环境损害量化计算方法，突发环境事件发生后，

①　参见《突发环境事件应急处置阶段环境损害评估推荐方法》第3.3条。

如果需要对生态环境进行修复或恢复，且修复或恢复方案在开展应急处置阶段的环境损害评估规定期限内可以完成，则根据生态环境的修复或恢复方案实施费用计算生态环境损害，根据修复或恢复费用计算得到的生态环境损害计入直接经济损失[①]。如此，也属于可以在本项主张的损失和费用。

除以上五个方面的损失和费用，国家规定的机关或者法律规定的组织为行使环境公益侵权责任请求权所支出之合理的律师费以及其他合理费用，当然可以要求违反国家规定造成生态环境损害的侵权人予以承担。

一是基于生态环境侵权的专业性、复杂性，在侵权事实成立而损失、费用数额难以确定的情形下，人民法院应当依据相关裁判规则予以确定，而不应仅以原告未完成举证责任为由不支持其关于损失、费用的诉讼请求。

生态环境侵权案件审理过程中，侵害事实的查明、因果关系的认定、损失评估以及生态环境修复方案的技术性、专业性强的问题往往需要借助专业手段。专业事实查明是生态环境侵权案件审查的重要方面。实践中，法院常委托鉴定，以确定相关的专业事实。然而，"鉴定难""鉴定贵"也是困扰环境资源审判的难题。对此，我们认为，一是要准确区分司法判断与专业技术问题。法院要正确认识鉴定意见在认定案件事实中的作用和局限性，对于鉴定的必要性、鉴定意见能否采信等问题，需要基于法律规则和法律程序，综合其他证据审查判断，避免鉴定意见"越界"进入司法判断领域。根据本规定第十七条，对于法律适用、当事人责任划分等非专门性问题，但可以通过法庭调查、勘验等其他方式查明的，人民法院不予委托

---

① 参见《突发环境事件应急处置阶段环境损害评估推荐方法》第9.4.2条第2款。

鉴定。《最高人民法院、最高人民检察院、公安部、司法部、生态环境部关于办理环境污染刑事案件有关问题座谈会纪要》对于需要鉴定的核心或者关键专门性问题有规定①，虽然该纪要规范的是刑事案件，但是对于生态环境侵权案件亦有相当参考价值。

二要依法审查司法鉴定申请。法官要引导当事人依法行使诉讼权利，及时提示诉讼风险，严格审查当事人申请鉴定事项的必要性、与案件争议内容的关联性，对于不具备鉴定条件或者技术不成熟的鉴定事项，要积极寻求替代方法。

三要拓宽证据形式。环境资源行政主管部门出具的相关行政文书，国务院环境资源行政主管部门推荐的机构出具的检验报告、检测报告、评估报告、监测数据，经当事人质证，可以作为认定生态环境侵权案件事实的依据。比如，根据《水污染防治法》第一百条关于"因水污染引起的损害赔偿责任和赔偿金额的纠纷，当事人可以委托环境监测机构提供监测数据。环境监测机构应当接受委托，如实提供有关监测数据"的规定，因水污染引起的损害赔偿责任和赔偿金额的纠纷，当事人可以委托环境监测机构提供监测数据，人民法院可以根据环境监测机构的监测数据作出认定。另一方面，在当事人进行委托时，环境监测机构应当接受委托，如实提供有关监测数据。无论什么性质的环境监测机构，都应当使用符合国家标准

① 2019年2月20日发布的《最高人民法院、最高人民检察院、公安部、司法部、生态环境部关于办理环境污染刑事案件有关问题座谈会纪要》在"14.关于鉴定的问题"中明确："……会议认为，根据《环境解释》的规定精神，对涉及案件定罪量刑的核心或者关键专门性问题难以确定的，由司法鉴定机构出具鉴定意见。实践中，这类核心或者关键专门性问题主要是案件具体适用的定罪量刑标准涉及的专门性问题，比如公私财产损失数额、超过排放标准倍数、污染物性质判断等。对案件的其他非核心或者关键专门性问题，或者可鉴定也可不鉴定的专门性问题，一般不委托鉴定。比如，适用《环境解释》第一条第二项'非法排放、倾倒、处置危险废物三吨以上'的规定对当事人追究刑事责任的，除可能适用公私财产损失第二档定罪量刑标准的以外，则不应再对公私财产损失数额或者超过排放标准倍数进行鉴定。涉及案件定罪量刑的核心或者关键专门性问题难以鉴定或者鉴定费用明显过高的，司法机关可以结合案件其他证据，并参考生态环境部门意见、专家意见等作出认定。"

的监测设备，遵守监测规范，并对监测数据的真实性和准确性负责。对于没有鉴定机构或者鉴定成本太高的专业性问题，法官可以参考专家辅助人或者环境资源技术专家提出的专业意见予以认定①。对于鉴定之外认定专门性事实的方法，本解释第二十一条也规定，因没有鉴定标准、成熟的鉴定方法、相应资格的鉴定人等原因无法进行鉴定，或者鉴定周期长、费用过高的，人民法院可以结合案件有关事实、双方当事人委托的具有专门知识的人的意见和其他证据，对涉及专门性问题的事实作出认定。本解释第二十二条具体规定了专家辅助人，第二十三条规定了当事人提供的专业意见，第二十四条规定了公文书证，第二十五条规定了行政执法、刑事侦查证据的使用，第二十六条到第二十九条规定了书证，对于查明专门性问题均有相当的作用。

四要依法行使裁量权或者依据证据规则认定专业事实。《环境民事公益诉讼解释》第二十三条②关于生态环境修复费用难以确定或者确定具体数额所需鉴定费用明显过高的情形下人民法院依职权酌定的规定，第十三条③关于被告拒不提供环境信息法律后果的规定，以

①　具体案例可以参考指导案例172号"秦家学滥伐林木刑事附带民事公益诉讼案"。
②　《环境民事公益诉讼解释》第二十三条　生态环境修复费用难以确定或者确定具体数额所需鉴定费用明显过高的，人民法院可以结合污染环境、破坏生态的范围和程度，生态环境的稀缺性，生态环境恢复的难易程度，防治污染设备的运行成本，被告因侵害行为所获得的利益以及过错程度等因素，并可以参考负有环境资源保护监督管理职责的部门的意见、专家意见等，予以合理确定。具体案例，可以参考指导案例175号，江苏省泰州市人民检察院诉王小朋等59人生态破坏民事公益诉讼案。
③　《环境民事公益诉讼解释》第十三条　原告请求被告提供其排放的主要污染物名称、排放方式、排放浓度和总量、超标排放情况以及防治污染设施的建设和运行情况等环境信息，法律、法规、规章规定被告应当持有或者有证据证明被告持有而拒不提供，如果原告主张相关事实不利于被告的，人民法院可以推定该主张成立。具体案例，可以参考指导案例135号，江苏省徐州市人民检察院诉苏州其安工艺品有限公司等环境民事公益诉讼案。

及本规定第三十一条①、第三十二条②的规定，可以解决相当一部分生态环境案件的难题，在实务中可以大胆适用。

【审判实践中需要注意的问题】

根据本条以及《生态环境侵权责任解释》第二十二条规定，需要注意以下问题：（1）生态环境侵权私益诉讼原告不能主张《民法典》第一千二百三十五条规定的生态环境损害；（2）生态环境侵权私益诉讼原告可以提恢复原状的诉讼请求，但不能提生态环境修复的诉讼请求。生态环境修复系恢复原状在生态环境侵权领域的特殊化与具体化。根据《民法典》第二百三十七条的规定，造成不动产或者动产毁损的，权利人可以依法请求修理、重作、更换或者恢复原状。侵权人砍伐林木、倾倒废渣、非法采矿等，造成了林地、湿地、草原等植被破坏，生态环境遭到毁损，即使后来采取了清除污染、补植复绿、增殖放流、增加生物多样性，使遭受破坏的生态环境恢复到原来生态环境服务功能水平，但是也并非完全物理意义上的恢复原状，重新补种的树木并非原来的树木，重新放养的鱼也并非原来的鱼。因此，在《民法典》出台后，相应修改的《环境民事公益诉讼解释》以及原《环境侵权责任规定》都将"恢复原状"修改为"修复生态环境"，体现了生态环境侵权领域的特殊性。而《生态环境侵权责任解释》第二十二条的新规定，明确了生态环境私

---

① 本解释第三十一条 在生态环境保护民事公益诉讼案件中，损害事实成立，但生态环境修复费用、生态环境受到损害至修复完成期间服务功能丧失导致的损失、生态环境功能永久性损害造成的损失等数额难以确定的，人民法院可以根据污染环境、破坏生态的范围和程度等已查明的案件事实，结合生态环境及其要素的稀缺性、生态环境恢复的难易程度、防治污染设备的运行成本、被告因侵权行为获得的利益以及过错程度等因素，并可以参考负有环境资源保护监督管理职责的部门的意见等，合理确定。

② 本解释第三十二条 本规定未作规定的，适用《最高人民法院关于民事诉讼证据的若干规定》。

益侵权领域，一是被侵权人不能主张公益领域的生态环境修复，生态环境遭受破坏的，应由国家规定的机关或者法律规定的组织主张生态环境修复；二是如果确系被侵权人个人所有的生态环境需要修复，当事人可以主张恢复原状的诉讼请求。

【法条链接】

《中华人民共和国民法典》（2020 年 5 月 28 日）

第一千二百三十二条　侵权人违反法律规定故意污染环境、破坏生态造成严重后果的，被侵权人有权请求相应的惩罚性赔偿。

第一千二百三十五条　违反国家规定造成生态环境损害的，国家规定的机关或者法律规定的组织有权请求侵权人赔偿下列损失和费用：

（一）生态环境受到损害至修复完成期间服务功能丧失导致的损失；

（二）生态环境功能永久性损害造成的损失；

（三）生态环境损害调查、鉴定评估等费用；

（四）清除污染、修复生态环境费用；

（五）防止损害的发生和扩大所支出的合理费用。

《中华人民共和国水污染防治法》（2017 年 6 月 27 日）

第一百条　因水污染引起的损害赔偿责任和赔偿金额的纠纷，当事人可以委托环境监测机构提供监测数据。环境监测机构应当接受委托，如实提供有关监测数据。

《中华人民共和国民事诉讼法》（2023 年 9 月 1 日）

第六十七条　当事人对自己提出的主张，有责任提供证据。

当事人及其诉讼代理人因客观原因不能自行收集的证据，或者人民法院认为审理案件需要的证据，人民法院应当调查收集。

人民法院应当按照法定程序，全面地、客观地审查核实证据。

第五条 【生态环境侵权原告因果关系关联性举证责任的证据】原告起诉请求被告承担环境污染、生态破坏责任的，应当提供被告行为与损害之间具有关联性的证据。

人民法院应当根据原告提交的证据，结合污染环境、破坏生态的行为方式、污染物的性质、环境介质的类型、生态因素的特征、时间顺序、空间距离等因素，综合判断被告行为与损害之间的关联性是否成立。

【条文主旨】

本条是关于生态环境侵权原告因果关系关联性举证责任的证据。

【条文理解】

《民法典》第一千二百三十条规定，因污染环境、破坏生态发生纠纷，行为人应当就法律规定的不承担责任或者减轻责任情形及其行为与损害之间不存在因果关系承担举证责任。立法将因果关系举证责任分配给行为人承担，是因为生态环境侵权十分复杂的因果关系链条以及侵权行为人与受害人间存在证据偏在现象，有必要减轻受害人的举证负担。[①] 但是，生态环境侵权因果关系的复杂性和举证的困难性不仅针对受害人，多数情况下于行为人一方同样如此。过往的实践表明，当行为人陷入须就行为与损害结果之间不存在因果

———————

① 最高人民法院民法典贯彻实施工作领导小组主编：《中华人民共和国民法典侵权责任编理解与适用》，人民法院出版社 2020 年版，第 518 页。

关系举证的境地时，败诉之结局往往难以避免。基于利益的再平衡以及防止滥诉的考量①，本条解释明确受害人应当就行为与结果具有关联性承担举证责任，意图通过更加精细地分配举证责任，以实现个案处理的公平。相较于原《环境侵权责任规定》②，本条规定在明确原告对关联性举证责任的同时，还就关联性的考量因素作出了细化规定，从而使解释在实践中更加具有可操作性。

一、对"关联性"的理解

一般认为，"关联性"是与待证案件事实有内在的联系或在逻辑上和经验上的相互联系③，在生态环境侵权领域，"关联性"是指"污染者排放的污染物或其次生污染物与损害事实相关联"。④"关联性"在于降低受害人对因果关系的举证责任，避免受害人因举证不能或不充分而承受败诉之不利后果。关于"关联性"的理解，有必要与"初步因果关系"或"可能存在的因果关系"概念作一定的区分。有一种观点认为，"初步因果关系"和"可能存在的因果关系"与"关联性"存在区别，不应当混用，笔者不同意这种观点。所谓"初步因果关系"和"可能存在的因果关系"，是在司法解释尚未出台前，司法实践为了矫正原《侵权责任法》关于环境侵权因果关系举证责任倒置过于绝对而在实践中发展出来的一种做法，并逐步被主流观点所承认。2014年，最高人民法院发布的《关于全面加强环

---

① 最高人民法院研究室、最高人民法院环境资源审判庭编著：《最高人民法院环境侵权责任纠纷司法解释理解与适用》，人民法院出版社2016年版，第87页。

② 即《最高人民法院关于审理环境侵权责任纠纷案件适用法律若干问题的解释》（法释〔2015〕12号），下同。2023年9月1日，《生态环境侵权责任解释》实施后，前者已经被宣告废止。

③ 徐贵勇：《大气污染侵权案件司法实务疑难法律问题研究——证据关联性和因果关系的归位》，载《法律适用》2018年第9期。

④ 孙佑海、孙淑芬：《环境诉讼"关联性"证明规则实施阻碍和对策研究》，载《环境保护》2018年第23期。

境资源审判工作 为推进生态文明建设提供有力司法保障的意见》指出，原告应当就存在污染行为和损害承担举证责任，并提交污染行为和损害之间可能存在因果关系的初步证据。因此，"关联性"与"初步因果关系"或"可能存在因果关系"具有同义性。在此意义上，关联性并没有创造出独立于"行为—损害结果—因果关系"之外的独立的侵权责任构成要件，而只是对因果关系成立标准在生态环境侵权中的修正。

二、"关联性"证明标准的动态把握

本条第二款的规定，是对"关联性"证明标准的动态把握。发端于奥地利的动态系统论，旨在矫正概念法学思维的僵化，调和固定规则、严格要件与纷繁复杂社会生活之间的矛盾。动态系统论认为，传统"构成要件+法律后果"的评价模式虽然有利于法的安定性和可预测性，但却通过全有或全无的机械思维割裂了多元的现实，造成了法律与社会之间的鸿沟和不和谐。区别于此，动态系统论承认法律制度内在的独立价值和所要实现的目的具有多元性，以这些多元的要素替代单一的要件，通过各要素满足的充分程度及其位阶的比较，确定发生何种法律效果，从而构建起以程度替代有无的动态法律评价体系。动态系统论最初用于对损害赔偿法和不当得利制度的研究，近年来开始广泛应用于侵权责任法、合同法等相关民法领域。[1] 我国《民法典》人格权编亦引入了动态系统论。[2] 生态环境侵权的关联性证明标准之所以适用动态系统论，其正当性基于以下几个方面：

---

[1] ［奥］尔穆特·库齐奥：《动态系统论导论》，张玉东译，载《甘肃政法学院学报》2013年第4期。

[2] 王利明：《民法典人格权编中动态系统论的采纳与运用》，载《法学家》2020年第4期。

第一，关联性概念所具有的程度之维。由于"关联性"是对生态环境侵权原告在因果关系证明责任上的减轻，因而"关联性"证明标准应当低于一般因果关系的高度盖然性标准。德国有的学者对证明程度进行了细致划分，起始与终端为0%和100%，中间分为四级：第一级为1%～24%；第二级为26%～49%；第三级为51%～74%；第四级为75%～99%。其中0%为绝对不可能，50%为可能与不可能同等程度存在，100%为绝对肯定。而第一级为非常不可能，第二级为不太可能，第三级为大致可能，第四级为非常可能。民事诉讼中的证明标准应定在第四级，即在穷尽了可获得的所有证据后，如果仍然达不到75%的证明程度，法官就应当认定待证事实不存在；如果达到或者超过75%，则应认为待证事实的存在已获得证明。[①] 如果按照该理论，则低于75%高于0%都属于"关联性"的范畴。这样来看，关联性包含从无因果关系的初始状态向高度盖然性因果关系的圆满状态不间断发展中的若干个阶段，具有程度之维。这样的思维方式，与动态系统论的基本观点是相符的。

第二，生态环境侵权案件自身类型的多元性。学理和实践认为，生态环境侵权包括环境污染和破坏生态。污染环境体现为排放，破坏生态则体现为索取。再进一步划分，污染环境包括物质型污染和能量型污染，其中物质型污染是指有毒、有害物质对环境的污染，能量型污染则是指噪声、震动、光辐射、电磁辐射对环境的污染。由于能量污染不属于典型意义上的污染，只是赋予其相同于污染环境的法律适用规则，故又称为拟制型污染。在比较法上，各国立法只有针对部分特定生态环境侵权，如大气污染、水污染等适用因果关系推定，如同我国《民法典》第一千二百三十条的规定，不加区

---

① ［德］普维庭：《现代证明责任问题》，吴越译，法律出版社2006年版，第104～107页。

分生态环境侵权类型而一概适用因果关系推定的立法例极为罕见。因而在实践中，就行为方式、致害机理、危害程度不同的生态环境侵权，对当事人关联性的举证责任理应适用不同的标准，以实现个案的公平。在这些差异较大的案件中，当事人的举证到何种程度才能达到"关联性"，需要法官同时考虑多个而非个别要素综合作出判断。

第三，生态环境侵权案件中的复杂利益衡量。侵权责任制度来源于不同类型的利益冲突，侵权责任的目的在于保护私人权益和保障行为自由。由于加入了环境因素，环境侵权所应对的权利冲突的多样性远较传统侵权责任复杂。一般认为，现代环境问题伴随着工业化与现代化进程产生，生态环境侵权调整的是不平等主体之间的关系。然而，受害人的结构性弱势在当前的生态环境侵权案件中并非绝对，平等主体之间发生的纠纷并不少见。立法所构想的图景并不能涵盖日常生活中的全部实践。事实上，当代生态环境侵权面临的利益冲突既有不平等主体之间的利益冲突，也有平等主体之间的利益冲突；既有私人利益间的冲突，也有私益和公益的冲突，还有环境公益和经济、就业等其他社会公益的冲突；既有当代人之间的利益冲突，也有代际利益的冲突等。因而在个案关联性的判断上，法官必须妥当确定这些复杂利益的位阶，综合实现利益的平衡。

三、关联性证明标准考量的行为要素

"关联性"作为一种可能或初步的因果关系，适用民事证据法中低于高度盖然性的证明标准，目的在于减轻生态环境侵权中受害人的举证负担。在传统侵权中，因果关系的证明并不困难，只要行为和损害要件具备，因果关系往往可以通过日常生活经验自然推出，

如触电会导致伤亡，被利器划伤会流血，从高处摔落会骨折等。受害人只需要就行为和损害结果进行举证，内在因果关系自然表征。而在生态环境侵权中，情况则并不相同。例如，废塑料粉碎清洗和加工造成的水污染是否会引发白血病、二噁英①污染是否会导致新生儿脑瘫等均无法确定。此时，减轻受害人的举证负担，适用关联性证明标准具有了正当性。

可见，"关联性"的证明标准与经验法则在案件中的适用性密切相关。所谓经验法则，是指"一个来源于一般性确定性经验基础上所形成的一般性法则"②，是人们从生活经验中归纳获得的关于事物因果关系或属性状态的法则或者知识，经过实践反复检验形成的对事物发展的规律性认识。在学理上，经验法则可以区分为一般经验法则和特别经验法则。在一般经验法则适用的情境中，"当事人可以陈述一系列事实，而根据一般生活经验，从这些事实中能够推导出一个确定而典型的事物发展过程。当整个事实明显地具有通常和一般的事物的特点，以至于个别的例外情况已经失去了其典型意义"。③此时，行为与结果之间体现为"如果……总是"或"如果……大多数情况是"的关系。《民事诉讼证据规定》第十条规定，根据已知事实和日常生活经验法则推出的另一事实，当事人无须举证证明。当事人之所以无须举证，正是根据一般经验法则，待证事实已经达到了高度盖然性的标准。例如，被告医院在给原告输血时，使用了被艾滋病毒污染的血浆，原告因此被艾滋病毒感染。如果原告本身

---

　　①　二噁英通常指具有相似结构和理化特性的一组多氯取代的平面芳烃类化合物，属氯代含氧三环芳烃类化合物，是一种具有较强生物毒性的有机化合物。

　　②　［意］米歇尔·塔鲁否：《关于经验法则的思考》，孙维萍译，载《证据科学》2009年第2期。

　　③　［德］马克西米利安·福克斯：《侵权行为法》，齐晓琨译，法律出版社2004年版，第112页。

不属于感染艾滋病毒的高危人群，他的生活方式也不具有增加感染艾滋病毒可能性的危险，但在接受了一名患有艾滋病的献血者的血液后感染了艾滋病毒，就可以推定输血与感染艾滋病毒的因果关系。与一般经验法则相对应的是特别经验法则，也被称为专门性经验法则，是指需要经过严格的逻辑证明和严格的观察与实验验证形成的经验法则。就经验法则与待证事实之间的关系上是否具有直接适用功能的价值而论，在证据证明上，经验法则常指一般经验法则。①

生态环境侵权具有复杂的样态，行为与损害间的因果关系包含从适用一般经验法则到适用特殊经验法则，再到完全不适用经验法则等各种类型。当案件适用一般经验法则时，受害人在完成侵害行为和损害结果的举证后，就可以根据一般经验法则推出高度盖然性的因果关系，无须受害人再就关联性举证证明。例如，在姜某某诉荆某案中，法院适用了日常生活经验法则及事实推定规则，认为钢铁制品加工、搬卸的噪声会比较严重地影响相邻院落居民正常的生活和休息，符合一般人的认知规律。该案中，关联性举证责任被经验法则及事实推定所替代，失去了独立适用价值。②

在更多的情况下，生态环境侵权因果关系无法适用一般经验法则推定，需要适用特殊经验法则，即通过专门知识、技术证明。此时宜立足于保护受害人的立场，通过关联性证明标准减轻被告的举证责任。例如，王某诉机械公司案中，机械公司在王某住宅附近排放废气、粉尘等污染物，王某经确诊支气管肺炎、支气管哮喘后向法院起诉。法院认为王某已经完成初步证明责任，认定因果关系已成立。该案中，关联性证明标准并未达到高度盖然性，体现了其特

---

① 毕玉谦：《试论民事诉讼中的经验法则》，载《中国法学》2000 年第 6 期。

② 《加工钢铁制品造成噪声污染应承担民事侵权责任——姜某某诉荆某噪声污染责任纠纷案》，载法信网，https://www.faxin.cn/lib/cpal/AlyzContent.aspx? isAlyz=1&gid=C1263702，2023年 8 月 25 日访问。

殊价值。① 而在另一些案件中，因果关系则无法通过现有科学技术证明。例如，日本新潟水俣病，在发现时的医学条件下无法确定其致病因子，法院最终采用疫学因果关系这一低盖然性方法认定因果关系成立。由此可见，关联性证明标准与经验法则在案件中的适用性密切相关。原则上，经验法则的适用性越强，生态环境侵权案件越接近于普通侵权，关联性证明标准越高；经验法则适用性越弱，生态环境侵权案件特殊性越得以彰显，关联性证明标准越低。而某一具体环境侵权案件因果关系是否适用经验法则，可以根据下列要素综合考量：

（1）生态环境侵权的形态。根据《民法典》第一千二百二十九条的规定，生态环境侵权行为方式包括污染环境和破坏生态。通说认为，污染环境是人类活动向环境排入了超过环境自净能力的物质或能量，从而使环境的物理、化学、生物学性质发生变化，产生不利于人类及其他生物正常生存和发展的影响的一种现象。而破坏生态是一种取出性损害或开发性损害，是由于人类不适当地从环境中取出或开发物质、能源所造成的对环境和人类的不利影响和危害。例如，滥捕野生动植物、滥伐森林、滥垦土地、滥采矿产资源、滥抽取地下水等。② 从致害过程来看，环境污染和生态破坏都体现为"损害行为—环境介质污染（生态系统破坏）—人身财产损害"。两者的区别在于，污染环境一般是经由环境介质将损害传导至受害人，如含重金属污染物经由地下水进入人体，粉尘经由空气被人吸入。在噪声、振动等能量污染中，此种情形则更为典型。破坏生态则是

---

① 《污染行为人未能举证污染行为与损害之间不存在因果关系且现有科学和鉴定技术无法排除两者之间存在因果关系的可能性的，推定存在因果关系——王某某诉机械公司环境污染责任纠纷案》，载法信网，https：//www.faxin.cn/lib/cpal/AlyzContent.aspx？isAlyz＝1&gid＝C1292190，2023年8月25日访问。

② 蔡守秋主编：《环境资源法教程》，高等教育出版社2004年版，第7～8页。

着重于对生态系统自身的损害，如物种灭绝、生态失衡、气候变暖等，人身财产损害则是由这种恶化的生态系统所引发。破坏生态的因果关系更加间接，行为与损害之间的联系在科学上不确定性较强，往往难以适用经验法则。例如，对于气候变化引发的海平面上升淹没房屋、海洋温度升高造成的渔业损失等，很难归因于某一具体破坏生态行为。

（2）污染物的种类。首先，《环境保护法》第四十二条列举了废气、废水、废渣、医疗废物、粉尘、恶臭气体、放射性物质以及噪声、振动、光辐射、电磁辐射等污染物，不同种类的污染物致害的机理不同，能否适用经验法则亦存在较大差别。首先，能量污染相较物质污染致害机理相对简单，多数时候可以通过经验法则推定。如前述姜某某诉荆某案中，法院直接适用经验法则推定因果关系成立；又如陆某某诉某公司案中，法院认为光污染造成受害人失眠、烦躁不安等症状"符合日常生活经验法则……应推定属实"。区别于噪声、振动、光辐射，电磁辐射污染具有更强的隐蔽性和损害的不确定性，由此导致司法实践中对关联性证明标准的把握在个案中产生了差异。例如，在杨某等诉电力局案中，法院认为无法证实电力局架设的高压线路铁塔产生的电磁辐射与杨某等所患疾病有因果关系，判决驳回了原告的诉讼请求。而在倪某某诉发电公司案中，原告倪某某认为安装在其中养殖场附近的发电机组发出的光影、电磁和噪声扰乱了中华鳖所需的生存环境，导致中华鳖大量死亡。人民法院委托渔业生态检测中心就此进行现场实验鉴定，结论为前述光影、电磁和噪声不会造成中华鳖死亡。二审法院认为，案涉环境污染损害纠纷，是基于风力发电产生的新类型污染，不同于一般意义上的渔业污染，仅具有渔业污染鉴定的机构作出的鉴定意见不能作为定案依据。中华鳖属于对噪声和光影敏感的生物，而本案中风力发电机最近一组机组距离养殖场仅 100 米，不符合相关规范要求，可以印证中华鳖死亡与风力发电机所产生的污染具有一定因果关系。该案中，法院对鉴定结论未予采纳，而是适用较低的盖然性证明标准认定因果关系成立。[①]

其次，在物质型污染中，不同类型污染物造成的损害在经验法则适用上也存在很大差别。例如，对于氨氮、亚硝酸盐等污染物会导致鱼类死亡已为科学所确定，而对于二噁英的致害过程和后果则不完全清楚。在谢某某诉环保能源公司案中，二审法院指出："污染者就其行为与损害结果之间不存在因果关系承担举证责任的前提是污染行为有导致损害结果发生的疫学上的因果关系……本案中，目前在疫学上并没有二噁英会导致新生儿脑瘫的普遍的、公认的结论，也不能排除其他因素导致上诉人脑瘫的情况，有关污染行为与损害结果之间因果关系的举证责任尚不能由被上诉人承担。"该案法院坚持以疫学因果关系作为关联性证明标准的底线，强调这种因果关系"须是普遍的、公认的结论，而不能是基于个案的、推断性的结论"。有学者对此进行了批评，认为二噁英属于公认的危险物质和一级致癌物。该案中原告已证明二噁英可能引发疾病以及其居住附近存在癌症患者以及育龄妇女早产、死胎等现象，已经完成初步证明责任，应当推定因果关系成立。[②] 按照上述学者的观点，本案中关联性的证明标准只需要达到可致人罹患严重疾病即可，无须具体到脑瘫，这种标准已明显低于一般盖然性。

（3）环境介质和生态系统的类型。以土壤污染致害为例。土壤污染可以由多种污染物引发并长期复合、累积，可以与大气、水体

[①]　最高人民法院环境资源审判庭编著：《中国环境资源精品案例评析》，人民法院出版社 2023 年版，第 126~132 页。

[②]　杨朝霞、刘轩、高翔：《环境侵权因果关系推定之新规判解——以"中国垃圾焚烧致病第一案"的检视为中心》，载《环境保护》2016 年第 44 期。

中的污染物相互作用，同时又反过来通过地表径流的自然沉降和土壤中污染物质的自然挥发而对地区的地下水、径流和大气造成污染。例如，在工厂违法堆放有害垃圾的情况下，该垃圾中的有毒物质首先会挥发到空气并渗透至土壤中，随着土壤内地下水的渗透与流动，毒害物会随之进入相邻水循环系统，最终造成损害。同时，土壤污染造成的损害原因非常复杂，有时往往是多重因素共同作用的结果。例如，对于"镉大米"产生的原因，一般认为是矿山开采、冶炼、化工、电镀和电池行业等排放镉污染土壤所导致，但根据相关研究，很多粮食主产区耕地镉含量并不严重，依然产生镉大米，原因在于农业生产方式和投入方式致使土壤酸化，从而大大降低了土壤对镉的络合和吸收能力，使土壤酸碱度落入了最容易产生镉大米的区间。由此，侵害行为经由不同的环境介质和生态系统所造成的损害，在经验法则的适用上亦存在差别。

（4）时空跨度。因果关系体现为两个事件在时空上的关联。在经验法则适用的领域，行为与结果之间的时空关系是具体而清晰的，如交通肇事致人死亡，行为与损害几乎同时发生，可以直接推定。而在生态环境侵权中，除具有瞬时性特征的能量污染外，污染物多数情况下并非在排放之时即造成损害，而是随着环境介质发生迁移，最终到达受害人处造成损害。行为与损害的时空联系不再密切，甚至超出一般人所能感知的范围。在日本新泻水俣病中，原因物质到达受害人的途径成为认定因果关系的重要一环。不仅如此，污染物在长时间、跨介质的迁移过程中，受到物理、化学、生物作用，还可能产生次生污染物，致害过程更为复杂。例如，A 工厂长期排放的废弃物中含有无机汞，而附近居民却呈现甲基汞中毒，这是因为无机汞在自然环境中由生物作用下产生甲基化之生物转化作用，再经生物链传递进入人体造成慢性甲基汞中毒。[①] 生态环境侵权时空跨度越大，经验法则越难以发挥作用。

四、关联性证明标准考量的规范要素

《民法典》第一千二百三十条规定，因污染环境、破坏生态发生纠纷，行为人应当就其行为与损害结果之间不存在因果关系承担举证责任。按照这一举证责任分配规则，在原告已经举证证明关联性存在的情况下，被告不能仅就被侵权人提交的关联性证据予以反驳，从而使案件事实重新进入真伪不明的状态可能，排放的可造成该损害的污染物未到达该损害发生地，或损害于排放污染物之，而是必须证明因果关系的不存在。即被告人须证明排放的污染物没有造成该损害前已发生不可能造成损害等相关情形。例如，在某农场特种养殖场诉某染化厂等案中，原告请求被告就其排污造成的蝌蚪死亡承担侵权责任，而被告举证证明在原告养殖场上游的其他养殖场并未发生青蛙蝌蚪大批死亡的现象。终审判决认为，被告的举证并不能达到否定因果关系的标准。这表明，被告仅能够证明"有侵害行为时，可能不发生损害结果"或"无侵害行为时，也可能发生损害结果"，并不足以推翻因果关系，必须达到"有侵害行为时损害结果出现的可能性与无侵害行为时损害结果出现的可能性完全相同"的程度。[②] 有学者指出，这种反向排除的证明标准应达到排除合理怀疑的高度盖然性标准[③]，对侵权人而言无疑是极度困难的。遵循公平正义理念，对于因果关系复杂、难以适用经验法则的案件，本应合理

[①]　崔涵冰：《美国环境毒物侵权救济的理论与实践——基于三则典型案例的比较分析》，载《华中科技大学学报（社会科学版）》2018 年第 2 期。

[②]　胡学军：《环境侵权中的因果关系及其证明责任问题评析》，载《中国法学》2013 年第 5 期。

[③]　吕忠梅：《环境侵权诉讼证明标准初探》，载《政法论坛》2003 年第 5 期。

降低双方当事人的举证责任。但基于归责的需求，为避免案件事实陷于真伪不明的状态，法律不得已在减轻原告举证的同时加重被告的举证责任。如果对此不加限制，就可能造成新的不公。由此，在关联性证明标准行为要素之外，还有必要引入若干规范要素，进行妥当的价值衡量。

（1）当事人的举证能力。生态环境侵权被作为一类特殊侵权规制是 19 世纪和 20 世纪技术和工业发展的结果。在典型的生态环境侵权图景中，被侵权人面对管理危险有毒有害物质或从事可能污染环境、破坏生态的危险活动的企业组织时，往往具有所谓结构上的弱点，难以取得必要的证据以证明被告的过失以及因果关系的成立，因而适用无过错责任和因果关系推定具有正当性。一般而言，原告的举证能力弱于被告体现在两个方面。一是主体地位不平等。在被告是污染企业而原告是一般社会公众的预设场景中，行为人具有较受害人更强经济实力和专业知识能力。例如，德国《环境责任法》第六条第一款规定，一个设备能够引起所发生的损害的，推定损害是由该设备引起的。根据该法第二条第二款的界定，设备是指固定于一定地点的装置，如经营场所和仓库等。可见，作为设备运营者的民事主体，多数情况下指向的是企业。二是证据偏在情形突出。证据往往掌握在被告而非原告手中，因而须由被告承担更重的举证责任。

然而，由于我国未将生态环境侵权的特殊规则限定于特定主体间，因而在司法实践中，原告的举证能力在不同的案件中可能呈现范围和程度的差异。有的情况下，原告的举证能力并不弱于甚至可能强于被告，法官在确定关联性证明标准时就需要充分考量这一因素。例如，在某市检察院诉路某环境污染民事公益诉讼案中，法院认为，环境污染的易逝性、扩散性，要求尽快收集、固定相关证据，这对于人民检察院来说并非难事。人民检察院在提起公益诉讼前，污染责任人已经就其污染行为受到行政或刑事处罚，相关的现场记录、处罚意见、鉴定报告、司法文书已经形成，具有法定的证明效力，而提起公益诉讼的检察院依职权完全可以径直调取，在庭审中作为证据出示。若再要求被告就因果关系举证来进行司法推定，既造成诉讼程序的繁琐，又无实益。又如，在前述某农场特种养殖场诉某染化厂等案中，虽然整体证据偏在于被告一方，但受到污染的养殖场水域以及死亡的蝌蚪中含有被告所排放污染物的证据显然应由原告举证。在诉讼中，被告主张原告未能及时对水源取样检验，没有对蝌蚪死因做相应的鉴定，是历次审理均认为其未能完成举证责任的重要因素。

（2）被告的过错。从形式来看，因果关系属于侵权责任的事实要件，与过错要件没有直接关联。然而，侵权责任法上的因果关系并不完全等同于客观上两件事物事实上的必然联系。服务于归责的目的，因果关系同样具有价值判断的功能。英美法将因果关系区分为事实上的因果关系和法律上的因果关系。所谓法律上的因果关系，就是在事实因果关系的基础上融入价值判断对责任进行限制。按照德国法上相当因果关系理论，因果关系的成立须符合条件性和相当性。首先，作为责任基础的行为，必须是损害发生的必要条件，即无此行为即不会发生此种损害，此为条件性。其次，作为责任基础的行为，须显著增加了损害发生的可能性，即有此行为通常将发生此种损害，此为相当性。相当性标准将判断因果关系相当性的知识量限定于常人基础上的适度增加。也就是说，那些难以为行为人所预见的事实上的因果关系将不作为侵权责任中的因果关系予以认定，体现了价值判断。客观化的过错，同样体现为对注意义务的违反。这样，通过可预见性规则，因果关系与过错产生了联系。行为人对损害的发生没有过错，与行为人的行为不是损害发生的原因，在某种程度上具有同义性。事实上，生态环境侵权案件中被告的过错及其程度对关联性证明标准存在重大影响。在条件性上，被告没有取得许可或是超过许可排污或开发利用自然资源，造成损害的可能性必然大于合法排污或开发利用。在相当性上，对于因过错污染环境、破坏生态行为造成的损害后果，则更具有可预见性。而可预见性越高，判断因果关系成立的可能性越高。在比较法上，芬兰的一项判决指出，过错地导致了疾病风险的增加就足以肯定因果关系的存在。① 按照德国环境责任法的规定，当设备在遵守特定操作义务合法运营的情况下，不适用因果关系推定。虽然我国立法并无类似之规定，但司法实践中确定原告关联性证明标准时，被告的过错及其程度理应成为重要的考量因素。当被告存在故意或者重大过失时，应当降低原告的关联性证明标准。从司法实践来看，在相当一部分案件中，法官是通过超过环境标准监测值这一事实推定侵权因果关系成立的。② 而在多数情况下，唯有违法排污才会造成环境标准监测值的超标。

（3）行为的危险性。生态环境侵权责任是危险责任，归责的基础在于危险。危险责任中的危险，不仅包括高度危险，还包括一般危险；不仅包括不易发生但一旦发生危害极大的危险，也包括虽然危害不大但极易发生的危险。从现实来看，生态环境侵权的危险性跨度极大。既有核污染这样的程度最高的危险，又有危险化学品这类高度危险，还有废水、废气等普通危险，乃至噪声、振动等程度较低的危险。危险程度越高，生态环境侵权的特殊性越凸显，原告

① ［德］克雷斯蒂安·冯·巴尔：《欧洲比较侵权行为法》（下卷），焦美华译，法律出版社2004年版，第506页。

② 张挺：《环境污染侵权因果关系证明责任之再构成——基于619份相关民事判决书的实证分析》，载《法学》2016年第7期。

关联性证明标准越低；危险程度越低，生态环境侵权越接近于一般侵权，原告关联性证明标准越高。在比较法上，英美法系在侵权法框架下构建了毒物侵权专门领域。在实践中，则对毒物致人损害的因果关系成立采用了极低的证明标准。例如，电力公司六价铬污染案中，电力公司在1951年至1972年使用六价铬作为天然气冷却塔防腐剂，致使加利福尼亚州辛克利镇的地下水受到污染，造成当地居民暴露在六价铬中。1993年，650位当地居民提起诉讼。由数名退休法官作为仲裁员组成的仲裁庭经合议，裁定电力公司赔偿3.3亿美元损害赔偿金并承担清理责任。当时而言，六价铬通过水体传播是否能引起癌症并无证据，美国毒理学家莎朗威尔伯甚至认为六价铬不会对健康造成损害，该案证据仅能证明六价铬造成了土壤和供水系统的污染，但要进一步证明当地居民、动物的患病和死亡也是由该污染物导致，尚无医学、疫学和毒理学方面的证据。可见，仲裁委员会对案件的裁定结果并未建立在对受害者病例报告进行审查的基础之上。[1] 前述谢某某诉环保能源公司案之所以产生较大争议，与二噁英的高度危险性恐怕不无关联。

（4）受到损害的权益位阶。所谓权益位阶，是指各种权益依据一定的次序而形成的价值阶梯。[2] 欧洲侵权责任法原则将权益位阶作如下排列：生命、身体或精神的完整性，人的尊严和自由，财产权，纯粹经济利益和契约关系。受保护的利益范围取决于利益的性质；利益价值越高，界定越精确、越明显，其所受保护就越全面。[3] 服务于对不同位阶权益采用不同程度保护的目的，需要包括因果关系在

---

[1]　崔涵冰：《美国环境毒物侵权救济的理论与实践——基于三则典型案例的比较分析》，载《华中科技大学学报（社会科学版）》2018年第2期。

[2]　王利明：《论民事权益位阶：以〈民法典〉为中心》，载《中国法学》2022年第1期。

[3]　欧洲侵权法小组：《欧洲侵权法原则文本与评注》，于敏、谢鸿飞译，法律出版社2009年版，第4页。

内的侵权责任诸要件协同作用。例如，对于人身权利，按照英美法上的"蛋壳脑袋"规则，受害人的特殊体质不能成为行为人造成损害的免责事由。而对于财产权利，在银狐案中，法院则认为银狐因飞机噪声受惊咬死幼狐源于其自身的敏感性，与被告的行为无因果关系。在最高人民法院发布的 24 号指导案例荣宝英诉王阳、永诚财产保险股份有限公司江阴支公司机动车交通事故责任纠纷案中，判决指出"原告荣宝英的个人体质状况对损害后果的发生具有一定的影响，但这不是侵权责任法等法律规定的过错，荣宝英不应因个人体质状况对交通事故导致的伤残存在一定影响而自负相应责任"。肯定了交通事故的受害人没有过错，其体质状况对损害后果的影响不属于可以减轻侵权人责任的法定情形，体现了对人身权的特殊保护。此外，即便是人身权这样的绝对权，也仍旧存在更加细微的位阶划分。因工厂排放废气而引发的咽喉炎和剧毒物质造成的瘫痪、癌症显然不能采用同一保护标准。总而言之，关联性证明标准的判断还应当妥当考量受到损害的权益位阶。即受到损害的权益位阶越高，关联性证明标准越低；反之，则证明标准越高。此外，行为的价值与受到损害权益的比较也是关联性证明标准须考量的因素。例如，在张某诉某电信公司案中，法院指出，移动基站的架设是因现代无线电通讯需求产生，不可忽视无线通讯之于社会公众利益的积极性，并以此作为原告未能完成举证责任的重要理由。相反，对于没有社会价值的污染环境、破坏生态造成的损害，关联性证明标准理应根据案件情况适度降低。

【审判实践中需要注意的问题】

按照传统的构成要件理论，当诸要素 T1、T2……Tn 都现实存在时，则 T 得到满足，并产生法律效果 R。只要其中一个要素缺失，则 T 不满足，法律效果 R 不发生。而动态系统论虽然也存在要素 E1、E2……En，但其意义并不在于是否满足，还包含满足到什么程度。如果 E1 满足度足够大，则其他要素的满足度即便小一些也足够；反之，如果 E1 满足度过小，则其他要素的满足度要足够大。在此意义上，这些要素之间可以相互转换和互补，由此不仅决定法律效果 R 是否发生，还可以决定发生到什么程度。[①] 在生态环境侵权责任中，本条规定的前述诸要素共同为关联性的证明标准提供了一个基本框架。在这个框架内，诸要素并非具有同等分量，存在优劣之分和权重差别。例如，经验法则适用性与因果关系的客观复杂程度密切相关，一般优先于其他要素；而行为的危险性和被告的过错又要优先于行为的价值。正是通过这些要素间更多或是更少的协动作用，并借助法官的实际评价，决定具体案件中原告的关联性举证责任是否完成。

但是，仅实现关联性证明标准在个案中的动态把握，并不能完全解决生态环境侵权因果关系判断中的问题。从结果来看，如果认定原告完成关联性举证责任，则被告应就损害全部承担责任。相反，如果关联性举证责任未能完成，则原告要自担损害后果。这同样是一种全有或全无。这样的结论看似理所应当，却容易在现实中遇到困难。这是因为，在很多生态环境侵权案件中，与其说行为引起了损害后果，不如说是增加了损害发生的风险。如果仅因为行为人提供或未能提供某一临界证据而作出完全相反的评价，在价值判断上很难自圆其说。基于合理裁判的需求，司法实践引入比例因果关系理论，以因果关系的程度替代传统因果关系的有无，将动态系统论

---

① ［日］山本敬三：《民法中的动态系统论——有关法律评价及方法的绪论性考察》，解亘译，载梁慧星主编：《民商法论丛》（第 23 卷），金桥文化出版社（香港）有限公司 2002 年版，第 178 页。

的应用从责任成立的因果关系拓展到责任范围的因果关系。例如，在韩某某与天然气公司案中，法院认为天然气公司未能证明其排污行为与韩某某所受损害之间不存在因果关系，但同时指出："洪水系本案污染事件发生的重要媒介……可以作为天然气公司减轻责任的考虑因素"。① 又如，在曲某某诉实业公司案中，法院在确认排污与损害之间具有关联性的情况下，同时考虑到确实存在天气恶劣等影响樱桃生产的原因，酌情判令实业公司对曲某某的损失承担 70% 的赔偿责任。② 上述两案均系最高人民法院发布的典型案例，表明比例因果关系已经在一定程度上形成了实践共识。

一般而言，适用比例因果关系的生态环境侵权案件，致害因素除侵害行为外，至少还可能包括一个或数个行为之外的因素促成了损害的发生。而这些致害因素对于是否或者在多大程度上可能造成损害原因不明，不同因素对损害发生的各自作用力和贡献度不确定。例如，很多疾病的发生与个人的体质、遗传以及作息生活习惯等有关，当原告暴露于污染物某种疾病时，很难确认完全是由污染造成，此时适用比例因果关系有利于损失的合理分担。应指出，我国《民法典》和相关司法解释并无比例因果关系的相关规定。比例因果关系精准地确定责任目前来看仍然存在一定的困难。同时，虽然理论和实践中发展出了若干种方法，但在具体个案中关于如何适用比例因果关系精准地确定责任，目前看来仍然存在一定的困难。为避免法官脱离实证法的约束恣意裁判损害法的安定性，比例因果关系的适用还是应当适度限制。特别是对于那些行为人过错明显、行为具有强烈危险性、行为之外的因素对损害

---

① 《最高人民法院发布的生态环境保护典型案例之一》，载最高人民法院网站，https：//www. court. gov. cn/zixun-xiangqing-144992. html，2023 年 8 月 18 日访问。

② 《最高法院 12 月 29 日发布环境侵权典型案例》，载最高人民法院网站，https：//www. court. gov. cn/zixun/xiangqing/16396. html，2023 年 8 月 18 日访问。

发生的贡献度微不足道的案件，不宜适用比例因果关系。

【法条链接】

《最高人民法院关于审理环境民事公益诉讼案件适用法律若干问题的解释》（2020 年 12 月 29 日）

第八条　提起环境民事公益诉讼应当提交下列材料：

（二）被告的行为已经损害社会公共利益或者具有损害社会公共利益重大风险的初步证明材料；

《最高人民法院关于审理生态环境损害赔偿案件的若干规定（试行）》（2020 年 12 月 29 日）

第六条　原告主张被告承担生态环境损害赔偿责任的，应当就以下事实承担举证责任：

（三）被告污染环境、破坏生态的行为与生态环境损害之间具有关联性。

《最高人民法院关于审理环境侵权责任纠纷案件适用法律若干问题的解释》（2020 年 12 月 29 日）

第六条　被侵权人根据民法典第七编第七章的规定请求赔偿的，应当提供证明以下事实的证据材料：

（三）侵权人排放的污染物或者其次生污染物、破坏生态行为与损害之间具有关联性。

> 第六条 【被告举证责任】被告应当就其行为与损害之间不存在因果关系承担举证责任。
>
> 被告主张不承担责任或者减轻责任的，应当就法律规定的不承担责任或者减轻责任的情形承担举证责任。

【条文主旨】

本条是关于生态环境侵权诉讼中被告举证责任的规定。

【条文理解】

《民法典》第一千二百三十条规定，生态环境侵权民事诉讼中的被告应当就两种情形承担举证责任：一是其行为与损害不存在因果关系；二是存在法律规定的不承担责任或者减轻责任的情形。生态环境侵权原则上适用无过错归责原则，因果关系是确定生态环境侵权是否成立的最关键也是最难证明的要件。本条规定严格贯彻落实了《民法典》的相关规定。

一、不存在因果关系的举证责任

所谓举证责任，通常要从两个层面来理解，第一层面是行为意义上的举证责任，又称主观的证明责任，是指提供证据的责任，由当事人就其主张的事实提供证据；第二层面是结果意义上的举证责任，又称客观的证明责任，是指诉讼风险在法律上的分配，当某项案件事实处于真伪不明的状态时，法官难以直接认定事实问题，而法官的职责要求其不得推诿或者拒绝裁判，那么应根据证明责任的负担来确定案件的结果，即当待证事实是真伪不明时由负有举证责任的一方当事人承担败诉风险。这里所说的"举证责任"，更多是第二层面，即结果意义上的举证责任。关于生态环境侵权行为与损害结果的因果关系的证明责任，本解释确立了两条规则：第五条在规定生态环境侵权诉讼原告就被告行为与损害结果之间存在关联性承担举证责任；本条对被告的举证责任加以规定，即被告要对生态环境侵权行为与损害后果之间不存在因果关系承担举证责任，同时，如果能认定侵权行为与损害结果具有因果关系，被告还需要就其主张的法律规定的减责免责事由承担举证责任。

（一）生态环境侵权纠纷的特殊性决定其举证责任的特殊性

生态环境污染责任的构成要件包括生态环境侵权行为、受害人有损害、侵权行为与受害人的损害之间有因果关系。侵权人承担赔偿责任的一个必要条件就是侵权行为与损害之间具有因果关系，只有存在因果关系，受害人才能要求侵权人承担生态环境侵权责任。一般的侵权关系中，加害行为与损害结果之间往往具有即时性的特点，因果关系的判断相对容易。侵权行为与损害之间的因果关系由受害人证明，运用相应的因果关系理论可以较好地解决侵权纠纷。侵权行为的特殊性、各方的当事人的地位和举证能力是法律分配举证责任时需要考量的重要因素。正因如此，《民法典》侵权责任编对各种特殊侵权规定的举证责任也有所不同。对生态环境侵权纠纷举证责任的分配也必须考虑生态环境侵权的以下特殊性：（1）生态环境污染损害一般具有长期性、潜伏性、持续性、广泛性的特点，有的环境污染损害地域广泛，污染源与损害结果地距离很远，有的损害结果往往不是即时完成的，而是日积月累慢慢形成的，所以即使产生损害，往往时过境迁，证据灭失，很难判断损害事实是否由某侵权行为造成，使因果关系的证明非常困难。例如，被称为"日本四大公害病"之一的"四日市哮喘病"事件，从企业开始排放工业废水废气到污染损害结果发生（即哮喘病患者出现并严重病症导致死亡等），历时近十年。① （2）环境污染造成损害的过程具有复杂性，损害并不总是由污染物直接作用人身和财产造成的，往往是污染物与各环境要素或者其他要素相互之间发生物理、化学、生物的反应，经过迁移、扩散、转化、代谢等一系列中间环节后才起作用。甚至有的时候，污染物本身是不会致害的，但和其他因素一起作用就产生了损害，使因果关系表现得十分隐蔽和不紧密，认定十分困难。（3）有的环境污染侵权涉及一系列的物理、化学、生物、地理、医学等专业知识甚至一些高科技知识，要证明行为与损害事实之间的因果关系，必须具备相关的专门科学技术知识和仪器设备，这些知识、技术和仪器并非平常人所能具备。甚至一些时候，在现在的科学技术条件下，一些生态环境侵权的因果关系尚难以认定。例如，李某诉置地公司环境污染责任纠纷案中，所涉光污染与损害后果之间的因果关系判断问题，由于涉及户外显示屏干扰光问题的法律法规较少，且光辐射的检测较为困难，审理法院多次向生态环境检测机构咨询，始终未寻找到合适的检测机构。② （4）在确定因果关系时，多因一果的现象经常出现，如数家工厂向同一河流排污，河水被污染致使饮用该河水的居民感染疾病，在这种情况下，受害人很

---

① 根据媒体报道，1955 年，日本四日市在盐滨地区兴建了第一个石油化工联合企业，奠定了石油化工产业基础。随后，大量石油化工企业聚集该市，大量废水、废弃物也被排放于当地的河流、空气中。20 世纪 60 年代，当地出现一种"不明原因的哮喘"，随着污染日趋严重，支气管炎、支气管哮喘及肺气肿等呼吸道疾病患者明显增多，人们将这类病统称为"四日市哮喘病"。1964 年曾出现连续三天浓雾不散现象，使许多严重的气喘病患者死亡。1972 年该市哮喘患者达817 人，截至 1979 年，该市确认患大气污染性疾病的患者人数高达 77 万人。参见薄凡：《尘雾之"重"：日本四日市哮喘病事件》，载《学习时报》2021 年 4 月 28 日，第 7 版。

② 最高人民法院环境资源审判庭编著：《中国环境资源精品案例评析》，人民法院出版社2023 年版，第 133~139 页。

难或根本无法证明谁是直接致害人，证明因果关系更困难。（5）在生态环境侵权纠纷中，相关证据往往由行为人实际控制和掌握且侵权人往往具有专业优势，受害人举证证明因果关系不掌握证据也不具有专业优势，因而难度很大。

由于生态环境侵权的特殊性，如果坚守"谁主张，谁举证"的传统举证证明责任分配标准，要求受害人就因果关系要件事实承担举证责任，其权利将难以救济。但同时，如果对原告的举证要求毫无门槛，可能导致滥诉频发。基于这样的考量，本解释第五条、第六条规定，一方面，原告应当对侵权行为和损害结果的关联性提交证据证明；另一方面，被告需要就证明因果关系不存在的承担举证责任。从而比较合理地分配原告、被告之间的举证负担。

对于生态环境污染侵权纠纷中因果关系的举证责任，除《民法典》第一千二百三十条的规定外，我国现行生态环境领域法律亦有类似规定。例如，2017 年修正的《水污染防治法》第九十八条规定，因水污染引起的损害赔偿诉讼，由排污方就法律规定的免责事由及其行为与损害结果之间不存在因果关系承担举证责任。

（二）侵权人对不存在因果关系的证明应达到高度盖然性标准

1. 民事诉讼中的高度盖然性证明标准

高度盖然性的证明要求适用于《民事诉讼法》中对实体法事实证明的一般情形。所谓高度盖然性标准，是指法官从证据中虽然尚未形成事实必定如此的确信，但在内心中形成了事实极有可能或者非常可能如此的判断。这意味着被告在证明不存在因果关系时，需要排除存在因果关系的可能性，必须从科学上提供充分、直接的证据证明因果关系不存在，才算达到了证明标准。如果被告的证明只是使因果关系存在与否成为真伪不明的状态，被告仍须承担举证不能的败诉后果。

关于证明程度，日本学者中岛弘道也把法官的心证程度分为四级：第一级为微弱的心证；第二级为盖然的心证；第三级为盖然的确实心证；第四级为必然的确实心证。他认为，微弱的心证是不完全的心证，该心证程度不能作出肯定待证事实的判断；盖然的心证为大概的心证，在没有反证的限度内，可以作出事实好像如此的判断；基于盖然性确实心证，可以推断事实存在；而基于必然的确实心证，则可作出事实必然如此的判断。

通常情况下，民事诉讼应当实行高度盖然性的证明标准，即相当于日本学者所言的第三级心证程度，法官在基于盖然性认定案件事实时，应当能够从证据中获得事实极有可能如此的心证。在例外情形下，民事诉讼可以实行较高程度的盖然性证明标准。较高程度的盖然性标准，即相当于第二级心证强度，是指证明已达到了待证事实可能如此的程度，如果法官从证据中获得的心证为待证事实有可能存在，其存在的可能性大于不存在的可能性，该心证就满足了较高程度盖然性的要求。

高度盖然性的证明标准适用于民事诉讼中的一般情形，当事人作为诉讼请求依据或者反驳诉讼请求依据的实体法事实成为证明对象时，一般应当适用高度盖然性的证明标准，只有在例外情形下，才能适当降低证明要求，适用较高程度盖然性的证明标准。

2. "不存在因果关系"应当达到高度盖然性标准

根据《民事诉讼法司法解释》第一百零八条的规定，对负有举证证明责任的当事人提供的证据，人民法院经审查并结合相关事实，确信待证事实的存在具有高度可能性的，应当认定该事实存在。这是我国民事诉讼证明标准关于"高度盖然性"（即"高度可能性"）的规定。根据该规定，生态环境侵权纠纷中，被告对于其负有举证证明责任的"不存在因果关系"之待证事实，应当达到高度盖然性的证明标准，否则应当承担败诉风险。

在证据法学中，与举证责任密切相关的一组概念是本证和反证。所谓本证是指对待证事实负有举证责任的一方当事人提出的，能够证明待证事实成立的证据；所谓反证则是对待证事实不负有举证责任的一方当事人提出的，能够证明该事实不存在或不真实的证据。[①]本证与反证的区分是以证据与待证事实之间的关系为标准，而非以证据由哪一方当事人提出为标准，也就是说，并非原告提出的证据都是本证，被告提出的都是反证。民事诉讼中，原告和被告都有权利提出事实主张，法律在分配举证责任时，如果将某一待证事实的举证责任分配给被告，那么被告就该待证事实成立举示的证据即为本证；而原告为了证明被告主张的该项事实不成立或不真实举示的证据即为反证。在生态环境侵权诉讼中，法律和司法解释都已经明确将"不存在因果关系"的举证责任分配给被告，那么被告为了证明该待证事实（即"不存在因果关系"）成立而举示的证据，即为本证。

3. 被告对"不存在因果关系"承担举证责任的典型案例

倪某某诉发电公司环境污染侵权纠纷案，是一起典型的被告对"不存在因果关系"举证责任的案例。该案中，原告倪某某诉称，被告发电公司建设经营的风力发电机组的发电机叶轮转动投影及噪声对倪某某养殖的中华鳖（俗称甲鱼）造成损害，请求发电公司赔偿其损失。倪某某提交了其自行委托的第三方评估报告，以证明风力发电机叶轮转动投影及噪声对中华鳖繁殖、发育和生长有不良影响。经发电公司申请，人民法院委托渔业生态环境监测中心进行鉴定，

---

① 陈光中主编：《证据法学（第三版）》，法律出版社2015年版，第227页。

结论为：现场的噪声、电磁辐射以及转动的阴影，不会对中华鳖的存活和生长造成影响。辽宁省高级人民法院再审认为，本案应当认定渔业生态环境监测中心不具有涉及本案环境污染的鉴定资质，发电公司未完成中华鳖死亡与其实施的风力发电行为之间不存在因果关系的证明责任，其应承担相应的民事责任。[①]

该案中，各方的举证情况为：首先，原告倪某某提交了其自行委托第三方论证报告，结论为：风力发电机叶轮转动投影及噪声扰乱改变了温室大棚中甲鱼所需的安静生活环境，惊扰了正值 4 月、5 月的甲鱼繁殖、发育和生长期，导致一系列不良后果。可以认为，原告已经就被告侵权行为与其损害后果的关联性进行了举证。其次，就案涉风力发电机组运行与原告甲鱼损害之间是否存在因果关系，被告发电公司申请司法鉴定，鉴定结论为：现场的噪声、电磁辐射以及转动的阴影，不会对中华鳖的存活和生长造成影响。发电公司申请司法鉴定的行为，是其依法履行举证义务。但经审理，人民法院最终认定该鉴定机构不具有涉及本案环境污染的鉴定资质，其作

---

① 该案中，倪某某对渔业生态监测中心的鉴定结论提出质疑，认为该鉴定超出渔业生态监测中心的业务范围。并提交渔业局资源环保处出具的证明材料认为：渔业生态监测中心"关于风车的噪声、电磁辐射、转动阴影等因素对中华鳖的存活和生活影响的试验鉴定"已超出该局核发的《渔业污染事故调查鉴定资格证书》的业务范围。一审法院就相关问题向《渔业污染事故调查鉴定资格证书》的颁发部分渔业局致函咨询，渔业局答复："渔业生态监测中心持有我局颁发的《渔业污染事故调查鉴定资格证书》（甲级），具有渔业污染事故调查资格。"该案再审法院作出的生效判决最终认为，发电公司应当就倪某某饲养的中华鳖死亡与其实施的风力发电行为之间不存在因果关系承担举证责任。渔业生态监测中心鉴定结论虽为现场的噪声、电磁辐射以及转动的阴影不会对中华鳖的存活和生长造成影响，但针对该鉴定意见双方发生争议，渔业局资源环保处答复认为，渔业生态监测中心关于本案事实的鉴定已经超出其业务范围。渔政渔港监督管理局的答复实际上并未对本案噪声、电磁辐射、转动阴影等因素对中华鳖的影响是否系渔业生态监测中心的鉴定范围作出实质性答复。本案应当认定渔业生态监测中心不具有涉及本案环境污染的鉴定资质。发电公司坚持渔业生态监测中心的鉴定意见，不要求对本案因果关系问题再次鉴定。综上，本案发电公司未完成中华鳖死亡与其实施的发电行为之间不存在因果关系的证明责任，其应承担相应的民事责任。再审法院遂判决发电公司承担本案损失 80% 的民事责任，赔偿倪某某经济损失 131 万余元。参见最高人民法院环境资源审判庭编著：《中国环境资源精品案例评析》，人民法院出版社 2023 年版，第 126~132 页。

出的鉴定结论也不能作为本案定案根据。据此，发电公司没有对其行为与损害结果之间不存在因果关系完成举证证明，应当承担败诉风险。本案清晰地展现了生态环境侵权纠纷中，原告、被告的举证证明责任。

二、减责与免责事由的证明责任

本条第二款规定，被告主张不承担责任或者减轻责任的，应当就法律规定的不承担责任或者减轻责任的情形承担举证责任。对此应当注意把握：一是不承担责任或者减轻责任的情形，应当是法律规定的情形，侵权人与第三人约定的情形等非法定情形不包括在内。二是从文义解释的角度，此处的"法律"应当是全国人大及其常委会制定的法律，行政法规及以下位阶的立法不应包括在内。三是被告对免责减责情形承担举证责任，其证明标准也应当是高度盖然性标准。

法律规定的不承担责任或者减轻责任的情形，除《民法典》侵权责任编第七章的规定外，还涉及总则编"民事责任"、侵权责任编"一般规定"以及《环境保护法》和各环境保护单行法规定的情形，包括受害人故意、第三人过错、自甘风险、自助行为、不可抗力、正当防卫、紧急避险以及自愿实施紧急救助行为等减责、免责事由。从生态环境污染的成因、特征以及所适用的无过错责任原则看，无论各国环境立法，还是我国各环境保护单行法，都主要将不可抗力、受害人过错列为减、免责事由。正当防卫、紧急避险、自助行为以及自愿实施紧急救助行为等减、免责规定，在环境侵权责任中适用的余地相对较小。例如，2017年修正的《水污染防治法》第九十六条第二款、第三款分别规定："由于不可抗力造成水污染损害的，排污方不承担赔偿责任；法律另有规定的除外。""水污染损害是由受害人故意造成的，排污方不承担赔偿责任。水污染损害是由受害人重大过失造成的，可以减轻排污方的赔偿责任。"因生态环境侵权发生纠纷，侵权人应当就包括前述法律规定的不承担责任或者减轻责任的情形承担举证责任，否则将不能减责或免责。

【审判实践中需要注意的问题】

一、关于被告对因果关系要件的举证责任，本解释未区分私益诉讼和公益诉讼

在本解释起草过程中，有观点认为，举证责任应当与举证能力相匹配，与私益侵权诉讼原告相比，提起环境污染、生态破坏民事公益诉讼的检察机关和提起生态环境损害赔偿诉讼的政府部门具有更强的举证能力，不应不加区别地将因果关系要件的举证责任分配给被告。经研究认为，司法解释关于举证责任的分配应当严格遵守实体法规定，《民法典》第一千二百三十条并未区分生态环境侵权的不同诉讼类型对举证责任作出差别化规定，司法解释应当予以严格贯彻。因此，本条关于被告举证责任的规定，对于私益诉讼和公益诉讼的被告同时适用。

二、关于减轻、免除责任的法定事由，应当遵循新法优于旧法、特别法优于一般法的适用原则

本条规定与《民法典》第一千二百三十条的规定是一致的。关于侵权纠纷中的减责、免责事由，《民法典》内部、《民法典》与《环境保护法》及各环境保护单行法的规定不尽一致，存在法律适用顺位应如何确定的问题。总的来说，应遵循新法优于旧法、特别法优于一般法的适用原则。

1. 《民法典》侵权责任编与其他部分规定的适用顺位

《民法典》总则编第八章"民事责任"、侵权责任编第一章"一般规定"与第七章"环境污染和生态破坏责任"是一般法和特别法的关系。根据特别法优于一般法的原则，侵权责任编第七章的规定应当优先适用。关于减责、免责事由，侵权责任编第七章"环境污染和生态破坏责任"对于减免责事由并未作规定，应适用总则编第八章"民事责任"和侵权责任编第一章"一般规定"的相关规定。

2. 《民法典》与《环境保护法》及各环境保护单行法规定的适用顺位

《环境保护法》第六十四条关于环境侵权责任的规定采取了类似国际私法中"转致"的立法技术，不再具体规定归责原则、免责事由等，而是直接适用原《侵权责任法》的规定。[①]《民法典》施行后，原《侵权责任法》被《民法典》侵权责任编取代，《环境保护法》第六十四条转致的对象变更为《民法典》侵权责任编。因此，应着重解决的是各环境保护单行法关于减、免责事由的规定与《民法典》相关规定的适用顺位问题。由于《水污染防治法》等各环境保护单行法相对于《环境保护法》属于特别法，同时，《民法典》侵权责任编中第一千一百七十八条亦规定："本法和其他法律对不承担责任或者减轻责任的情形另有规定的，依照其规定。"因此各环境保护单行法关于减、免责事由的规定，相对于《民法典》侵权责任编以及总则编的相关规定，属于特别法和一般法的关系，应优先予以适用。

[①]　信春鹰主编：《中华人民共和国环境保护法释义》，法律出版社2014年版，第224页。

【法条链接】

《中华人民共和国民法典》（2020 年 5 月 28 日）

第一千二百三十条 因污染环境、破坏生态发生纠纷，行为人应当就法律规定的不承担责任或者减轻责任的情形及其行为与损害之间不存在因果关系承担举证责任。

《中华人民共和国环境保护法》（2014 年 4 月 24 日）

第六十四条 因污染环境和破坏生态造成损害的，应当依照《中华人民共和国侵权责任法》的有关规定承担侵权责任。

《中华人民共和国水污染防治法》（2017 年 6 月 27 日）

第九十六条 因水污染受到损害的当事人，有权要求排污方排除危害和赔偿损失。

由于不可抗力造成水污染损害的，排污方不承担赔偿责任；法律另有规定的除外。

水污染损害是由受害人故意造成的，排污方不承担赔偿责任。水污染损害是由受害人重大过失造成的，可以减轻排污方的赔偿责任。

水污染损害是由第三人造成的，排污方承担赔偿责任后，有权向第三人追偿。

第九十八条 因水污染引起的损害赔偿诉讼，由排污方就法律规定的免责事由及其行为与损害结果之间不存在因果关系承担举证责任。

《中华人民共和国海洋环境保护法》（2017 年 11 月 4 日）

第八十九条 造成海洋环境污染损害的责任者，应当排除危害，并赔偿损失；完全由于第三者的故意或者过失，造成海洋环境污染损害的，由第三者排除危害，并承担赔偿责任。

对破坏海洋生态、海洋水产资源、海洋保护区，给国家造成重大损失的，由依照本法规定行使海洋环境监督管理权的部门代表国家对责任者提出损害赔偿要求。

第九十一条 完全属于下列情形之一，经过及时采取合理措施，仍然不能避免对海洋环境造成污染损害的，造成污染损害的有关责任者免予承担责任：

（一）战争；

（二）不可抗拒的自然灾害；

（三）负责灯塔或者其他助航设备的主管部门，在执行职责时的疏忽，或者其他过失行为。

> **第七条　【因果关系判断】** 被告证明其排放的污染物、释放的生态因素、产生的生态影响未到达损害发生地，或者其行为在损害发生后才实施且未加重损害后果，或者存在其行为不可能导致损害发生的其他情形的，人民法院应当认定被告行为与损害之间不存在因果关系。

【条文主旨】

本条是关于被告行为与损害之间不存在因果关系情形的规定。

【条文理解】

依据《民法典》第一千二百二十九条的规定，生态环境侵权责任适用无过错责任的归责原则。依据《民法典》第一千二百三十条、本解释第六条的规定，环境污染者、生态破坏者应就行为与损害之间不存在因果关系承担举证责任。本条的实质是对可以认定"不存在因果关系"情形的具体列举。根据本条规定，被告行为在时空上或者按照科学原理、规律不可能导致损害发生的，人民法院应当认定被告行为与损害之间不存在因果关系。

一、存在因果关系的认定

在生态环境侵权案件中，因果关系的认定是非常困难的，因果关系不存在的认定也非常困难。考虑到环境侵权诉讼案件中原告、被告在举证能力、证据距离等方面的显著差距，立法和司法解释对因果关系的举证责任分配降低了原告的证明负担，但是让被告反向证明不存在因果关系难度也很大。例如，对于白血病的成因，目前医学认为该病与环境因素关系密切，但也有很多其他因素，如遗传、放射、病毒等。此时让原告证明因果关系存在确实困难，但被告也极难排除环境污染因素在发病中的作用。

实践中，在多人侵权情形下，有几种因果关系比较特殊，下面作简要介绍。

1. 补充因果关系

补充因果关系是指只有在数个侵权行为共同作用下，才会造成损害结果，而各侵权行为单独不足以导致损害结果的发生。补充因果关系包括附加的补充因果关系和协同作用的补充因果关系。附加的补充因果关系是指各行为相加之后方引起权利侵害。例如，甲、乙两个工厂单独排放的废水所含污染物均不足以造成他人人身、财产损害，但是两个工厂排放的废水汇流到附近的鱼塘后，则会造成鱼的死亡。协同作用的因果关系指数个侵权行为（甚至可能是合法排污行为）通过彼此间的相互作用如化学反应等才引起损害结果，如一家工厂排放的铝尘以植物不可吸收的形式堆积在地表，之后相邻的化工厂排放硫酸，并与铝产生化学反应，在地表形成硫酸铝，从而对植物造成损害。补充因果关系的特殊情形是最小因果关系。

最小因果关系指大量微小的原因共同引起了损害，而若只是单独看这些原因，则对损害结果的影响是可以忽略的。在此种情形下，在认定事实构成要件的过程中，需要根据社会相当性理论考虑这种行为是否微小到可以被忽略。

我国《民法典》第一千一百七十二条规定："二人以上分别实施侵权行为造成同一损害，能够确定责任大小的，各自承担相应的责任；难以确定责任大小的，平均承担责任。"《生态环境侵权责任解释》第六条规定："两个以上侵权人分别污染环境、破坏生态，每一个侵权人的行为都不足以造成全部损害，被侵权人根据民法典第一千一百七十二条的规定请求侵权人承担责任的，人民法院应予支持。侵权人主张其污染环境、破坏生态行为不足以造成全部损害的，应当承担相应举证责任。"第九条规定："两个以上侵权人分别排放的物质相互作用产生污染物造成他人损害，被侵权人请求侵权人承担连带责任的，人民法院应予支持。"可见，我国对补充因果关系的规定比较详细，对于附加的补充因果关系，能够确定各侵权人责任大小的，各自承担相应的责任，难以确定责任大小的，平均承担责任。而对于协同作用的因果关系，由侵权人承担连带责任。

2. 替代因果关系

替代因果关系又称择一因果关系，是指数个行为导致损害发生，但无法查明究竟何人的行为与损害结果之间具有因果关系。即可能是因为事件一，也可能是因为事件二给受害人造成损害，但无法查明究竟是哪个事件构成该损害的真正原因。[①] 例如，数家工厂排出的污水致鱼塘中的鱼死亡。鱼死亡的结果实际上仅由其中一家或几家

---

① ［奥］海尔姆特·库齐奥：《侵权责任法的基本问题（第一卷）》，朱岩译，北京大学出版社2017年版，第141页。

工厂排出的污水所致，但由于技术手段的局限，无法确定究竟是哪家或哪几家的排污行为所致。关于替代因果关系的问题，存在不同解决方案，甚至欧洲各国的解决方案完全迥异。奥地利法和德国法①的方案是，各共同侵权人承担连带责任。②瑞士法中，主流观点针对替代因果关系拒绝承认数个行为承担连带责任，只有数个行为构成共同侵权的情况下，才例外承认其对外共同承担连带责任。③而《欧洲侵权法原则》就替代因果关系采取的是按份责任的规定，其主要考虑是侵权人承担连带责任还是按份责任，通常并不具有很大的差别，因为在连带责任下，承担了全部赔偿责任的侵权人针对其他连带责任人享有内部追偿权；问题的关键在于究竟有谁承担行为人无赔付能力的风险。有欧洲学者认为，在替代因果关系案件中，人们谈论的是无法证明因果关系的责任，因此责任减轻的后果就是按份责任，且在损害最终是由无赔付能力的加害人造成的情况下，受害人也应当承担侵权人无赔付能力的风险④，因此，替代因果关系情形下，各侵权人承担按份责任。

替代因果关系的情况比较复杂，我国《民法典》第一千一百七十条规定："二人以上实施危及他人人身、财产安全的行为，其中一人或者数人的行为造成他人损害，能够确定具体侵权人的，由侵权人承担责任；不能确定具体侵权人的，行为人承担连带责任。"该条是关于共同危险行为的规定，也即对择一因果关系中的责任的规定。

---

① 《德国民法典》第八百三十条第一款规定："二人以上以共同事实的侵权行为引起损害的，每一个人就损害负责任。不能查明两个以上参与人中孰以其行为引起损害的，亦同。"参见陈伟佐译注：《德国民法典（第2版）》，法律出版社2006年版，第308页。

② ［奥］海尔姆特·库齐奥：《侵权责任法的基本问题（第一卷）》，朱岩译，北京大学出版社2017年版，第142页。

③ ［奥］海尔姆特·库齐奥：《侵权责任法的基本问题（第一卷）》，朱岩译，北京大学出版社2017年版，第145页。

④ ［奥］海尔姆特·库齐奥：《侵权责任法的基本问题（第一卷）》，朱岩译，北京大学出版社2017年版，第146页。

3. 累积因果关系

累积因果关系又称竞合因果关系，是指虽然是数个行为导致损害的发生，但实际上单个行为本身已足以引起损害。换言之，任何一个行为都可以引发整个损害。例如，两个企业同时向河流排放有毒污水，任何一个企业单独排放的有毒污水都足以导致池塘鱼类的死亡。对此问题，《奥地利侵权责任法草案》的做法是要求数个侵权人承担连带责任[①]，而非采用按份责任，原因在于累积因果关系中，每个行为人都确定无疑地可以引发整个损害，即使不考虑其他行为人的加害行为，也足以成立特定行为人的侵权责任，就此显然不存在免责的事由。而在替代因果关系中，之所以部分学者主张按份责任，就在于替代因果关系中，并非每个行为人都引发了全部损害后果，相反，只是其中行为之一导致损害发生，无法查明真正的加害人。

我国《民法典》第一千一百七十一条规定："二人以上分别实施侵权行为造成同一损害，每个人的侵权行为都足以造成全部损害的，行为人承担连带责任。"《生态环境侵权责任解释》第五条规定："两个以上侵权人分别污染环境、破坏生态造成同一损害，每一个侵权人的行为都足以造成全部损害，被侵权人根据民法典第一千一百七十一条的规定请求侵权人承担连带责任的，人民法院应予支持。"由此可见，我国法律和司法解释对于累积因果关系情形下责任承担规定为连带责任。

二、不存在因果关系的情形

何种情形下人民法院可以认定环境污染者、生态破坏者完成了关于因果关系不存在的举证责任，法律没有明确的规定，实践中做

---

① ［奥］海尔姆特·库齐奥：《侵权责任法的基本问题（第一卷）》，朱岩译，北京大学出版社 2017 年版，第 162 页。

法多种多样。本司法解释在吸收原《环境侵权责任规定》第七条规定内容的基础上，规定了以下可以认定被告完成了因果关系不成立的举证责任的情形。

1. 被告证明其排放的污染物、释放的生态因素、产生的生态影响未到达损害发生地

被告排放可造成损害的污染物、释放的生态因素①、产生的生态影响与原告的损害在空间上距离过远，结合案件的具体情形，如气候特征、风向、水流流向、地理环境等因素，若推定因果关系的存在违反科学上的常理，则应认定被告关于"因果关系不存在"的主张成立。例如，渤海湾受到油污污染，海南的渔民主张溢油行为造成其损害，若被告能够举证证明油污的范围尚未到达海南海域，则视为被告完成了关于因果关系不存在的举证责任。

被告所排放的污染物、释放的生态因素、产生的生态影响到达损害发生地，才使因果关系的推定具有可靠性和科学性。被告排放的污染物、释放的生态因素、产生的生态影响未到达损害发生地，说明被告行为不是导致该损害的原因，被告行为与原告主张的损害不具有关联性，法院应当认定被告排放的污染物与原告的损害之间因果关系不成立。

2. 被告行为在损害发生后才实施且未加重损害后果

按照因果关系的时间链条和逻辑顺序，原因在前，结果在后。在时间顺序上，只有被告排放污染物等破坏生态环境在前，造成原

---

① 所谓生态因素，是指环境中影响生物的形态、生理和分布等的因素，也称环境因子、生态因子。包括生物因素和非生物因素。非生物因素主要有光、水、湿度和温度等，光决定生物的生理和分布，也影响动物的繁殖和活动时间等；温度影响生物的分布、生长和发育；水分影响生物的生长和发育，并决定陆生生物的分布。生物因素包括影响某种生物个体生活的其他所有生物，包括同种和不同种的生物个体。生物之间的关系常见有：捕食关系、竞争关系、合作关系、寄生关系等。

告的损害在后，才有可能建立侵权行为与损害结果之间的因果关系。若被告举证证明原告的损害在被告破坏生态环境行为之前已经发生，则从反面说明了被告所实施的破坏生态环境行为与原告损害之间不具有因果关系，原告的损害不是由于被告侵权的行为导致，而是由于其他原因造成的。特殊情形是，原告损害虽然在先已经存在，但被告排放污染物的行为加重了原告的损害，那么被告应当对其加重损害部分承担侵权责任。总而言之，若被告主张其对原告的损害完全不承担赔偿责任，则不仅需要证明其侵权行为是在原告的损害发生之后，还要证明其侵权行为没有加重原告既有的损害。

3. 被告行为不可能导致损害发生的其他情形

本条还规定了兜底条款，若环境污染者、生态破坏者可以举证证明属于其他可以认定行为与损害之间不存在因果关系的情形的，人民法院也应当认定因果关系不存在。例如，被告采取了合理的防治措施处理其排放的污染物，排放的物质已不具有致害性。又如，倪某某诉发电公司环境污染侵权纠纷案中，如果被告能证明风力发电机所产生的噪声、转动阴影、电磁辐射等因素不会对中华鳖的存活和生长造成影响，则可以认定被告行为不可能导致损害结果的发生，被告行为与损害结果之间不存在因果关系。

【审判实践中需要注意的问题】

1. 本条与原《环境侵权责任规定》第七条的关系

对于侵权行为与损害后果之间不存在因果关系的情形，原《环境侵权责任规定》第七条规定了四种情形：（1）排放污染物、破坏生态的行为没有造成该损害可能的；（2）排放的可造成该损害的污染物未到达该损害发生地的；（3）该损害于排放污染物、破坏生态行为实施之前已发生的；（4）其他可以认定污染环境、破坏生态行为与损害之间不存在因果关系的情形。

在本解释起草过程中，对《环境侵权纠纷规定》第七条作了修改，即本解释第七条将原《环境侵权责任规定》第七条第二款、第三项的内容予以吸收，同时将原《环境侵权责任规定》第七条第一项内容统一规定在"或者存在其行为不可能导致损害发生的其他情形的"之中，文字上更为简练。

2. 被告对"不存在因果关系"承担举证证明责任，不意味着原告不需要对因果关系承担任何责任

根据《民法典》第一千二百三十条的规定，生态环境侵权诉讼的被告应当就其行为与损害之间不存在因果关系承担举证责任。但这并不意味着原告对因果关系不承担任何举证义务。为防止滥诉，提高因果关系认定的准确性，根据本解释第五条规定，原告应当证明被告行为与损害结果之间存在关联性。而被告就其行为与损害之间不存在因果关系举证证明。

【法条链接】

《中华人民共和国民法典》（2020 年 5 月 28 日）

第一千一百七十一条 二人以上分别实施侵权行为造成同一损害，每个人的侵权行为都足以造成全部损害的，行为人承担连带责任。

第一千二百三十条 因污染环境、破坏生态发生纠纷，行为人应当就法律规定的不承担责任或者减轻责任的情形及其行为与损害之间不存在因果关系承担举证责任。

《最高人民法院关于审理生态环境侵权责任纠纷案件适用法律若干问题的解释》（2023 年 8 月 15 日）

第五条 两个以上侵权人分别污染环境、破坏生态造成同一损

害，每一个侵权人的行为都足以造成全部损害，被侵权人根据民法典第一千一百七十一条的规定请求侵权人承担连带责任的，人民法院应予支持。

第六条　两个以上侵权人分别污染环境、破坏生态，每一个侵权人的行为都不足以造成全部损害，被侵权人根据民法典第一千一百七十二条的规定请求侵权人承担责任的，人民法院应予支持。

侵权人主张其污染环境、破坏生态行为不足以造成全部损害的，应当承担相应举证责任。

第七条　两个以上侵权人分别污染环境、破坏生态，部分侵权人的行为足以造成全部损害，部分侵权人的行为只造成部分损害，被侵权人请求足以造成全部损害的侵权人对全部损害承担责任，并与其他侵权人就共同造成的损害部分承担连带责任的，人民法院应予支持。

被侵权人依照前款规定请求足以造成全部损害的侵权人与其他侵权人承担责任的，受偿范围应以侵权行为造成的全部损害为限。

第八条　两个以上侵权人分别污染环境、破坏生态，部分侵权人能够证明其他侵权人的侵权行为已先行造成全部或部分损害，并请求在相应范围内不承担责任或者减轻责任的，人民法院应予支持。

第九条　两个以上侵权人分别排放的物质相互作用产生污染物造成他人损害，被侵权人请求侵权人承担连带责任的，人民法院应予支持。

> 第八条　【生态环境侵权民事诉讼证明标准】对于发生法律效力的刑事裁判、行政裁判因未达到证明标准未予认定的事实，在因同一污染环境、破坏生态行为提起的生态环境侵权民事诉讼中，人民法院根据有关事实和证据确信待证事实的存在具有高度可能性的，应当认定该事实存在。

【条文主旨】

本条是关于生态环境侵权民事诉讼证明标准的规定。

【条文理解】

证明标准是证据法学中一个重要的理论问题，也是司法活动中一个重要的实务问题。[①] 司法证明的基本任务是认定案件事实。证据裁判主义要求，案件事实的认定，须以证据为依据。同时，作为认定案件事实的证据，亦须达到能够证明案件事实的程度。所谓证明标准，是指履行举证责任必须达到的范围和程度，是证据必须在事实裁判者头脑中造成的确定性或者盖然性的程度，是承担举证责任的当事人在有权赢得诉讼之前使事实裁判者形成确信的标准。从证明责任的履行来看，证明标准是证据质量和证明力的测试仪"。对当事人而言，证明标准为当事人完成证明责任提供了一种现实的、可预测的尺度，使诉讼证明成为一种限制性的认识活动，而非无止境的求真过程；对裁判者而言，证明标准是裁判者对待证事实是否存

[①] 何家弘、马丽莎：《间接证据案件证明标准辨析》，载《国家检察官学院学报》2021 年第 3 期。

在的内心确信程度。

一、三大诉讼的证明标准

就证明标准的性质而言，其具有法定性，是一种法律规定的评价尺度，当事人对待证事实证明到何种程度才能解除证明责任、裁判者基于何种尺度才能认定待证事实存在，必须严格按照法律规定进行。

（一）关于刑事诉讼证明标准的现行规定

《刑事诉讼法》第五十五条规定："对一切案件的判处都要重证据，重调查研究，不轻信口供。只有被告人供述，没有其他证据的，不能认定被告人有罪和处以刑罚；没有被告人供述，证据确实、充分的，可以认定被告人有罪和处以刑罚。证据确实、充分，应当符合以下条件：（一）定罪量刑的事实都有证据证明；（二）据以定案的证据均经法定程序查证属实；（三）综合全案证据，对所认定事实已排除合理怀疑。"其中，关于证据是否满足"确实、充分"的条件之一特别强调，"综合全案证据，对所认定事实已排除合理怀疑"，办案人员在每一证据均查证属实的基础上，经过对证据的综合审查，运用法律知识和逻辑、经验进行推理、判断，对认定的案件事实达到排除合理怀疑的程度。

《刑诉法解释》第一百四十条规定："没有直接证据，但间接证据同时符合下列条件的，可以认定被告人有罪：（一）证据已经查证属实；（二）证据之间相互印证，不存在无法排除的矛盾和无法解释的疑问；（三）全案证据形成完整的证据链；（四）根据证据认定案件事实足以排除合理怀疑，结论具有唯一性；（五）运用证据进行的推理符合逻辑和经验。"该条虽系关于依靠间接证据定案的规则的规定，但亦再次明晰认定案件事实的证明程度必须达到"排除合理怀疑"的程度。由此可知，刑事诉讼采"排除合理怀疑"的证明标准。

（二）关于行政诉讼证明标准的现行规定

《行政诉讼法》第五条规定："人民法院审理行政案件，以事实为根据，以法律为准绳。"《最高人民法院关于行政诉讼证据若干问题的规定》第五十三条规定："人民法院裁判行政案件，应当以证据证明的案件事实为依据。"第五十四条规定："法庭应当对经过庭审质证的证据和无需质证的证据进行逐一审查和对全部证据综合审查，遵循法官职业道德，运用逻辑推理和生活经验，进行全面、客观和公正地分析判断，确定证据材料与案件事实之间的证明关系，排除不具有关联性的证据材料，准确认定案件事实。"上述条文，对行政诉讼中审核认定证据的一般要求和具体方式作出了规定，但均未直接涉及行政诉讼的证明标准。

值得注意的是，行政诉讼中的案件事实主要包括行政相对人在行政法律关系中实施的行为事实、行政机关作出行政行为的事实以及行政诉讼中当事人之间存在争议的事实三种类型，不同的案件事实对应不同的证据规定。例如，《行政诉讼法》第三十八条第一款规定："在起诉被告不履行法定职责的案件中，原告应当提供其向被告提出申请的证据。"第三十四条规定："被告对作出的行政行为负有举证责任，应当提供作出该行政行为的证据和所依据的规范性文件。被告不提供或者无正当理由逾期提供证据，视为没有相应证据。"此外，行政诉讼主要围绕行政机关的行政行为的合法性展开，被审查的行政行为本身就是行政主体通过收集证据认定事实，适用法律，作出行政决定的过程。可以说，行政诉讼实质上是对一个已经确定了权利义务关系的被诉行政行为的合法性所进行的司法确认，属第二次审查。这种特点决定了行政诉讼在案件事实认定上更多地指向被诉行政行为作出之时的证据和所依据的规范性文件。

（三）关于民事诉讼证明标准的现行规定

《民事诉讼法司法解释》第一百零八条规定："对负有举证证明责任的当事人提供的证据，人民法院经审查并结合相关事实，确信待证事实的存在具有高度可能性的，应当认定该事实存在。对一方当事人为反驳负有举证证明责任的当事人所主张事实而提供的证据，人民法院经审查并结合相关事实，认为待证事实真伪不明的，应当认定该事实不存在。法律对于待证事实所应达到的证明标准另有规定的，从其规定。"根据上述规定，民事诉讼采高度盖然性证明标准，即人民法院确信待证事实的存在具有高度可能性的，应当认定该事实存在。

此外，《民事诉讼法司法解释》第一百零九条，以及《民事诉讼证据规定》第八十六条第一款、第二款则规定了提高证明标准和降低证明标准的特殊情形，即当事人对于欺诈、胁迫、恶意串通事实的证明，以及对于口头遗嘱或赠与事实的证明，应达到排除合理怀疑的证明程度，对于与诉讼保全、回避等程序事项有关的事实，其证明程度达到认定有关事实存在的可能性较大即可。

二、生态环境侵权民事诉讼的证明标准

污染环境、破坏生态行为具有复合性，针对同一污染环境、破坏生态行为提起刑事、民事、行政诉讼的情形并不鲜见。实践中，环境资源类案件呈现出刑行民交叉、刑民交叉、刑行交叉、行民交叉案件，以及刑事附带民事诉讼、附带民事公益诉讼案件等复杂的

诉讼类型。前文已述，刑事、民事、行政三大诉讼采取不同的证明标准，且三者在诉讼目的、诉讼任务及案件性质等方面均有不同，在查明和认定案件事实上亦各有侧重。如刑事诉讼强调对犯罪事实的查明；行政诉讼中更关注被诉行政行为的合法性；生态环境侵权民事诉讼中的案件事实认定则侧重于生态环境侵权行为是否发生，是否造成人身损害、财产损失或者生态环境损害后果等方面的问题。"证明标准是通过举证活动，实施裁判者对于争议事实（待证事实）的存在所应达到的信赖程度或认知上的可能性程度。这一标准的达成，预示证明责任承担着对其责任的卸除并获胜诉。故确定一个什么样的证明标准，直接关系到证明主体法律后果的承担。"① 加之审判实践中存在对于生效刑事裁判、行政裁判未予认定的事实，生态环境侵权民事裁判亦不予认定的情况，既是对三大诉讼证明标准不同的忽视，亦容易导致对被侵权人合法的人身、财产权益或者生态环境公共利益保护不足的后果，对此有予以规范的必要。

鉴于此，本条规定，人民法院在审理因污染环境、破坏生态行为提起的生态环境侵权诉讼案件中，对某一待证事实是否存在的认定，采用民事诉讼的证明标准，即"具有高度可能性"的高度盖然性证明标准。而针对同一污染环境、破坏生态行为是否在先或者同时存在相关联的刑事诉讼、行政诉讼，则对正在进行的生态环境侵权民事诉讼所采用的证明标准不产生影响。此种规定，既是源于生态环境侵权诉讼作为民事诉讼的基本定位，也是证明标准具有法定性的应有之义，同时亦有利于避免因忽视不同诉讼类型采用不同证明标准而产生保护不足的法律后果。

就如何理解"具有高度可能性"的高度盖然性证明标准而言，

---

① 吕忠梅：《环境侵权诉讼证明标准初探》，载《政法论坛》2003 年第 5 期。

德国学者曾对盖然性问题以刻度盘的形式进行直观的描述。即按照
0%~100%进行划分，0%为绝对不可能，50%为完全不清楚，100%
则为绝对肯定，其间还可以再划分为四个等级，即1%~24%为非常
不可能；26%~49%为不太可能；51%~74%为大致可能；75%~99%
为非常可能。在实践中，对50%以上的盖然性值亦可再粗略地分成
三大类：（1）按照这种分类，一项事实主张可以是相对可能性很大
（亦即赞成比反对的多）。（2）一项事实主张也可以具备非常的盖然
性（一个理性的人不再怀疑或者看起来其他的可能性都被排除了）。
（3）一项事实主张也可能具备显然的可能性（主张的事实是如此明
显，按照人们的一般常识是不会有疑问的）。[①] 我国理论界多数人亦
认为，在民事诉讼高度盖然性的证明标准之下，超过75%的证明程
度即可认定某一待证事实的存在。据此，"具有高度可能性"的民事
诉讼证明标准具有一定的客观性。但同时亦应注意，证据的审查认
定最终需由裁判者进行，由其按照职业道德，运用逻辑推理和日常
生活经验等因素，对证据有无证明力和证明力大小进行判断，不可
避免地带有模糊性和主观性色彩。

三、刑事裁判、行政裁判未予认定事实的影响

刑行民案件各自裁判中对事实认定的相互影响源于对既判力、
预决力和免证事实的正确理解与把握，是一个复杂的命题。根据
《民事诉讼法司法解释》第九十三条规定，已为人民法院发生法律效
力的裁判所确认的事实，当事人无须举证证明，但有相反证据足以
推翻的除外。但该条未涉及人民法院发生法律效力的裁判未予认定
的事实，对在后的因同一法律事实所引发诉讼的事实认定会发生何

---

① ［德］普维庭：《现代证明责任问题》，吴越译，法律出版社2006年版，第104~107页。

种影响？经研究认为，三类诉讼采不同证明标准，因未达到证明标准而未被已经发生法律效力的刑事裁判、行政裁判认定的事实，在生态环境侵权民事诉讼中仍应充分考量当事人双方的举证能力、举证责任及应予保护的法益等因素，采用民事诉讼的证明标准进行独立判断，如果某一待证事实的存在达到了具有高度可能性的程度，人民法院应当对该事实予以认定。

在本解释征求意见过程中，有相关庭室和地方法院提出，本条中"未予认定的事实"可能是予以否定的事实或者未予评价的事实，建议进一步明确。经研究认为，本条所谓"未予认定的事实"，主要指因未达到证明标准而未被刑事、行政裁判认定的事实，可能包括上述两种情况。对于这类事实，如果综合全案证据，能够达到《民事诉讼法》规定的证明标准，在生态环境民事诉讼裁判中应当对该事实予以认定。

【审判实践中需要注意的问题】

生态环境侵权民事诉讼采高度盖然性的证明标准，系就本证而言的。但诉讼证明活动并非负有举证责任的当事人的直线型单一指向，更多的是在本证、反证之间的来回穿梭。对于反证而言，其证明标准只需要使本证对待证事实的证明陷于真伪不明状态即可。

值得注意的是，本条明确对刑事裁判、行政裁判因未达到证明标准未予认定的事实，生态环境侵权民事诉讼中仍应对达到民事诉讼高度盖然性证明标准的待证事实予以认定。实践中，生态环境侵权民事诉讼对刑事裁判、行政裁判未予认定事实的认定，不限于未达更高证明标准的范围。如刑事诉讼中因种种原因未将相关单位作为被告单位的，民事诉讼中仍可依法将其追加为共同被告、承担相应的生态环境侵权责任；或者刑事诉讼某一被告人的情节显著轻微、危害不大不构成犯罪的，不因此影响其在民事诉讼中作为侵权人承担生态环境侵权责任，与之相应的相关案件事实，人民法院在生态环境侵权民事诉讼亦应采用高度盖然性证明标准予以审查认定。

【法条链接】

《中华人民共和国刑事诉讼法》（2018 年 10 月 26 日）

第五十五条 对一切案件的判处都要重证据，重调查研究，不轻信口供。只有被告人供述，没有其他证据的，不能认定被告人有罪和处以刑罚；没有被告人供述，证据确实、充分的，可以认定被告人有罪和处以刑罚。

证据确实、充分，应当符合以下条件：

（一）定罪量刑的事实都有证据证明；

（二）据以定案的证据均经法定程序查证属实；

（三）综合全案证据，对所认定事实已排除合理怀疑。

《最高人民法院关于适用〈中华人民共和国刑事诉讼法〉的解释》（2021 年 1 月 26 日）

第一百四十条 没有直接证据，但间接证据同时符合下列条件的，可以认定被告人有罪：

（一）证据已经查证属实；

（二）证据之间相互印证，不存在无法排除的矛盾和无法解释的疑问；

（三）全案证据形成完整的证据链；

（四）根据证据认定案件事实足以排除合理怀疑，结论具有唯一性；

（五）运用证据进行的推理符合逻辑和经验。

《中华人民共和国行政诉讼法》（2017 年 6 月 27 日）

第五条　人民法院审理行政案件，以事实为根据，以法律为准绳。

《最高人民法院关于适用〈中华人民共和国民事诉讼法〉的解释》（2022 年 4 月 1 日）

第一百零八条第一款　对负有举证证明责任的当事人提供的证据，人民法院经审查并结合相关事实，确信待证事实的存在具有高度可能性的，应当认定该事实存在。

《最高人民法院关于审理生态环境损害赔偿案件的若干规定（试行）》（2020 年 12 月 29 日）

第八条　已为发生法律效力的刑事裁判所确认的事实，当事人在生态环境损害赔偿诉讼案件中无须举证证明，但有相反证据足以推翻的除外。

对刑事裁判未予确认的事实，当事人提供的证据达到民事诉讼证明标准的，人民法院应当予以认定。

第九条　【免证事实】对于人民法院在生态环境保护民事公益诉讼生效裁判中确认的基本事实，当事人在因同一污染环境、破坏生态行为提起的人身、财产损害赔偿诉讼中无需举证证明，但有相反证据足以推翻的除外。

【条文主旨】

本条是关于在生态环境保护民事公益诉讼裁判生效后，因同一污染环境、破坏生态行为提起的生态环境私益侵权诉讼就有关事实免除当事人举证责任的规定。

【条文理解】

一、免证事实

所谓免证事实，是指诉讼中当事人虽然就某一事实提出主张，但免除其提供证据证明的责任的情形。对无需证明事项的规范是民事诉讼法证据制度中的重要内容。对民事诉讼当事人而言，最重要的就是对自己的事实主张加以证明。如果不能就哪些事项应当证明，哪些事项无需证明加以规范，就可能因证明范围过宽，加重当事人证明负担，或因证明范围过窄，导致案件事实难以充分揭示，无法实现案件的公正裁判。

本条规定的依据是《民事诉讼法司法解释》第九十三条和《民事诉讼证据规定》第十条。从条文沿革来看，上述两条内容最初体现在《最高人民法院关于适用〈中华人民共和国民事诉讼法〉若干问题的意见》第七十五条。2001 年《民事诉讼证据规定》第九条对该条内容进行了整理，将自认的内容单独规定，将对诉讼请求的承认这一不属于事实证明的内容删除，对其他免证事实进行补充后，明确规定了六类免证事实，并同时赋予当事人提出反证推翻上述六项免证事实的权利。2015 年《民事诉讼法司法解释》对上述六项免证事实在条文表述上进行了调整：将第一项和第二项调换顺序，并将第三项推定事实拆分为两项，形成了当事人无需举证的七类事实。同时，对七类免证事实提出反证的要求进行了区分，分为"当事人有相反证据足以反驳的除外"和"当事人有相反证据足以推翻的除外"两类。① 《民事诉讼证据规定》第十条对《民事诉讼法司法解释》第九十三条又作了修改，将"已为人民法院发生法律效力的裁判所确认的事实"修改为"已为人民法院发生法律效力的裁判所确认的基本事实"；将"已为仲裁机构生效裁决所确认的事实"的除外情形从"有相反证据足以推翻"修改为"有相反证据足以反驳"。本条关于在生态环境保护民事公益诉讼裁判生效后，在因同一污染环境、破坏生态行为提起的生态环境私益侵权诉讼就有关事实免除当事人举证责任的规定，沿袭了《民事诉讼证据规定》的相关规定，即采用了"基本事实"的范围限制，同时保留了"有相反证据足以推翻"的除外情形。

二、作为免证事实事项的生态环境保护民事公益诉讼生效裁判确认的基本事实

（一）基本事实

前已述及，民事诉讼证据规则中，作为免证事实事项的人民法院生效裁判书确认的事实，其范围已由"事实"限缩为"基本事实"。《民事诉讼法》第一百七十七条第一款第三项关于"原判决认定基本事实不清的，裁定撤销原判决，发回原审人民法院重审，或者查清事实后改判"，以及第二百一十一条第二项关于"原判决、裁定认定的基本事实缺乏证据证明的"的规定中，均出现了"基本事实"的表述。上述规定，在《民事诉讼法司法解释》第三百三十三条得以沿用，该条规定："民事诉讼法第一百七十七条第一款第三项规定的基本事实，是指用以确定当事人主体资格、案件性质、民事

---

① 这一调整在《民事诉讼法司法解释》2020年、2022年的两次修正中均予以保留。

权利义务等对原判决、裁定的结果有实质性影响的事实。"根据上述规定，在民事诉讼中，只有在先裁判中对确定当事人主体资格、案件性质、民事权利义务等对判决、裁定的结果有实质性影响的事实，才属于已为法院生效裁判确认的"基本事实"，才能成为免证事实，对后行诉讼具有免除当事人举证责任的效力。

（二）生态环境保护民事公益诉讼生效裁判对生态环境私益侵权诉讼的影响

同一环境污染、破坏生态行为往往同时侵害社会公共利益以及公民、法人或其他组织的私益，公共利益和私益相互交织的特点突出，且生态环境私益侵权诉讼中受害人人身、财产损害的发生亦多以生态环境要素受到污染、破坏为媒介，使生态环境保护民事公益诉讼和生态环境私益侵权诉讼在案件事实，尤其在侵权主体的确定，污染环境、破坏生态的具体侵权行为，以及侵权行为与损害结果之间因果关系的判断等对裁判结果有实质性影响的事实认定方面具有很大程度的共通性。考虑到生态环境保护民事公益诉讼生效裁判所认定的基本事实，系人民法院经由民事诉讼程序审理重点查明的事实，本身已经过严格的质证与审查程序，为维护司法权威，提高诉讼效率，并回应生态环境私益侵权诉讼中普遍存在的证据偏在问题，本条规定，对于人民法院在生态环境保护民事公益诉讼生效裁判中确认的基本事实，当事人在因同一污染环境、破坏生态行为提起的人身、财产损害赔偿诉讼中无需举证证明。即，生态环境保护民事公益诉讼裁判生效后，在因同一污染环境、破坏生态行为提起的生态环境私益侵权诉讼中，免除当事人就有关事实的举证责任。

实际诉讼中，审理案件的法官在后行的生态环境私益侵权诉讼中，可能并不知道已有先行生态环境保护民事公益诉讼的生效裁判存在，主张该生效判决中确认的基本事实存在的当事人应提出相关裁判文书或者其副本予以证明，法院有权对自己了解到的免证事实进行司法认知。当有关裁判文书或者其副本提供后，法院核查属实后便不必再对该基本事实进行调查，主张该基本事实存在的当事人由此可免去其举证责任。此外，尽管本条仅规定了生态环境保护民事公益诉讼生效裁判确认的基本事实，对后行的生态环境私益侵权诉讼中的当事人具有免除举证责任的效力，但鉴于现行法律、司法解释中并未就因同一污染环境、破坏生态行为引起的生态环境保护民事公益诉讼和生态环境私益侵权诉讼的审理顺位作出规定。实践中，针对同一污染环境、破坏生态行为，如果受到人身、财产损害的公民、法人或者其他组织先行提起了生态环境私益侵权诉讼，并已经由人民法院作出生效裁判，根据《民事诉讼法司法解释》第九十三条、《民事诉讼证据规定》第十条的规定，该生效裁判中确认的基本事实，对后行的生态环境保护民事公益诉讼亦可以免除其当事人对该事实的举证责任。

三、免证事实的除外情形——有相反证据足以推翻

前文已述，人民法院在生态环境保护民事公益诉讼生效裁判所确认的基本事实对后行的生态环境私益侵权诉讼具有免除当事人举证责任的效力，但这种效力也存在一定例外。事实上，在《民事诉讼证据规定》第九条起草制定的过程中，已有观点对已为人民法院发生法律效力的裁判所确认的事实免除当事人举证责任的规定提出过质疑，认为此种规定相当于直接赋予生效裁判文书以实质证据力而直接加以确认，无异于剥夺了后行案件中受诉法院对该特殊书证内容的自由判断，妨碍了后行案件受案法官对案件事实心证的形成。

笔者研究认为，上述观点不无道理，但生效裁判所确认的基本事实与裁判结果存在密切关系，在我国现阶段尚未建立既判力规则的情况下，可能产生裁判效力相冲突的情形，且对事实认定不一致所导致的相关裁判结果可能不一致，进而损害司法权威，也破坏了法的安定性，不易被广大社会公众所接受。此种冲突可能性在因同一污染环境、破坏生态行为引起的生态环境保护民事公益诉讼和生态环境私益侵权诉讼中表现得尤为突出。结合审判实践需要，本条在《民事诉讼证据规定》第九条的基础上，再次重申了生态环境保护民事公益诉讼生效裁判中所确认的基本事实，对同一污染环境、破坏生态行为引起的生态环境私益侵权诉讼具有免除当事人举证责任的效力。

值得注意的是，免证事实并不具有绝对的不可更改性。民事诉讼的证明标准虽为优势盖然性，但尽量逼近案件真相也是民事诉讼所追求的理念。故本条同时设置了"但有相反证据足以推翻的除外"的但书规定，允许当事人提供相反证据推翻免证事实。需要强调的是，要否定人民法院生效裁判确认的基本事实，需要证据的证明力达到推翻该事实即能够证明相反事实成立的程度，才发生否定其免除当事人举证责任效力的效果。

【审判实践中需要注意的问题】

关于生态环境保护民事公益诉讼生效裁判所确认的基本事实对后行生态环境私益侵权诉讼的影响问题，《环境民事公益诉讼解释》第三十条亦有相关规定。相比较而言，本条规定对《环境民事公益诉讼解释》第三十条规定进行了以下调整：

一是将免证事实的来源由环境民事公益诉讼扩张至生态环境保护民事公益诉讼，具体案件类型包括环境污染民事公益诉讼案件、生态破坏民事公益诉讼案件和生态环境损害赔偿诉讼案件。人民法院在上述先行案件中作出的生效裁判所确认的基本事实，对后行的因同一污染环境、破坏生态行为引发的生态环境私益侵权诉讼均具有免除当事人举证责任的效力。

二是将免证事实事项的范围由"生效裁判认定的事实"限缩为"生效裁判中确认的基本事实"。与《民事诉讼证据规定》第十条规定保持一致，在免证事实中排除了先行生态环境保护民事公益诉讼生效裁判中确认的间接事实、辅助事实等对裁判结果无实质性影响的事实。理由前已述及，不再赘述。

三是在除外情形中将有权对该免证事实事项提出异议、提出相反证据足以推翻的主体范围由生态环境私益侵权诉讼的原告恢复为当事人，以平等保护双方当事人在生态环境私益侵权诉讼中提出证据推翻先行免证事实的诉讼权利，亦更加符合民事诉讼尽量追求案件真相的基本理念。

四是删除了《环境民事公益诉讼解释》第三十条第二款关于环境民事公益诉讼生效裁判既判力单向扩张的规定。其基本考虑在于，尽管既判力系大陆法系民事诉讼法学中的基础理论问题，但我国民事诉讼法理论界就既判力的主体范围、客体范围等基本问题尚未形成理论共识，如前诉和后诉是否应当具有相同的当事人、既判力仅限于判决主文抑或可扩张至判决理由等问题，均有较大争议。现行《民事诉讼法》及其司法解释中亦无关于既判力的条文规定。在此背景下，司法解释不宜径行就生态环境保护民事公益诉讼生效裁判的既判力，尤其是既判力的单向扩张作出规定。事实上，生态环境保护民事公益诉讼和生态环境私益侵权诉讼在诉讼目的、诉讼主体、诉讼请求等方面均有不同。在实际诉讼中，两类案件中具体救济的对象和内容，侵权行为与损害结果之间因果关系的认定，以及被告承担责任的范围和大小等均不相同，人民法院在生态环境保护民事公益诉讼生效裁判的相关认定不具有直接扩张适用于生态环境私益侵权诉讼的现实基础。审判实践中目前亦尚未出现援引、适用《环境民事公益诉讼解释》第三十条第二款规定的具体案例。鉴于此，本解释在起草过程中，经充分研究论证，对该款规定的内容不再予以保留。

【法条链接】

《最高人民法院关于适用〈中华人民共和国民事诉讼法〉的解释》（2022 年 4 月 1 日）

第九十三条　下列事实，当事人无须举证证明：

（一）自然规律以及定理、定律；

（二）众所周知的事实；

（三）根据法律规定推定的事实；

（四）根据已知的事实和日常生活经验法则推定出的另一事实；

（五）已为人民法院发生法律效力的裁判所确认的事实；

（六）已为仲裁机构生效裁决所确认的事实；

（七）已为有效公证文书所证明的事实。

前款第二项至第四项规定的事实，当事人有相反证据足以反驳的除外；第五项至第七项规定的事实，当事人有相反证据足以推翻的除外。

《最高人民法院关于民事诉讼证据的若干规定》（2019 年 12 月 25 日）

第十条　下列事实，当事人无须举证证明：

（一）自然规律以及定理、定律；

（二）众所周知的事实；

（三）根据法律规定推定的事实；

（四）根据已知的事实和日常生活经验法则推定出的另一事实；

（五）已为仲裁机构的生效裁决所确认的事实；

（六）已为人民法院发生法律效力的裁判所确认的基本事实；

（七）已为有效公证文书所证明的事实。

前款第二项至第五项事实，当事人有相反证据足以反驳的除外；第六项、第七项事实，当事人有相反证据足以推翻的除外。

《最高人民法院关于审理环境民事公益诉讼案件适用法律若干问题的解释》（2020 年 12 月 29 日）

第三十条 已为环境民事公益诉讼生效裁判认定的事实，因同一污染环境、破坏生态行为依据民事诉讼法第一百一十九条规定提起诉讼的原告、被告均无需举证证明，但原告对该事实有异议并有相反证据足以推翻的除外。

对于环境民事公益诉讼生效裁判就被告是否存在法律规定的不承担责任或者减轻责任的情形、行为与损害之间是否存在因果关系、被告承担责任的大小等所作的认定，因同一污染环境、破坏生态行为依据民事诉讼法第一百一十九条规定提起诉讼的原告主张适用的，人民法院应予支持，但被告有相反证据足以推翻的除外。被告主张直接适用对其有利的认定的，人民法院不予支持，被告仍应举证证明。

第十条 【公益事实证据的调查收集】对于可能损害国家利益、社会公共利益的事实，双方当事人未主张或者无争议，人民法院认为可能影响裁判结果的，可以责令当事人提供有关证据。

前款规定的证据，当事人申请人民法院调查收集，符合《最高人民法院关于适用〈中华人民共和国民事诉讼法〉的解释》第九十四条规定情形的，人民法院应当准许；人民法院认为有必要的，可以依职权调查收集。

【条文主旨】

本条是关于人民法院在审理生态环境保护公益诉讼案件中对可能损害国家利益、社会公共利益的事实予以调查和收集证据的规定。

【条文理解】

一、公益诉讼中对涉及公共利益证据的调查收集

一般来说，环境民事公益诉讼案件因涉及污染环境、破坏生态的行为具有长期性和隐蔽性，损害后果的复杂性，因果关系的难以判断等因素，导致举证证明责任较为复杂和困难。因此，部分环境民事公益诉讼案件出现原告提交证据材料过于初步、简单，对于涉及污染事实、损害后果、因果关系等实质性内容却不提交相应证据材料，不利于案件事实的查清和人民法院审判工作的开展。此外，审判实践中也出现部分案件原、被告双方对损害国家利益、社会公

共利益的污染环境、破坏生态事实避重就轻、部分认可等情形，导致遗漏环境损害事实，不利于公共利益的全面保护。《民事诉讼证据规定》第十八条规定："双方当事人无争议的事实符合《最高人民法院关于适用〈中华人民共和国民事诉讼法〉的解释》第九十六条第一款规定情形的，人民法院可以责令当事人提供有关证据。本条第一款规定了对于涉及国家利益、社会公共利益的相关事实，如人民法院认为可能影响裁判结果的，即使各方当事人均予以认可，也可以责令当事人针对该部分事实提出证据。本条以该条为基础，明确在公益诉讼案件中，对涉及国家利益和社会公共利益的事实可以责令当事人举证。进一步发挥人民法院在公益诉讼案件审判过程中的职权作用，以司法手段守护公共利益和人民群众环境权益。此外，为了避免当事人确因客观情况无法调查收集证据，导致拖延诉讼，在确定符合《民事诉讼法司法解释》条件的基础上，当事人可以申请人民法院调查取证，人民法院也可以依职权调取证据。

二、对无争议事实的证据提出命令

《民事诉讼证据规定》第十八条是对无争议事实的证据提出命令，即"双方当事人无争议的事实符合《最高人民法院关于适用〈中华人民共和国民事诉讼法〉的解释》第九十六条第一款规定情形的，人民法院可以责令当事人提供有关证据"。本条第一款就是在延续前述规定的基础上，明确对有关事实当事人之间虽无争议，但如果与这些事实相关的证据属于人民法院认为审理案件需要，主动依职权调查收集的证据，则人民法院可以责令当事人提交。由于生态环境保护涉及国家利益和社会公共利益，因此对于生态环境保护民事案件审理过程中的证据提出命令的适用则更突出公共利益保护的意涵。

本条第一款明确，即使当事人对部分案件事实无争议，但由于可能损害国家利益、社会公共利益，为了避免双方当事人合谋串通损害国家利益和社会公共利益，增加了人民法院的再次判断义务。该规定是对《民事诉讼证据规定》在生态环境保护领域的进一步适用。《民事诉讼证据规定》第十八条规定延续了2001年《民事诉讼证据规定》第十三条"对双方当事人无争议但涉及国家利益、社会公共利益或者他人合法权益的事实，人民法院可以责令当事人提供有关证据"的规定，对涉及国家利益、社会公共利益或者案外人合法权益的事实，人民法院认为可能影响裁判结果的，可以责令当事人提供有关证据。

如果出现了当事人无争议但涉及国家利益、社会公共利益和他人合法权益的事实，人民法院可代表国家进行干预，即通过审判职能确认这种处分行为无效，当事人此时不能免除就有关事实举证的责任。法院对涉及国家利益和社会公共利益的事实保留依职权调查的权力，是大陆法系国家和地区的普遍做法，也是法院保护国家利益和社会公共利益所必要的职权。最高人民法院在《关于人民法院进一步深化多元化纠纷解决机制改革的意见》第二十三条探索无争议事实记载机制中，明确了"在诉讼程序中，除涉及国家利益、社会公共利益和他人合法权益的外，当事人无需对调解过程中已确认的无争议事实举证"。环境侵权案件属于特殊侵权行为，生态环境保护民事公益诉讼具有极强的公益性，涉及国家和社会公共利益，法院应当积极行使职权，以便于查明案件事实，明确侵权责任，维护人民群众环境权益。本条第一款的规定在生态环境保护领域进一步明确要充分发挥人民法院依职权调查收集证据的功能与作用，有效防止损害国家、社会公共利益和他人合法权益的案件发生。

三、当事人可以申请人民法院调查取证

本条第二款是关于当事人无法自行调查收集，申请人民法院调查收集的规定。关于民事诉讼中法院依职权调查收集证据问题，有的观点认为应当适当扩大依职权调查收集证据的范围，从而有利于查明案件事实，在依职权收集证据问题上，应当回归民事诉讼法关于法院依职权收集审理案件需要的证据的规定，规定法院在根据当事人提供的证据无法查明事实时，可以依职权收集证据。[①] 有的观点认为应当弱化法院依职权调查收集证据，因为法官调查取证中存在现实障碍和职业风险，法院调查取证权应当配置在一个合理空间。[②] 有的观点认为法院依职权调查取证与法院居中裁判者的角色、地位不符，与市场经济制度之私法自治原则。处分原则的基本要求不符，与司法审判的实质正义、形式正义的内在需要不符，应当取消依职权调查取证的规定。[③] 《民事诉讼法》第六十七条第二款规定："当事人及其诉讼代理人因客观原因不能自行收集的证据，或者人民法院认为审理案件需要的证据，人民法院应当调查收集。"故立法仍然授予人民法院依职权调查收集证据的权力，笔者也是在此基础上讨论依职权调查收集证据的具体问题。《民事诉讼法司法解释》第九十六条进一步明确当事人不能自行调查收集的证据范围。即只有在当事人客观不能举证或者审理案件需要时才可由人民法院调查收集证据。

---

① 李浩：《回归民事诉讼法——法院依职权调查取证的再改革》，载《法学家》2011 年第 3 期。

② 包秀露：《浅析我国法官调查取证权制度所遇到的挑战及完善》，载《法制与经济》2012 年第 4 期。

③ 郑若山：《论取消民事审判中法院调查取证权的必要性》，载《华东政法学院学报》2001 年第 5 期。

关于当事人因客观原因不能自行收集证据的情形，一般是当事人双方都向法院提交了证据，但证据证明力都不强，而能够直接证明案件事实的其他证据当事人又不能自行收集。在此情况下，如果法院根据证明责任的承担作出判决，判决对事实负证明责任的一方当事人承担不利的诉讼后果，虽然不违反高度盖然性的裁判标准，但毕竟这样认定的法律事实与客观真实是否一致难以令人信服。相反，当事人对于因其客观原因不能自行收集的证据，可以申请法院调查收集，法院调查收集该证据后，再结合双方提交的其他证据综合认定事实，会更加接近客观事实。对于哪些情形属于当事人及其诉讼代理人因客观原因不能自行收集的证据，可以从几个方面考虑，一是该证据由国家有关部门保存，当事人及其诉讼代理人无权查阅调取的。需要说明的是，如果该证据虽由国家有关部门保存，但依照政务信息公开的规定应当公开，当事人及其诉讼代理人应当自行要求相关部门公开该信息作为己方证据。二是涉及国家秘密、商业秘密或者个人隐私的。对涉及国家秘密、商业秘密或者个人隐私的证据，应该是与案件事实密切相关，如果不调查收集上述证据，也能够认定案件事实，则不必要调查收集；当事人如果认为调查收集确有必要，应当就证据与案件事实具有紧密关联性作出说明；对于经法院调查收集的上述证据，举证、质证及证据采信方面仍然需要采取相应措施，避免泄露。三是当事人及其诉讼代理人因客观原因不能自行收集的其他证据。因司法实践中案件的复杂性，难以全面概括当事人及其诉讼代理人因客观原因不能自行收集证据的所有情形，但有一点应当注意，即该证据与案件事实密切相关或者可能直接决定案件事实。此外，当事人自己因客观原因不能自行收集的证据，需要法院调取的，应当向法院提出书面申请。

四、人民法院依职权调查收集证据

1. 依职权调查收集证据的内涵。《民事诉讼法司法解释》第九十六条第一款规定："民事诉讼法第六十七条第二款规定的人民法院认为审理案件需要的证据包括：（一）涉及可能损害国家利益、社会公共利益的；（二）涉及身份关系的；（三）涉及民事诉讼法第五十八条规定诉讼的；（四）当事人有恶意串通损害他人合法权益可能的；（五）涉及依职权追加当事人、中止诉讼、终结诉讼、回避等程序性事项的。"从上述条文的逻辑可知，对于可能损害国家利益、社会公共利益的案件，以及《民事诉讼法》第五十八条规定的公益诉讼案件，人民法院认为审理案件需要的证据就应当予以调查收集。

在民事诉讼中，法官一般应当保持中立，由当事人举证对抗。但是，鉴于环境民事公益诉讼事关公益的特殊性，应当更多地强调法官的职权性。同时，《环境保护法》中明确规定了政府的信息公开义务与企业的保存原始记录义务，这也就意味着当事人有权查询、调取这些应当公开的证据。对于应当公开而没有公开的证据，当事人可以通过提起行政诉讼解决。但是，在生态环境保护民事公益诉讼中，对于审理环境公益诉讼案件需要的证据，没有必要再要求当事人另行提起行政诉讼调取环境信息，人民法院认为有必要的，应当依职权调取，这也与《民事诉讼法》第六十七条第二款"当事人及其诉讼代理人因客观原因不能自行收集的证据，或者人民法院认为审理案件需要的证据，人民法院应当调查收集"的规定相符。法院依职权调查收集证据，一是可以审查核实当事人提供的证据的真实性，二是认定案件事实，三是排除当事人串通损害国家、社会公共利益和他人合法权益。

2. 人民法院应当调查收集证据的范围。《民事诉讼法司法解释》第九十四条第一款之外的事实，原则上不能申请人民法院调查收集证据，除非人民法院认为有必要，可以依职权调查取证。这里的有必要一般认为，应当对查清案件事实，尤其是可能损害国家利益、社会公共利益的事实有重大影响的证据材料，不符合《民事诉讼法司法解释》第九十四条第一款的规定或者在当事人没有申请人民法院调查收集的情形下，人民法院依法可以依职权调查收集。同时，在诉讼过程中，人民法院要加强释明权的行使，加强对当事人举证的指导，促使当事人能够积极、全面、正确、诚实地行使举证的权利。

【审判实践中需要注意的问题】

1. 司法实践中，公益诉讼原告不积极收集、提交证据，而以涉及国家利益、社会公共利益为由申请法院调查收集证据，将举证责任完全转嫁给人民法院的情况时有发生。为解决这一问题，并切实维护国家利益、社会公共利益，本条将法院调查与法院收集证据作适当区分，对法院收集证据在程序上作了相对严格的限定，只有在有必要时，才可以由法院依职权调查取证。需要指出的是，证据属于民事诉讼的实体内容。在辩论主义的诉讼模式下，诉讼的实体内容由当事人决定，法院仅在特殊情况下，出于保护社会公共利益、公序良俗等需要进行有限的介入。处分原则是民事诉讼的核心之一。当事人就无争议的事实免予承担举证责任，是当事人基于处分原则在民事诉讼中对其实体权利和诉讼权利的处分。法院也只有在法定的特殊情形下，才能行使国家职权进行诉讼干预，令当事人对无争议的事实提供证据，承担举证责任。

2. 根据本条规定，对于可能涉及国家利益和社会公共利益的事实，当事人可以申请人民法院调查收集证据。但根据《最高人民法院、最高人民检察院关于检察公益诉讼案件适用法律若干问题的解释》第六条"人民检察院办理公益诉讼案件，可以向有关行政机关以及其他组织、公民调查收集证据材料；有关行政机关以及其他组织、公民应当配合；需要采取证据保全措施的，依照民事诉讼法、行政诉讼法相关规定办理"的规定，人民检察院提起的环境民事公益诉讼，可以由其自行调查取证。最高人民检察院发布的《人民检察院公益诉讼办案规则》第三十二条规定："人民检察院办理公益诉讼案件，应当依法、客观、全面调查收集证据。"并进一步规定了调查取证的方式、方法和程序。在公益诉讼中规定人民检察院可以进行调查取证，主要考虑到人民检察院作为法律明确规定的公益诉讼起诉人，具有维护国家利益、社会公共利益的职责，从人民检察院的国家利益维护者、法律监督者的宪法地位和检察公益诉讼制度目标等角度，由人民检察院行使调查、收集证据的权利，有效地解决了民事领域个人、社会组织诉讼能力不足，行政领域行政机关自我监督机制不够完善的情形，对民事权益救济、督促行政机关依法行政、维护公共利益具有重要意义。当然，对于人民检察院提起的环境民事公益诉讼，其自行调查收集证据提交人民法院的，也应当对证据予以出示和说明，对相关证据进行质证。

【法条链接】

《中华人民共和国民事诉讼法》（2023 年 9 月 1 日）

第六十七条第二款 当事人及其诉讼代理人因客观原因不能自行收集的证据，或者人民法院认为审理案件需要的证据，人民法院应当调查收集。

《最高人民法院关于适用〈中华人民共和国民事诉讼法〉的解释》（2022 年 4 月 1 日）

第九十四条 民事诉讼法第六十七条第二款规定的当事人及其诉讼代理人因客观原因不能自行收集的证据包括：

（一）证据由国家有关部门保存，当事人及其诉讼代理人无权查阅调取的；

（二）涉及国家秘密、商业秘密或者个人隐私的；

（三）当事人及其诉讼代理人因客观原因不能自行收集的其他证据。

当事人及其诉讼代理人因客观原因不能自行收集的证据，可以在举证期限届满前书面申请人民法院调查收集。

第九十六条 民事诉讼法第六十七条第二款规定的人民法院认为审理案件需要的证据包括：

（一）涉及可能损害国家利益、社会公共利益的；

（二）涉及身份关系的；

（三）涉及民事诉讼法第五十八条规定诉讼的；

（四）当事人有恶意串通损害他人合法权益可能的；

（五）涉及依职权追加当事人、中止诉讼、终结诉讼、回避等程序性事项的。

除前款规定外，人民法院调查收集证据，应当依照当事人的申请进行。

《最高人民法院关于民事诉讼证据的若干规定》（2019年12月25日）

第十八条 双方当事人无争议的事实符合《最高人民法院关于适用〈中华人民共和国民事诉讼法〉的解释》第九十六条第一款规定情形的，人民法院可以责令当事人提供有关证据。

《最高人民法院关于审理环境民事公益诉讼案件适用法律若干问题的解释》（2020年12月29日）

第十四条第一款 对于审理环境民事公益诉讼案件需要的证据，人民法院认为必要的，应当调查收集。

> 第十一条 【集中管辖法院委托调查收集证据】实行环境资源案件集中管辖的法院，可以委托侵权行为实施地、侵权结果发生地、被告住所地等人民法院调查收集证据。受委托法院应当在收到委托函次日起三十日内完成委托事项，并将调查收集的证据及有关笔录移送委托法院。
>
> 受委托法院未能完成委托事项的，应当向委托法院书面告知有关情况及未能完成的原因。

【条文主旨】

本条是关于环境资源案件集中管辖的法院委托侵权行为实施地、侵权结果发生地、被告住所地等人民法院调查收集证据的规定。

【条文理解】

一、关于委托调查收集证据

（一）调查收集证据方面

调查收集证据，是指诉讼主体对进行诉讼所需的各种证据，依照法定程序收集和调查的活动和程序。人民法院调查收集证据即为人民法院作为诉讼主体所进行的证据调查收集的行为。当事人申请人民法院调查收集证据，旨在使该证据能够成为法院作出有利于己的事实认定的根据。肇始于 20 世纪 80 年代的民事审判方式改革，从当事人主义的角度出发，加强当事人的程序主体地位，确定当事人的举证责任，以及因举证不能所应承担的败诉风险，将提出和收集证据的责任原则上委由当事人承担，严格限缩法院在民事诉讼中职权发挥的范围。1991年《民事诉讼法》第六十四条第一款对此明确规定，当事人对自己提出的主张，有责任提供证据。但是，无论是英美对抗制下的证据开示，还是搞辩论主义的德日等国，都离不开法院职权促进证据资料的汇集以发现案件真实。为了实现发现真实和促进诉讼的民事诉讼基本目标，特定情况下当事人申请法院调查取证有其存在的必要性和合理性。正如有的学者所言，发现诉讼外的真实恰恰是我们的诉讼制度所关注的和所尽力去实现的。因而法官不能，也不应像裁判员那样消极无为，在必要的时候，他需要帮助处于弱势的一方。基于此，1991年《民事诉讼法》第六十四条第二款规定，当事人及其诉讼代理人因客观原因不能自行收集的证据，或者人民法院认为审理案件需要的证据，人民法院应当调查收集。后经多次修正，现行《民事诉讼法》（2023年修正）第六十七条沿用此条款内容。

人民法院收集证据的情形，主要是两种。

1. 当事人及其诉讼代理人因客观原因不能自行收集证据。原则上，当事人负有提出支持自己诉讼请求的证据的义务，但在一些特殊情形下，由于客观原因，当事人不能自行收集某些证据，如一些案件需要公安、档案等部门提供证据，需要人民法院出面向这些部门收集。但对法院依职权调查收集证据进行了严格控制。《民事诉讼法司法解释》第九十四条细化了当事人及其诉讼代理人因客观原因不能自行收集的证据包括：（1）证据由国家有关部门保存，当事人及其诉讼代理人无权查阅调取的。（2）涉及国家秘密、商业秘密或者个人隐私的。（3）当事人及其诉讼代理人因客观原因不能自行收集的其他证据。同时，《民事诉讼法司法解释》第九十五条也规定，当事人申请调查收集的证据，与待证事实无关联、对证明待证事实无意义或者其他无调查收集必要的，人民法院不予准许。

2. 人民法院认为审理案件需要。根据《民事诉讼法司法解释》第九十六条的规定，主要是指以下情形：（1）涉及可能损害国家利益、社会公共利益的。（2）涉及身份关系的。（3）涉及《民事诉讼法》第五十八条规定诉讼的。（4）当事人有恶意串通损害他人合法权益可能的。（5）涉及依职权追加当事人、中止诉讼、终结诉讼、回避等程序性事项的。

《民事诉讼证据规定》第二十条对具体的申请时限、方式和申请书内容进一步明确，规定当事人及其诉讼代理人申请人民法院调查收集证据，应当在举证期限届满前提交书面申请。申请书应当载明被调查人的姓名或者单位名称、住所地等基本情况、所要调查收集的证据名称或者内容、需要由人民法院调查收集证据的原因及其要证明的事实以及明确的线索。该条为了避免当事人滥用该项权利，将本属于自己的举证责任转嫁给人民法院，而且根据当事人提供的证据线索，也有助于人民法院的调查收集工作顺利进行，达到提高诉讼质量和效率的目的。

此外，《民事诉讼法》第六十六条第二款明确规定，证据必须查证属实，才能作为认定事实的根据。因此，对于当事人提供的证据和人民法院主动收集的证据，人民法院都应当按照法定程序，全面、客观地审查核实，从各个角度进行认真分析，综合认定证据的客观性、合法性和关联性，进而为认定事实提供准确依据。

（二）委托调查方面

委托调查，是指基于某种需要，受诉人民法院依法委托外地人民法院对案件有关的事项进行调查。委托调查既是委托法院和受托法院之间的司法协作关系，又是法律规定的委托调查制度。受诉法院对案件的某些事实或者证据，不能在本法院所辖区域调查或者取得的，而需要当地法院予以协助时，就可以提出明确的调查项目和要求，委托外地法院调查。

根据《民事诉讼法》第一百三十四条的规定，人民法院在必要时可以委托外地人民法院调查。委托调查，必须提出明确的项目和要求。受委托人民法院可以主动补充调查。受委托人民法院收到委托书后，应当在三十日内完成调查。因故不能完成的，应当在上述期限内函告委托人民法院。

该条是关于人民法院委托调查收集证据的程序性规定。在民事诉讼中，有些证据材料并不在受诉人民法院的行政辖区内，为了降低调查成本，保证调查质量，受诉人民法院可以委托外地人民法院进行调查。所谓"必要时"，主要是指个别当事人、诉讼参与人或某些证据在外地法院辖区内，本地法院不便调查而外地法院又能完成调查任务时，如委托外地人民法院到工商机关调查当事人是否具有法人资格、是否歇业等。委托调查的事项一般是简单的、明确的，对于比较复杂的调查事项，不宜委托外地人民法院调查，以免加大外地法院的工作任务，或者很难完成调查任务。

委托调查须注意以下几点：（1）受委托的对象必须是人民法院。委托调查是一种司法行为，只能委托人民法院进行，不能委托其他司法机关或其他单位进行。任何其他国家机关、社会团体或者个人都不能成为被委托人，如不得委托公安、检察、工商、税务、海关等单位。（2）受诉人民法院只有在必要的情况下才能委托其他人民法院调查。"必要的情况"主要是指被调查对象不在受诉人民法院的管辖区域内。（3）委托人民法院必须向受委托的人民法院提交委托调查书，必须提出明确的委托项目和要求，以便受委托的人民法院顺利地开展调查工作，将调查工作圆满完成。（4）受委托的人民法院办理委托调查事项时，要认真负责，像承办自己的案件一样。在调查过程中，如果对委托调查项目中未包括的事项，发现新情况、新问题，而又有调查的必要时，受托的人民法院可以根据案件的情况和自己在调查中发现的情况主动补充调查。（5）受托人民法院必须在收到委托书后三十日内完成调查。因故不能完成的，应在三十日内函告委托人民法院。

二、关于环境资源案件集中管辖制度

环境资源案件集中管辖制度是环境资源审判特有的制度，改革完善环境资源案件管辖制度是环境资源司法改革和工作机制专门化的重要内容。党的十八届四中全会通过的《中共中央关于全面推进依法治国若干重大问题的决定》提出，探索设立跨行政区划的人民法院和人民检察院，办理跨地区案件。《最高人民法院关于全面深化人民法院改革的意见——人民法院第四个五年改革纲要（2014-2018）》确定，要改革环境资源案件管辖制度。2016年5月在京津冀法院联席会议领导小组第一次会议上提出积极探索环境资源案件的集中管辖或者专门管辖机制，探索在京津冀地区建立跨区划环境资源案件集中管辖制度，促进司法裁判的统一，破解地区经济社会发展壁垒，服务和保障京津冀绿色发展。根据环境资源案件特点，特别是适应京津冀、三江源、长江经济带等重点区域的环境资源保护需要，积极推进环境资源案件的集中管辖、专门管辖或者提级管辖机制，有效解决跨行政区划污染以及环境资源审判领域的主客场问题，促进重点区域环境质量持续改善，成为人民法院环境资源案件管辖机制改革的重要任务。

近年来，最高人民法院指导各级人民法院积极探索建立与行政区划适当分离的环境资源案件管辖制度，逐步改变以行政区划确定管辖以致分割自然形成的流域等生态系统的模式，着眼于从水、空气等环境因素的自然属性出发，结合各地的环境资源案件量，探索设立以流域等生态系统或者以生态功能区为单位的跨行政区划环境资源专门审判机构，实行对环境资源案件的集中管辖，有效审理跨行政区划污染等案件，有效避免地方保护主义对审判的干预，实现同一生态系统内法律适用标准的统一，破解环境保护"主客场"问题。各地法院根据生态环境治理需要和环境资源案件特点，探索以流域、森林、湿地等生态系统及国家公园、自然保护区等生态功能区为单位的跨行政区划集中管辖，有效实现系统保护、整体治理。完善环境资源审判刑事、民事、行政审判职能"三合一"体制，综合运用刑事、民事、行政法律手段惩治破坏环境资源保护犯罪，充分发挥环境资源刑事审判惩治和教育功能，民事审判救济和修复功能，行政审判监督和预防功能，完善环境公益诉讼、生态环境损害赔偿诉讼，形成生态环境保护的"中国之治"，打好"组合拳"。推进以湿地、森林、海洋等生态系统，或者以国家公园、自然保护区等生态功能区为单位的环境资源案件跨行政区划集中管辖，推广人民法院之间协商联动合作模式，努力实现一体化司法保护和法律统一适用。

目前，集中管辖制度已在全国范围内广泛推行，并朝着协同化发展，不断推动生态系统整体保护和系统治理。人民法院内部协同机制改革成果显著，集中管辖法院与非集中管辖法院之间的协调配合正在逐步加强。部分法院探索加强流域内集中管辖和非集中管辖法院之间以及集中管辖法院内部的协同配合，探索建立协调协作机制，非管辖法院为管辖法院异地巡回审判做好庭审场地、技术、安全等保障工作，承担非诉行政执行案件的审查执行；探索解决跨行政区划集中管辖给当事人带来的不便，规定非集中管辖法院所在地当事人提起环境资源诉讼的，均可到当地法院办理起诉手续，通过网上立案机制，将材料发送到集中管辖法院进行审核处理；探索对于被告人羁押的刑事案件，管辖法院到被告人羁押地的法院开庭审理；探索由管辖法院委托污染环境、破坏生态行为发生地人民法院负责执行公益诉讼案件、生态环境损害赔偿诉讼案件涉及赔偿金额等财产判决项，以及刑事案件的罚金、没收违法所得、环境修复等相关执行事项。

下一步，结合生态环境保护需要和环境资源案件特点，人民法院将积极探索多元化跨行政区划集中管辖模式，继续努力实现生态环境整体保护和系统治理。结合机构改革要求和集中管辖实际，深入调研，妥善确定、及时调整环境资源案件跨行政区划集中管辖法院和管辖范围，依托跨域立案、在线诉讼等规则，促进集中管辖与诉讼便利之间的协同增效，加强集中管辖和非集中管辖法院之间、法院与公安机关、检察机关之间的协调配合。结合国家发展战略要求和顶层设计安排，继续探索在京津冀、长江上游等重点区域实行跨省级行政区划集中管辖，推动生态系统协同治理和一体保护。

三、关于环境资源案件集中管辖法院委托调查收集证据

在实际调研中发现，可能存在个别非集中管辖法院不积极配合集中管辖法院开展相关工作的情况，因此在《民事诉讼法》第一百三十四条关于人民法院委托调查收集证据的程序性规定的基础上，结合环境资源审判集中管辖制度的特点，编写本条内容，旨在强调非集中管辖法院有义务协助集中管辖法院开展调查取证工作，加强集中管辖法院与非集中管辖法院之间的协同配合，促进解决相关实际问题，使调查取证落地落实。

本条规定："实行环境资源案件集中管辖的法院，可以委托侵权行为实施地、侵权结果发生地、被告住所地等人民法院调查收集证据。"这是关于委托法院范围的规定，《民事诉讼法》第一百三十四条中规定的委托调查的人民法院范围比较广泛，没有作特别限定。笔者认为在环境资源案件中，被委托法院并不限于侵权行为实施地人民法院，还包括侵权结果发生地、被告住所地人民法院，并且用"等"字概括可能存在的其他情况。

本条规定："受委托法院应当在收到委托函次日起三十日内完成委托事项，并将调查收集的证据及有关笔录移送委托法院。受委托法院未能完成委托事项的，应当向委托法院书面告知有关情况及未能完成的原因。"这是关于程序和时限要求的规定，受托人民法院收到委托函后，即应按照《民事诉讼法》第一百三十三条规定的法定程序进行调查。本条规定受委托的人民法院应在接到委托函次日起三十日内完成调查任务，并将调查收集的证据及有关笔录移送委托法院。如果在法定期限内，由于各种原因，确实不能完成调查任务的，应及时书面告知委托人民法院，这样有助于提高委托调查的质量和效率。

【审判实践中需要注意的问题】

司法实践中，个别非集中管辖法院对集中管辖法院委托的调查工作不够重视，有的甚至无故拖延。尤其是实施环境资源案件集中管辖后，部分非集中管辖法院的环境资源案件业务量大量减少，受考评指标、审判业绩等因素影响，因此对受委托调查事宜不够积极。当然，由于委托人民法院的原因而导致调查事项不能完成时，应由委托人民法院负责。例如，委托函和委托调查书中所列调查事项不明，无法进行调查等。总之，委托调查是地方各人民法院之间加强合作的表现，各人民法院应增强大局意识，加强相互之间的协同、配合，共同完成好国家赋予的审判职能任务。

【法条链接】

《中华人民共和国民事诉讼法》（2023 年 9 月 1 日）

第六十六条 *证据包括：*

（一）当事人的陈述；

（二）书证；

（三）物证；

（四）视听资料；

（五）电子数据；

（六）证人证言；

（七）鉴定意见；

（八）勘验笔录。

证据必须查证属实，才能作为认定事实的根据。

第六十七条 当事人对自己提出的主张，有责任提供证据。

当事人及其诉讼代理人因客观原因不能自行收集的证据，或者人民法院认为审理案件需要的证据，人民法院应当调查收集。

人民法院应当按照法定程序，全面地、客观地审查核实证据。

第一百三十四条 人民法院在必要时可以委托外地人民法院调查。

委托调查，必须提出明确的项目和要求。受委托人民法院可以主动补充调查。

受委托人民法院收到委托书后，应当在三十日内完成调查。因故不能完成的，应当在上述期限内函告委托人民法院。

《最高人民法院关于适用〈中华人民共和国民事诉讼法〉的解释》（2022年4月1日）

第九十四条　民事诉讼法第六十七条第二款规定的当事人及其诉讼代理人因客观原因不能自行收集的证据包括：

（一）证据由国家有关部门保存，当事人及其诉讼代理人无权查阅调取的；

（二）涉及国家秘密、商业秘密或者个人隐私的；

（三）当事人及其诉讼代理人因客观原因不能自行收集的其他证据。

当事人及其诉讼代理人因客观原因不能自行收集的证据，可以在举证期限届满前书面申请人民法院调查收集。

第九十五条　当事人申请调查收集的证据，与待证事实无关联、对证明待证事实无意义或者其他无调查收集必要的，人民法院不予准许。

第九十六条　民事诉讼法第六十七条第二款规定的人民法院认为审理案件需要的证据包括：

（一）涉及可能损害国家利益、社会公共利益的；

（二）涉及身份关系的；

（三）涉及民事诉讼法第五十八条规定诉讼的；

（四）当事人有恶意串通损害他人合法权益可能的；

（五）涉及依职权追加当事人、中止诉讼、终结诉讼、回避等程序性事项的。

除前款规定外，人民法院调查收集证据，应当依照当事人的申请进行。

《最高人民法院关于民事诉讼证据的若干规定》（2019年12月25日）

第二十条　当事人及其诉讼代理人申请人民法院调查收集证据，

应当在举证期限届满前提交书面申请。

申请书应当载明被调查人的姓名或者单位名称、住所地等基本情况、所要调查收集的证据名称或者内容、需要由人民法院调查收集证据的原因及其要证明的事实以及明确的线索。

> 第十二条 【证据保全的考量因素】当事人或者利害关系人申请保全环境污染、生态破坏相关证据的，人民法院应当结合下列因素进行审查，确定是否采取保全措施：
> （一）证据灭失或者以后难以取得的可能性；
> （二）证据对证明待证事实有无必要；
> （三）申请人自行收集证据是否存在困难；
> （四）有必要采取证据保全措施的其他因素。

【条文主旨】

本条是关于人民法院在审理生态环境侵权民事案件中是否采取保全证据考量因素的规定。

【条文理解】

当事人对自己提出的主张，有责任提供证据，这是当事人进行民事诉讼需要承担的义务。一般情况下应当由当事人自行收集证据，只有在证据可能灭失或者以后难以取得的情况下，人民法院才能介入，为当事人提供救济措施。证据保全的目的在于事先防范，使证据经由法院的调查固定，从而避免因情势变化、物理上的变化等原因或者其他意外情况的出现而发生灭失或者无法使用的情形。证据保全的意义主要体现在两个方面：第一，促使裁判在事实认定上获得正确的结果。民事诉讼中原则上由当事人承担举证责任，如果当事人不能持有或提供适当的证据，有可能面临败诉的结果。因此，证据保全制度能够弥补当事人持有、提供证据能力上的缺陷，促使法院裁判获得较为真实、可靠的结果。第二，能够在一定程度上减少讼争的发生。民事争议的发生，一定程度上是由于双方当事人证据问题上信息不对称所致。如果证据能够完整保全，事实的查明就会更容易、准确，能够化解当事人对事实问题的分歧，在相当程度上会减少讼争的几率。

《民事诉讼法》第八十四条前两款规定，在证据可能灭失或者以后难以取得的情况下，当事人可以在诉讼过程中向人民法院申请保全证据，人民法院也可以主动采取保全措施。因情况紧急，在证据可能灭失或者以后难以取得的情况下，利害关系人可以在提起诉讼或者申请仲裁前向证据所在地、被申请人住所地或者对案件有管辖权的人民法院申请保全证据。根据该条规定，采取证据保全措施应当以下列条件作为前提：首先，应当在诉讼进行过程中采取诉讼证据保全措施。在诉讼开始之前，除利害关系人提出诉前证据保全申请外，人民法院不得主动采取证据保全措施。其次，被保全的证据必须是与案件待证事实有联系。对此，《民事诉讼法》第八十四条并没有明确规定。如果与案件待证事实没有任何联系，就没有保全的必要。但应当注意的是，人民法院只需要审查所要保全的证据与待证事实之间在形式上具有关联性即可，而实质上的关联性如何以及证据与待证事实之间所具有证明价值的大小和强弱则需要等到庭审质证之后才能得出结论，在诉讼证据保全程序中无法做到。最后，须证据可能灭失或者以后难以取得。所谓证据可能灭失，有的是由客观原因引起的。所谓证据以后难以取得，是指证据虽然不至于灭失，但如果不采取保全措施，将来获取它会遇到相当大的困难或者成本过高。

环境污染责任纠纷案件、生态破坏责任纠纷案件和生态环境保护民事公益诉讼案件中，环境污染、生态破坏的即时性、不可逆性，导致证据经常因自身的变化而灭失。在环境侵权、生态破坏责任纠纷案件中，可能需要保全的证据种类具体包括：（1）证明存在侵权行为的证据。企业排放的污染物会随着时间的推移而变化、消逝，如排入河流的废水，随着水流的流动，废水的浓度被稀释而降低，影响危害性的认定，从而需要检测、保全固定，以证明污染企业排放过何种程度的污染物。（2）证明损害后果的证据。污染损害后果可能会随着时间的推移变质、消逝，如被污染水域死亡的鱼类腐烂、被污染的农作物枯萎等。（3）证明侵权行为与损害后果之间存在因果关系的证据等。因此，及时保存固定相关证据，对维护污染受害人的合法权益非常重要。

为了避免因证据灭失或者以后难以取得的情况出现，影响案件事实的认定，审判实践中，常常采取证据保全的措施对证据加以固定。例如，环保公益组织诉定扒造纸厂（以下简称定扒纸厂）水污染责任纠纷案中①，定扒纸厂自 2003 年起经常将生产废水偷偷排入南明河或超标排放锅炉废气，多次受到当地环境保护行政主管部门处罚。但该纸厂仍采取夜间偷排的方式逃避监管，向南明河排放污水。环保公益组织为此提起诉讼，请求判令定扒纸厂立即停排污水，消除危险并支付原告支出的合理费用。人民法院受理案件的同时，即依原告申请采取了拍照、取样等证据保全措施，固定了证据，并裁定责令定扒纸厂立即停止排污。在这起水污染案中，由于污染

① 《最高人民法院发布环境资源审判典型案例》，载最高人民法院网站，http://gongbao.court.gov.cn/Details/70ccd5c3531e01a77df567d978cbe1.html，2023 年 8 月 17 日访问。

企业采取夜间偷排的方式逃避监管，该排污行为较为隐蔽，如果不采取保全措施，将来获取它会遇到相当大的困难。由于采取拍照、取样等证据保全措施，固定了证据，法院委托环境中心监测站对定扒纸厂排放的废水进行取样检测，废水中氨氮含量等指标均严重超过国家允许的排放标准，其排污口下游的南明河水属劣五类水质。定扒纸厂取得的排污许可证载明，其能够排放的污染物仅为二氧化硫、烟尘等，不包含废水，但定扒纸厂却采取白天储存、夜间偷排的方式，利用溶洞向南明河排放严重超标工业废水，从直观上、实质上都对南明河产生了污染，严重危害了环境公共利益，一审据此认定定扒纸厂应当承担侵权民事责任，遂判令定扒纸厂立即停止向南明河排放污水，消除对南明河产生的危害，并承担原告合理支出的律师费用及基金会垫付的检测费用。此外，还有环保公益组织诉某生物制剂公司环境污染公益诉讼案，法院受理案件后即作出证据保全裁定和行为保全裁定。该案中，人民法院联合环保部门第一时间赶赴现场制止污染、固定证据，并在诉讼过程中，充分利用环保部门的专业力量为司法审判提供鉴定、检测、验收等服务，确保了被告环境整改行为符合法律规定，最终实现了环境司法整治污染，保障了生态环境的健康与安全的根本目标。①

---

① 中华环保联合会诉某生物制剂公司环境污染公益诉讼案系 2014 年无锡法院环境保护审判六大典型案例之一，载 "无锡市中级人民法院" 微信公众号，https：//mp. weixin. qq. com/s/1Kc54sBYn_ YJNu33ZdMTvQ，2023 年 8 月 17 日访问。其基本案情如下：某生物制剂公司濒临太湖，背靠农田，紧邻太湖流域生态红线一级管控区。据周围群众多次举报，该公司在生产期间，经常将生产废水通过雨水沟排放到厂区外的沟渠，外排的废水 COD（化学需氧量）、氨氮、总磷等污染物使空气中弥漫刺鼻味道。中华环保联合会接群众举报，多次派人实地考察后，于 2014 年 5 月 26 日作为原告向法院提起环境污染公益诉讼。接到案件后，法院立即作出证据保全裁定和行为保全裁定，并依托全市环境司法与行政执法联动平台，第一时间赶赴被告公司所在地采取强制措施，立即裁定某生物制剂公司停止环境违法行为，并进行证据保全以固定排污事实。审理中，法院继续加大司法监管力度，在环保部门的配合下，要求某生物制剂公司就其生产中存在的污染问题进行整改，并自觉接受环保部门的监督和验收。最终涉案环境污染问题得到圆满解决。环境污染的即时性、不可逆性要求环保审判运用司法力量，并依托地区环境司法与行政执法联动平台，高效率制止环境违法行为。

除证据灭失或者以后难以取得的可能性因素外，本条第二项、第三项、第四项还规定了证据对证明待证事实有无必要、证据是否可由申请人自行收集等考量因素，旨在防止证据保全制度被滥用。申请保全的证据在形式上对于案件事实的证明有意义，即保全的证据与待证事实之间在形式上具有关联性。当然，在证据保全程序中，法院审查所保全的证据是否与案件具有关联性，是否具有证明力，只是一种初步审查，法院只要认为有污染侵权的可能性即可。至于实质上是否相关联、证明价值大小，属于证据实质审查的问题，并不在法院审查证据保全申请的考虑之列。被保全的证据最终是否对待证事实有证明力，是否具备关联性，是质证与证据采信程序中的工作。

在起草本司法解释征求意见的过程中，有关部门对本条第三项提出意见，认为《民事诉讼法》并未规定在申请证据保全时，要考虑证据是否可以由当事人自行收集，征求意见稿该条规定是否合适，建议进一步研究。经研究认为，强化当事人举证，弱化和规范法院调查收集证据职能，一直是我国民事诉讼制度改革的方向。根据《民事诉讼法》第六十七条，《民事诉讼法司法解释》第九十四条、第九十六条的规定，证据原则上应当由当事人调查收集，对法院依职权调查收集证据进行了严格控制。实践中存在当事人以申请证据保全之名行申请法院调查收集证据之实，导致证据保全之"固定证据"功能发生异化。基于此，如果当事人能够对证据进行调查收集，即不应申请法院予以保全。并且，《最高人民法院关于知识产权民事诉讼证据的若干规定》第十一条亦有相同规定，故经过审委会讨论未予删除。

【审判实践中需要注意的问题】

在民事诉讼中，证据保全的主体是人民法院。人民法院经由当事人申请或者依职权采取证据保全，以固定证明一定案件事实的证据，确保诉讼的顺利进行。其他任何机关和个人不能采取证据保全措施，否则可能妨碍公民的人身权或财产权，或者构成妨碍诉讼的行为。

当事人须书面提出证据保全申请。《民事诉讼证据规定》第二十五条第一款规定："当事人或者利害关系人根据民事诉讼法第八十一条的规定申请证据保全的，申请书应当载明需要保全的证据的基本情况、申请保全的理由以及采取何种保全措施等内容。"要求申请人以书面方式提出申请，主要考虑对证据的保全行为涉及诉讼的实体内容，对当事人的权利影响较大，故在程序上应当较为正式。申请书的内容可以参考《海事诉讼特别程序法》第六十五条的规定，即应当载明请求保全的证据、该证据与诉讼请求的联系、申请理由。法院审查申请人的申请理由是否充分，从而作出是否采取证据保全措施的裁定。这里需要注意的是，如果法院准许举证期限延期的，当事人申请证据保全的时间相应延长。

对于诉前申请证据保全的，由于此时还尚未进入民事诉讼程序，不能称之为当事人，而应称为利害关系人。在利害关系人提起诉讼或者申请仲裁前进行诉讼证据保全，可以防止证据的灭失或者难以取得，避免进行诉讼或者仲裁后的后续举证困难，也可以使欲主张权利的人在起诉或者仲裁前即能收集到相关证据，从而有助于当事人清楚了解争议事实的实际状况，进而更能接受调解或者和解，促进纠纷的顺利解决。同时，通过诉前证据保全，在进入诉讼或者仲裁后双方当事人就某些争议事实能更快达成一致，审理时能减少争议，实现诉讼或者仲裁经济的目的。在公益诉讼案件办理过程中，人民检察院为维护国家利益和公共利益，在起诉之前发现证据可能灭失或者以后难以取得，为了避免提起诉讼之后举证困难，可以根据《民事诉讼法》的相关规定，提出诉前保全申请，由人民法院进行审查判断予以确定。

在审查当事人申请保全理由是否成立，应考量证据灭失或者以后难以取得的可能性；证据对证明待证事实有无必要；申请人自行收集证据是否存在困难；有必要采取证据保全措施的其他因素。此外，根据《民事诉讼法》第八十四条的规定，诉前证据保全与诉讼证据保全相较，往往还需要审查是否存在情况紧急的情形。这是考虑到纠纷尚未进入诉讼或者仲裁程序，为避免相关利害关系人滥用诉前证据保全措施，损害其他人的合法权益，强调在情况紧急、证据可能灭失或者以后难以取得，利害关系人不立即申请证据保全就可能使其合法权益难以得到保护的情况下，才能向人民法院申请诉前证据保全，否则，就应当在诉讼或者仲裁过程中申请诉讼保全。是否情况紧急，应当由人民法院根据实践具体情况进行分析判断。情况紧急是指环境污染行为具有突发性或者持续时间较短，证据可能灭失或者以后难以取得。即如不采取保全措施，证据将不复存在，或者即使存在以后也难以调取。证据灭失的原因可能是客观原因所致，也可能是人为因素所致。前者如被污染的水体具有流动性，采集证据有时间和地点要求，一旦错过采证期间，则无法再收集到证据或者即使收集到证据，也很难说明证据的客观性和关联性，使收集到的证据材料不具有证明力；后者如排污企业为了隐蔽排污事实，毁灭有关污染的物证、书证。只有当事人在申请书中对上述原因进行充分说明，人民法院才有基础审查申请保全的证据在形式上对于案件事实的证明是否有意义，以及保全的证据与待证事实之间在形式上是否具有关联性，并决定是否有必要采取证据保全措施。至于实质上是否有关联、证明价值大小，属于证据实质审查的问题，并不在人民法院审查证据保全申请的考虑之内。

【法条链接】

《中华人民共和国民事诉讼法》（2023 年 9 月 1 日）

第八十四条　在证据可能灭失或者以后难以取得的情况下，当事人可以在诉讼过程中向人民法院申请保全证据，人民法院也可以主动采取保全措施。

因情况紧急，在证据可能灭失或者以后难以取得的情况下，利害关系人可以在提起诉讼或者申请仲裁前向证据所在地、被申请人住所地或者对案件有管辖权的人民法院申请保全证据。

证据保全的其他程序，参照适用本法第九章保全的有关规定。

《最高人民法院关于适用〈中华人民共和国民事诉讼法〉的解释》（2022 年 4 月 1 日）

第九十八条　当事人根据民事诉讼法第八十四条第一款规定申请证据保全的，可以在举证期限届满前书面提出。

证据保全可能对他人造成损失的，人民法院应当责令申请人提供相应的担保。

《最高人民法院关于民事诉讼证据的若干规定》（2019 年 12 月 25 日）

第二十五条　当事人或者利害关系人根据民事诉讼法第八十一条的规定申请证据保全的，申请书应当载明需要保全的证据的基本情况、申请保全的理由以及采取何种保全措施等内容。

当事人根据民事诉讼法第八十一条第一款的规定申请证据保全的，应当在举证期限届满前向人民法院提出。

法律、司法解释对诉前证据保全有规定的，依照其规定办理。

《最高人民法院关于审理环境侵权责任纠纷案件适用法律若干问题的解释》（2020 年 12 月 29 日）

第十一条 对于突发性或者持续时间较短的环境污染、生态破坏行为，在证据可能灭失或者以后难以取得的情况下，当事人或者利害关系人根据民事诉讼法第八十一条规定申请证据保全的，人民法院应当准许。

《最高人民法院、最高人民检察院关于检察公益诉讼案件适用法律若干问题的解释》（2020 年 12 月 29 日）

第六条 人民检察院办理公益诉讼案件，可以向有关行政机关以及其他组织、公民调查收集证据材料；有关行政机关以及其他组织、公民应当配合；需要采取证据保全措施的，依照民事诉讼法、行政诉讼法相关规定办理。

《最高人民法院关于知识产权民事诉讼证据的若干规定》（2020 年 11 月 16 日）

第十一条 人民法院对于当事人或者利害关系人的证据保全申请，应当结合下列因素进行审查：

（一）申请人是否已就其主张提供初步证据；

（二）证据是否可以由申请人自行收集；

（三）证据灭失或者以后难以取得的可能性及其对证明待证事实的影响；

（四）可能采取的保全措施对证据持有人的影响。

第十三条　【证据保全中的利益影响最小化原则】在符合证据保全目的的情况下，人民法院应当选择对证据持有人利益影响最小的保全措施，尽量减少对保全标的物价值的损害和对证据持有人生产、生活的影响。

确需采取查封、扣押等限制保全标的物使用的保全措施的，人民法院应当及时组织当事人对保全的证据进行质证。

【条文主旨】

本条规定了证据保全的利益影响最小化原则。

【条文理解】

本条系在《民事诉讼证据规定》第二十七条基础上，对证据保全的利益影响最小化原则进行了更为详尽的规定。该原则是诉讼经济原则的应有之义，亦与证据保全的目的相契合。相较于财产保全，证据保全更为关注证据所载明的内容对证明案件事实的意义，本质上并不关注证据这一载体本身，只要能够达到前述目的，不一定非要限制证据的使用和流通。[①]

利益影响最小化原则系法院在审查决定是否进行证据保全、采用何种方法实施证据保全时普遍适用的一项原则，并非只适用于保全措施的具体选择。但本条规定的利益影响最小化原则，以法院采取的证据保全的具体措施为前提，目的在于要求法院在选择证据保

[①] 最高人民法院民事审判第一庭编著：《最高人民法院新民事诉讼证据规定理解与适用（上）》，人民法院出版社 2020 年版，第 290 页。

全方法的时候，采用对证据持有人利益影响最小的方式。

一、实现利益影响最小化原则的审查重点

实现利益影响最小化原则，要求法院在决定是否实施证据保全、实施何种证据保全方法之前，重点审查当事人提起的证据保全申请的合法性和必要性。

（一）合法性审查

主要包括申请人主体是否适格，受理证据保全申请的法院是否有管辖权，申请人是否提交了符合法定格式和内容要求的书面申请等。

关于法院对证据保全申请进行审查时，是否需要审查申请人是否符合起诉条件的问题，即是否审查申请人有能够将其诉讼请求和对方直接联系起来的基本证据。有观点认为，若申请人欠缺基本证据即进行证据保全，即在起诉很大可能不会成立的情形下，法院受理了其证据保全申请，可能导致证据持有人的财产损失，尤其是在被保全的证据使用价值或交换价值被限制的情形下，损失发生的可能性更大；同时，法院的证据保全行为事实上形成了一种协同证据保全申请人共同寻找、固定证据的结果，有违司法公正和中立。因此，证据保全的前提是诉前或诉中有证据可能灭失或以后难以取得的情况发生，其核心功能在于"保全"，保障证据的证明价值的顺利实现，而非"寻找"。但是法院对证据保全申请进行合法性审查时，要注意适度，不宜对申请人是否符合起诉条件课以过重的证明责任，否则就背离了证据保全制度的本意。

（二）必要性审查

主要包括被申请保全的证据是否可由当事人自行获取，是否可由公证机关进行保全，证据是否由对方当事人掌握，与案件是否存在关联性等。证据保全审查之必要性，是实现利益影响最小化原则的必然要求。在当事人申请对证据进行保全时，法院需要对保全行为有无必要进行审查，为证据持有人把好第一道关。

在证据保全的必要性审查中，尤其要注意证据与案件关联性的审查。无论是诉前证据保全还是诉中证据保全，最终都要在诉的程序中发挥其意欲发挥的作用。在合法性审查中需法院适当审查当事人是否符合起诉条件，亦是由证据保全审查与诉的关联性决定的。同样，申请人意图保全的证据，也应当与诉具备关联性，包括证据能力和证明力两个层次。丧失关联性的证据保全，其本身毫无意义，也可能给证据持有人在证据上的利益遭受本来可以避免的不必要的损害，同样背离了利益影响最小化原则的要求。即使证据持有人因此受损的利益可以得到一定救济，也无法改变其利益已经受损，且为挽救受损的利益还需要发生额外投入的事实。[1]

二、实现利益影响最小化原则需要选择合理的证据保全方法

根据《民事诉讼证据规定》第二十七条第二款的规定，证据保全的方法主要包括查封、扣押、录音、录像、复制、鉴定、勘验。同时，还要制作笔录。笔录中应当详细记载证据保全的时间、地点、方法、参加人员、书证或者物证等的主要特征以及证据保全的全部过程等详细内容，对于涉及国家秘密、商业秘密或者个人隐私的证

---

[1]　最高人民法院民事审判第一庭编著：《最高人民法院新民事诉讼证据规定理解与适用（上）》，人民法院出版社 2020 年版，第 291 页。

据，应当特别注明，注意保密。

上述七种证据保全方法中，查封、扣押既是调查取证和证据保全的方法，也是执行措施。查封，是指对物经检查后，贴上封条就地封存，不准任何组织或个人动用。扣押，是指依法强行提取、扣留和封存与案件有关的物品或文件的行为。对物及时采取扣押措施，可以防止能够作为证据使用的物品或文件被隐匿、转移或毁损、灭失，保证其能够正常地作为证据在案件中使用，发挥其证明案件事实的作用。对于房产、有价证券等采取查封、扣押措施进行证据保全的，不仅限制了保全标的物的使用，也因限制流通导致错过交易时机可能会对财产交易价值造成影响。因此，根据对证据持有人利益影响最小化的原则要求，在能够采取其他方式固定证据，又对证据的证明价值而言不致产生更多损害的情况下，应尽量少采用上述两种证据保全方法。当然，对于特定案件的特定书证、物证存在被隐匿、毁坏或灭失风险的情况，为了保证证据不被转移或损坏，也可以裁定采取查封或者扣押的证据保全方法，在此情况下，应当参照财产保全的执行方式，同时向持有证据的单位或者个人发出协助执行通知书。

三、实现利益影响最小化原则需要及时组织双方就保全证据进行质证

在证据质证结束后，即可解除证据保全措施，留取复制件存档备查即可。而财产保全，则需到判决生效时解除甚至转至执行措施。

四、实现利益影响最小化原则需要防止对证据持有人的利益造成损害

(一) 责令申请人提供担保

根据对证据持有人利益影响最小化的原则要求，为了防止对证据持有人利益造成损害，《民事诉讼证据规定》第二十六条第一款规定，当事人或者利害关系人申请采取查封、扣押等限制保全标的物使用、流通等保全措施，或者保全可能对证据持有人造成损失的，人民法院应当责令申请人提供相应的担保。

证据保全是在特定情形存在的时候，为保存证据可以证明可能发生或已发生案件事实的证明价值而设立的一种制度。证据保全的目的在于保护证据，确定事实，其以保障证据、保全申请人的程序权利为核心。要求当事人在特定情形下为证据、保全提供担保，也是促使申请人在提出证据保全申请时，事先主动予以合理、审慎地衡量，防止申请人滥用权利的举措。

担保方式或者数额由人民法院根据保全措施对证据持有人的影响、保全标的物的价值、当事人或者利害关系人争议的诉讼标的金额等因素综合确定。鉴定、勘验的方法，如果可能对证据本身的财产价值造成损害的，也属于应当提供担保的情形。

根据《最高人民法院关于人民法院办理财产保全案件若干问题的规定》第六条第一款的规定，申请保全人或第三人为财产保全提供财产担保的，应当向人民法院出具担保书。担保书应当载明担保人、担保方式、担保范围、担保财产及其价值、担保责任承担等内容，并附相关证据材料。第二款规定，第三人为财产保全提供保证担保的，应当向人民法院提交保证书。保证书应当载明保证人、保

证方式、保证范围、保证责任承担等内容，并附相关证据材料。参照该规定，为证据保全提供担保的，可以由申请保全人和第三人提供物保，包括抵押、质押等，担保方式不仅限于现金担保，也可以用实物作为担保，还可以由专业的担保公司来提供担保；也可以由第三人提供保证担保。

证据保全中不存在具体的财产数额，提供担保的数额也无法直接与保全数额挂钩，保全的证据价值往往也很难判断，且与当事人诉讼请求并没有明确的直接联系。因此，在判断证据保全担保数额时，不能直接以请求保全数额作为参照标准，要注意将保全措施对证据持有人的影响和保全标的物本身的价值作为考虑因素，同时，当事人或者利害关系人争议的诉讼标的金额也可以作为考量因素之一。[①]

（二）造成财产损失的承担赔偿责任

为了保护证据持有人的合法利益，《民事诉讼证据规定》第二十八条规定，申请证据保全错误造成财产损失，当事人请求申请人承担赔偿责任的，人民法院应予支持。证据保全制度的目的在于事先防范，使证据经由法院的调查固定，从而避免因情势变化、物理上的变化等原因或者其他意外情况的出现而发生灭失或者无法使用的情形，导致案件事实难以查明。申请证据保全是当事人重要的诉讼权利。依当事人申请裁定的证据保全，虽系人民法院对申请进行形式审查后作出的司法措施，但其前提和基础是当事人的证据保全申请。如因申请保全人权利行使不当，造成他人财产损失的，应由申请保全人承担侵权损害赔偿责任。

---

① 最高人民法院民事审判第一庭编著：《最高人民法院新民事诉讼证据规定理解与适用（上）》，人民法院出版社 2020 年版，第 282 页。

申请保全人因其申请证据保全错误，给证据持有人造成损失的，二者之间形成的是侵权损害赔偿关系。侵权损害赔偿责任的构成要件为：

1. 申请证据保全错误。即申请人对证据保全错误结果的形成，存在故意或者重大过失的过错情形。亦在对因证据保全错误而引起的侵权责任的具体认定上，应当适用过错责任作为其归责原则。申请保全人在申请证据保全的过程中，如已经尽到了一般注意义务，即使对方的合法民事权益确实遭受了损失，其也不必为此承担责任。但是，假如申请保全人在行使权利过程中，未能尽到一般注意义务，或者明知存在诸如关联性、必要性欠缺的情况，则申请人保全人需为因此产生的损害承担损害赔偿责任。需要说明的是，证据保全错误和当事人的后续诉讼结果不能画等号，即判断申请人申请证据保全是否存在过错，不能简单地以申请人的诉讼请求或者抗辩主张是否得到支持作为判断标准。

2. 因证据保全错误而给证据持有人造成财产损失。即证据保全错误与财产损失之间应当有因果关系。由于证据保全的目的主要是查证案件事实，并不关注证据本身物的价值，因此，在符合证据保全目的的情况下，法院应当选择对证据持有人利益影响最小的保全措施。一般来讲，复制、录音、录像等证据保全方式，不会对证据持有人造成财产损失，因此，即使申请人存在过错，亦不应承担赔偿责任。在采用"鉴定"这一证据保全方式的情况下，可能存在因鉴定需要使用证据，导致证据持有人暂时不能使用或者进行下一步交易，存在一定的财产损失，此种情况下应当由证据持有人承担举证证明责任。对证据持有人利益影响最大的为查封、扣押的证据保全方式，但即使采取查封、扣押的方式，也应当尽量以不影响证据持有人的使用或者通过尽快完成证据举示和质证过程，减少对举证持有人的影响为前提，因为证据保全毕竟不同于财产保全，只要完成查证事实的目的，即可终结，不需要一直持续至诉讼结束。

3. 因侵权导致的财产损害赔偿，以全面赔偿为原则，即对致害人的侵权行为，无论行为人主观上是出于故意或过失，也无论行为人是否受刑事、行政制裁，均应根据造成损害的大小确定民事赔偿的范围，使受害人处于损害事故没有发生时应处的状态。[①] 为了体现公平原则，不背离民事侵权责任损失填补的基本原则，不给证据保全制度设置运行障碍，赔偿损失的范围应以实际财产损失为限较为适宜。实际财产损失范围的确定应综合考量保全行为对被申请人的经济运转影响、被保全财产效用、被申请人对被保全财产的依赖程度、市场行情、被保全的时间等因素。此外，在具体损失数额确定之后，还应当综合考虑申请保全人与证据持有人对实际产生的损失的过错程度，确定最终的损害赔偿数额。

五、利益影响最小化原则的具体案例分析

环保公司诉称，其经过大量探索研究，耗资数千万元，成功研发出新一代超高压压滤机 STC 系列产品（STC，Slime Turnsinto Coal，煤泥变成煤），能够助力煤炭企业突破行业瓶颈，实现节能提效新格局，并采用商业秘密的形式对该技术进行保护。被申请人煤业公司使用了环保公司的技术秘密，给环保公司造成了重大经济损失，故诉至法院。同时环保公司向法院申请证据保全，请求对煤业公司案涉超高压压滤设备以采取查封、制作勘验笔录、绘图、拍照、录音、录像等方式进行证据保全，并对设备操作手册、维修手册、设计生产图纸进行复制。环保公司已提供保险公司出具的无条件不可撤销连带赔

---

① 马俊驹、余延满：《民法原论》，法律出版社 2016 年版，第 1027 页。

偿责任保证保函作为担保，责任限额为 200 万元。

受诉法院经审查认为，在证据可能灭失或者以后难以取得的情况下，当事人可以在诉讼过程中向人民法院申请保全证据。遂裁定支持了环保公司的保全申请。煤业公司不服，提出复议申请。该院经审查认为，首先，本案裁定保全的设备明确为位于煤业公司控制之下的涉案超高压压滤设备，该设备虽整体尺寸较大，难以藏匿或灭失，但该设备所采取技术方案和相关技术特征，若不采取相应措施加以保全固定，并不能排除将来遭到调整、修改、破坏等导致证据原始形态难以取得的情形出现；其次，本案裁定进行保全的设备正如煤业公司所述系涉案设备的生产厂家制造、销售，并处于煤业公司控制之下，至于是否向煤业公司完成移交所有权手续，并不影响对被控侵权设备采取证据保全的措施；再次，本案证据保全仅保全涉嫌侵犯商业秘密的设备，证据保全申请人所提供保证金数额，是法院根据被申请人提供设备价值的比例确定，若煤业公司认为保证金数额不足，应提供购买设备的实际价值，根据保全申请人的承诺，法院可以要求环保公司提高相应保证金额；复次，证据保全采取的查封措施，是为了对被控侵权人的侵权产品进行证据固定，并不影响煤业公司对涉案设备的正常使用，且煤业公司自述该设备"尚未投入使用""已采购且尚未移交所有权"，故不存在对其生产经营活动造成不利影响的事实发生；最后，煤业公司提出其为国有企业，对设备采购和使用有严格的规章制度，因企业性质并非判断是否采取证据保全措施的条件，故其此项复议理由同样不能成立，故驳回煤业公司的复议请求。①

证据保全措施应当符合比例原则，应选择对证据持有人利益影响最小的保全措施，充分考虑保全措施对被申请人的影响。若强行

---

① 西安中院 2021 年十大知识产权典型案件之一，载西安市中级人民法院网站，http：//xazy. sxfywcourt. gov. cn/article/detail/2022/04/id/6657658. shtml，2023 年 8 月 22 日访问。

采取保全措施将会对被请求人的生产经营造成严重影响，此时证据保全将不具有实施的可能性；反之，若采取保全措施不会对被请求人的生产经营造成严重影响，人民法院则应采取证据保全措施。本案中，正如复议裁定所言：采取的查封措施，是为了对被控侵权人的侵权产品进行证据固定，并不影响复议申请人对涉案设备的正常使用，且复议申请人自述该设备"尚未投入使用""已采购且尚未移交所有权"，故不存在对其生产经营活动造成不利影响的事实发生。

【审判实践中需要注意的问题】

1. 对于采取录音、录像、勘验、复制等证据保全措施的情形，因并未影响证据本身的使用，一般也无需再下达解除保全措施的裁定。但是对查封、扣押、鉴定等证据保全措施，尤其是有的情况需要向持有证据的单位或个人下达协助执行通知书，因此，在证据保全的目的完成后，一般应当下达解除保全措施的裁定。

2. 确需采取查封、扣押等限制保全标的物使用的保全措施，法院应尽早组织当事人进行质证，不需要等待正式开庭。若庭前质证程序中已经完成了证据固定、质证，则可解除保全。

【法条链接】

《最高人民法院关于民事诉讼证据的若干规定》（2019 年 12 月 25 日）

第二十六条　当事人或者利害关系人申请采取查封、扣押等限制保全标的物使用、流通等保全措施，或者保全可能对证据持有人造成损失的，人民法院应当责令申请人提供相应的担保。

担保方式或者数额由人民法院根据保全措施对证据持有人的影

响、保全标的物的价值、当事人或者利害关系人争议的诉讼标的金额等因素综合确定。

第二十七条 人民法院进行证据保全，可以要求当事人或者诉讼代理人到场。

根据当事人的申请和具体情况，人民法院可以采取查封、扣押、录音、录像、复制、鉴定、勘验等方法进行证据保全，并制作笔录。

在符合证据保全目的的情况下，人民法院应当选择对证据持有人利益影响最小的保全措施。

第二十八条 申请证据保全错误造成财产损失，当事人请求申请人承担赔偿责任的，人民法院应予支持。

《最高人民法院关于人民法院办理财产保全案件若干问题的规定》（2020年12月29日）

第六条 申请保全人或第三人为财产保全提供财产担保的，应当向人民法院出具担保书。担保书应当载明担保人、担保方式、担保范围、担保财产及其价值、担保责任承担等内容，并附相关证据材料。

第三人为财产保全提供保证担保的，应当向人民法院提交保证书。保证书应当载明保证人、保证方式、保证范围、保证责任承担等内容，并附相关证据材料。

对财产保全担保，人民法院经审查，认为违反民法典、公司法等有关法律禁止性规定的，应当责令申请保全人在指定期限内提供其他担保；逾期未提供的，裁定驳回申请。

《最高人民法院关于知识产权民事诉讼证据的若干规定》（2020年11月16日）

第十二条第一款 人民法院进行证据保全，应当以有效固定证据为限，尽量减少对保全标的物价值的损害和对证据持有人正常生产经营的影响。

> 第十四条 【调查收集、保全、勘验证据应当遵守技术规范】人民法院调查收集、保全或者勘验涉及环境污染、生态破坏专门性问题的证据，应当遵守相关技术规范。必要时，可以通知鉴定人到场，或者邀请负有环境资源保护监督管理职责的部门派员协助。

【条文主旨】

本条是关于人民法院调查收集、保全证据或者进行勘验应当遵守技术规范的规定。

【条文理解】

生态环境侵权诉讼涉及较多的专门性问题，法院认定相关事实往往需要通过鉴定等专家证据来实现，因此检材获取的科学性、完整性尤为重要。本条规定旨在避免涉及专门性问题的证据的法律价值、证据价值被破坏。

一、人民法院调查收集、保全、勘验证据的科学性要求

由于证据往往由不同类型的材料所构成，不同材料在不同环境下可能会发生变质，导致证据的性状发生改变，无法再充分证明案件事实，因此不同的证据应当注意采取不同的方式妥善保管。如手印、足迹、特定的物品上的痕迹通过其表面特征来反映案件事实，因此保管的时候应注意不要破坏其表面痕迹；毒物、血液、爆炸物等是以自身内部的理化构造及其相应功能来证明案情的真实情况，

保管的时候应避免其发生腐化变质。因此，不同的物证应该用不同的方法与手段来收集、固定和保全。① 因环境资源类案件大多需要依靠科学鉴定作为认定事实、作出裁判的主要依据，人民法院在调查收集、保全或者勘验涉及环境污染、生态破坏专门性问题的证据时，则应妥善收集保存污染环境时间节点的样本、环境破坏的痕迹等相关证据，以保证检材的科学性和完整性。

　　从科学证据的形成过程来讲，科学证据的形成必然要经过专家对证据进行提取、保存、鉴定、提交，在此四个环节中都有可能出现导致科学证据失真的因素。例如，在提取环节，有可能勘验、检查主体不具有合法性，勘验人员不具备勘验检查的专业知识和专业技能导致对现场证据污染，从而影响科学证据的检材质量。一旦检材被污染，且无法完全复现物证原貌，可能会使极其重要的证据即便经过鉴定，也无法还原原本储存、载荷的案件信息，导致丧失应有的证明效果。司法鉴定质量管理的核心在于司法鉴定人和司法鉴定方法。司法鉴定质量管理的溯源性，首先就在于鉴定人和鉴定方法的溯源性。② 因此，溯源性问题应当引起人民法院的高度重视，特别是一些可能存在争议，或者需要通过科学技术手段才能为大众所认知其证明力的相关证据，必须要确保取证和保存过程的科学性，从而确保相关材料的获得未受到污染。

　　对于人民法院调查收集证据的技术要求，《民事诉讼法》对证据收集的技术性要求未作明确的规定，《民事诉讼证据规定》第二十条、第二十一条、第二十二条、第二十四条对人民法院调查收集书证、物证、计算机数据或者录音、录像等视听资料以及摘录有关单

---

① 徐珊、王达：《关于加强公安民警物证保全意识的思考》，载《上海公安高等专科学校学报》2005年第2期。

② 姚利、李刚：《溯源性——司法鉴定质量管理的核心》，载司法部司法鉴定管理局编：《司法鉴定统一管理体制改革与发展研究文集》，中国政法大学出版社2016年版，第124页。

位制作的与案件事实相关的文件、材料的行为作了比较详细的规定，第二十七条、第三十二条、第三十三条、第三十四条、第四十三条、第四十四条对人民法院依法进行证据保全、委托鉴定、勘验现场、摘录资料进行了规定，对证据的收集、保全、勘验有着较好的指导意义。但是，由于现代科学技术的飞跃发展，证据的变造、伪造以及对相关证据的信息解读都大量涉及专门性问题的查明，仅凭法官的个人经验根本无法作出鉴别和认定。而对科学证据的溯源性要求，使得人民法院在收集相关证据材料的过程中必须严格遵守技术要求，尽最大可能杜绝证据污染的情况发生。对于提取证据或者收集相关材料的技术性要求，刑事侦查领域提的要求较多、较细。在收集、保全或勘验涉及环境污染、生态破坏专门性问题过程中可以借鉴。例如，《江苏省高级人民法院、江苏省人民检察院、江苏省公安厅印发〈常见毒品犯罪案件证据收集及审查指引〉的通知》第七条明确规定："办理毒品犯罪案件，查获的毒品是最重要的物证，侦查机关应当全面、及时查获毒品。侦查机关对查获的毒品应当编号封装、妥善保管，避免受污染。"该指引中的多个条文还对具体如何调查收集证据提供了行为规范，如第六条就对"收集证明犯罪嫌疑人实施毒品交易行为的相关证据"时应当注意的问题作了示范："侦查机关收集证明通信情况的相关证据，应当及时扣押犯罪嫌疑人的通信工具，制作扣押清单，并注意及时提取通信工具中保存的相关通信信息。扣押提取过程应当全程录音录像，制作扣押物品清单和笔录，并注明提取通信工具的串号、型号对应的通讯号码，微信、QQ的使用人信息等特征，由犯罪嫌疑人签字确认""犯罪嫌疑人、被告人对其语音通话存异议，现有证据不能证实具体通话人的，应当进行通话语音同一性的声纹鉴定""侦查机关提取到犯罪嫌疑人及其同案犯通信记录的，应当同时提取各通话记录的基站信息、漫游区域，以与证明犯罪嫌疑人行动轨迹的其他证据相互印证"等。又如,《浙江省高级人民法院、浙江省人民检察院、浙江省公安厅关于死刑案件证据收集审查等问题的若干规定》第二部分"各类证据的收集、固定、保管、移送、鉴定、审查判断"明确"收集、提取物证、书证,要采取现场勘查、搜查、扣押、调取等合法形式,并制作相关笔录或者扣押物品清单,载明物证、书证的特征、来源和收集过程",该文件第六十七条第三款规定:"对视听资料,应当审查形成的时间和条件、仪器设备状况、制作人、制作方法以及其他可能影响该资料真实性和关联性的各种因素,注意鉴别是否原件,有无伪造和编造,必要时可以进行鉴定。"这些技术性规范,为侦查机关在调查取证过程中的行为规范提出了明确要求,避免当事人就证据所载反映案件事实的信息在证据收集过程中遭到破坏或者污染提出异议,特别是防止这些可能遭受的破坏或者污染无法通过鉴定等技术手段进行修复,从而使相关证据丧失证明的效力。①

二、需要鉴定人及其他相关人员到场的情形

《民事诉讼法司法解释》第一百二十四条规定:"人民法院认为有必要的,可以根据当事人的申请或者依职权对物证或者现场进行勘验。勘验时应当保护他人的隐私和尊严。人民法院可以要求鉴定人参与勘验。必要时,可以要求鉴定人在勘验中进行鉴定。"根据该条款,人民法院在证据勘验过程中,可以要求鉴定人到场参与,当然存在"必要时"的前提条件。《民事诉讼法》第八十一条、《民事诉讼证据规定》第三十七条等对鉴定人到庭协助查明事实作出了规定,在当事人提出异议或人民法院认为必要时,人民法院可以要求

---

① 最高人民法院民事审判第一庭编著:《最高人民法院新民事诉讼证据规定理解与适用(上)》,人民法院出版社 2020 年版,第 266~267 页。

鉴定人到庭对鉴定意见的相关内容进行解释、说明或者补充。根据前述条款在当事人申请或人民法院认为有必要的情况下，可以通知鉴定人到场参与勘验、到庭辅助查明事实，那么，为保证人民法院调查收集、保全或者勘验检材的科学性、完整性，在当事人申请或者人民法院认为有必要的情况，通知鉴定人到场，亦具备合法性与合理性，也更有利于在前端解决检材及后续鉴定意见的科学性、完整性问题。

有关环境资源保护监督管理职责的规定，主要散见于《环境保护法》《大气污染防治法》《水污染防治法》《土壤污染防治法》等环境污染防治相关法律，负有环境保护监督管理职责的部门比较多，涉及发展改革、生态环境、自然资源、住房和城乡建设、林业草原、交通运输、水利、渔业、海事、卫生等多个行政主管部门。① 因此，人民法院在调查收集、保全及勘验证据的过程中可以根据相关法律规定应与相对应的部门沟通协调派员协助事宜。

综上，本条中"必要时"至少包括两层含义：一是当事人申请鉴定人到场，即当事人为保证获取检材的科学性和完整性，提出鉴定人到场协助调查收集、保全或者勘验的请求。二是人民法院认为有必要，人民法院认为有必要应至少包括以下两个方面：第一，调查收集、保全或者勘验证据属于认定案件事实的关键证据。第二，鉴定人到场对保证获取检材的科学性和完整性不可或缺。另外，人民法院在必要时除了可以通知鉴定人到场，还可以邀请负有环境资源保护监督管理职责的部门派员协助，一般情况下，应与相关行政部门沟通协调，确定派员范围为相关领域的专家或者具备相关资质的专业人员，因为如果是一般行政人员到场协助则对保证调查收集、

---

① 最高人民法院民法典贯彻实施工作领导小组编著：《中国民法典适用大全·生态环境卷（二）》，人民法院出版社 2022 年版，第 912~913 页。

保全或者勘验证据科学性和完整性意义不大。

【审判实践中需要注意的问题】

《民事诉讼证据规定》第二十四条"人民法院调查收集可能需要鉴定的证据，应当遵守相关技术规范，确保证据不被污染"的规定，对人民法院收集证据正式提出了技术性要求，但鉴于民事诉讼证据的多样性、来源的复杂性，故对如何收集不同种类的证据材料未作进一步规定。本条款在《民事诉讼证据规定》第二十四条的基础上，对人民法院调查收集、保全或者勘验涉及环境污染、生态破坏专门性问题的证据提出了科学性要求，但鉴于环境污染、生态破坏案件各类证据的复杂性、时效性等问题，也未作出相对具体的规定。实践中可以参考相关资料的种类所对应的技术标准和技术规范执行，或者通过邀请具有相关资质的人员或者鉴定人员协助审判人员进行调查收集、保全、勘验，以提高所调查收集、保全、勘验证据的科学性和完整性。但应注意虽然本条仅作出了原则性规定，在证据调查收集、保全和勘验的过程中还是要遵守一般的程序性规定。

（一）证据收集规范

《民事诉讼证据规定》第二十一条、第二十二条、第二十三条分别就人民法院调查收集书证、物证、视听资料和电子数据的收集规范作出了规定，大致包含以下两方面的内容：第一，尽可能调查收集原件、原物和原始载体，即要尽可能确保所调查收集证据的"原汁原味"，进而起到准确、全面地反映案件事实原貌的作用。第二，调查收集原件、原物和原始载体确有困难的，应当在调查笔录中说明来源和取证情况。既要详细说明原物情况，是灭失、受损还是其他情形导致无法获取；同时，还要说明调查取证的副本、复制品和复制件与原件、原物及原始载体之间的关系以及载明内容的实际情况。

（二）证据保全规范

《民事诉讼证据规定》第二十七条对人民法院进行证据保全作出了规定，大致包括以下三方面的内容：第一，参加人员。除法院相关负责人员外，还可以要求当事人或者诉讼代理人到场，确保保全的方式、范围等符合合法性要求。第二，保全方式。根据当事人的申请和具体情况，人民法院可以采取查封、扣押、录音、录像、复制、鉴定、勘验等方法进行证据保全，并制作笔录。第三，符合比例原则。在符合证据保全目的的情况下，人民法院应当选择对证据持有人利益影响最小的保全措施。

（三）证据勘验规范

《民事诉讼证据规定》第四十三条对人民法院勘验证据作出了规定，具体包括以下三方面内容：第一，人民法院的通知义务。人民法院应当在勘验前将勘验的时间和地点通知当事人。当事人不参加的，不影响勘验进行。第二，当事人的请求权利。当事人可以就勘验事项向人民法院进行解释和说明，可以请求人民法院注意勘验中的重要事项。第三，勘验程序性要求。人民法院勘验物证或者现场，应当制作笔录，记录勘验的时间、地点、勘验人、在场人、勘验的经过、结果，由勘验人、在场人签名或者盖章。对于绘制的现场图应当注明绘制的时间、方位、测绘人姓名、身份等内容。

（四）其他相关规范

《民事诉讼证据规定》第四十四条对证据摘录作出了规定，大致包括以下两方面的内容：第一，标明来源。摘录有关单位制作的与案件事实相关的文件、材料，应当注明出处，并加盖制作单位或者保管单位的印章，摘录人和其他调查人员应当在摘录件上签名或者盖章。第二，摘录完整性要求。摘录文件、材料应当保持内容相应的完整。

值得注意的是，遵守技术规范想要达到的目的至少应为所调查收集、保全、勘验的证据不被污染。而"不被污染"至少包含以下三层含义：第一，提取时效性。在具备修复受损环境和服务功能可能性的案件中，因环境污染、生态破坏案件的特殊性，如果不及时调查收集污染当时的证据，则很难保证所调查收集、保全、勘验证据对认定污染事实的作用。例如，水体或空气受到污染后，由于自身的自净功能，在一定时间后，水体标准或空气质量就会恢复正常，人民法院则无法再获取侵权人污染环境的证据。第二，保存特殊性。例如，在破坏野生动植物资源案件中，人民法院查获的野生动物活体、死体及衍生品等或珍稀植物物种时，需要不同的保存手段和方法，一旦保存失当，不仅对证据造成污染和破坏，还会对野生动植物造成二次损害。第三，证据标准差异性。环境资源案件涉及刑事、民事、行政三种诉讼类型，不同诉讼对证据的要求不同，实践中需根据不同的诉讼类型、不同的证据标准等因素，采用不同的技术规范，以保障所调查收集、保全、勘验证据不被污染。

【法条链接】

《最高人民法院关于民事诉讼证据的若干规定》（2019 年 12 月 25 日）

第二十四条 人民法院调查收集可能需要鉴定的证据，应当遵守相关技术规范，确保证据不被污染。

《最高人民法院关于适用〈中华人民共和国民事诉讼法〉的解释》（2022 年 4 月 1 日）

第一百二十四条 人民法院认为有必要的，可以根据当事人的申请或者依职权对物证或者现场进行勘验。勘验时应当保护他人的隐私和尊严。

人民法院可以要求鉴定人参与勘验。必要时，可以要求鉴定人在勘验中进行鉴定。

第十五条 【证据共通原则】当事人向人民法院提交证据后申请撤回该证据，或者声明不以该证据证明案件事实的，不影响其他当事人援引该证据证明案件事实以及人民法院对该证据进行审查认定。

当事人放弃使用人民法院依其申请调查收集或者保全的证据的，按照前款规定处理。

【条文主旨】

本条是关于证据共通原则的规定。

【条文理解】

民事诉讼法上的证据共通原则，一般是指当事人声明之证据，依其提出之证据资料，得据以为有利于他造或共同诉讼人事实之认定，该证据于两造间或共同诉讼人间，法院均得共同采酌，作为判决资料之基础，此项原则侧重于法院援用当事人提出之证据资料时，不受是否对该当事人有利及他造曾否引用该证据之限制，并得斟酌全部辩论意旨及调查证据之结果，在不违背论理及经验法则前提下，依自由心证判断事实之真伪"。在大陆法系国家和地区，证据共通原则作为法院利用证据资料认定案件事实的一项基本原则，并非立法上所确立的一项实定法上的原则，而是学说、判例所普遍承认的一项证据原则。[①]

民事诉讼中，当事人主张于己有利的事实的，应当提供证据证明。《民事诉讼法司法解释》第九十条第一款也规定，当事人对自己提出的诉讼请求所依据的事实或者反驳对方诉讼请求所依据的事实，应当提供证据加以证明。这是民事诉讼中举证责任的基本逻辑，也是行为意义举证责任的基本内涵。意味着当事人在诉讼中所提出的证据，均是其主观上所认为的于己有利、能够支持其事实主张的证据。从趋利避害出发，于己不利的证据当事人通常不会主动提供，甚至会实施阻碍对方当事人获取证据的行为。但有时出于诉讼策略失误、认识错误等原因，当事人提供的证据客观上对自己不利而对相对方当事人有利。这种情况下，人民法院能否仅从对证据提供者是否有利角度评价证据，还是在评价证据、认定事实时不考虑证据由哪一方当事人提供，在审判实践中曾经存在争论。在2001年《民事诉讼证据规定》起草过程中，有地方法院的法官就曾经提出，人民法院对于一方当事人提供的证据不能作出对相对方当事人有利认定的意见。由于当时民事诉讼职权主义观念在审判实践中有比较大的影响，多数人从人民法院认定证据的当然职权出发对这种观点持反对意见，并未从证据共通原则的角度进行深入讨论。2001年《民事诉讼证据规定》也并未对此作出规定。随着理论研究的深入和民事诉讼实践的发展，民事诉讼辩论主义观念被广泛接受，在2019年

---

① 占善刚：《民事诉讼中的证据共通原则研究》，载《法学评论》2012年第5期。

《民事诉讼证据规定》实施之后，实践中有人从辩论主义的角度出发，对人民法院评价证据、认定事实时不考虑证据由哪一方当事人提供以及对方当事人是否援用是、否符合辩论主义的要求提出疑问。因此，在起草本规定时增加了本条关于证据共通原则的规定，以回应审判实践中的疑问。本条规定的证据共通原则，其适用范围并不限于环境侵权民事诉讼领域，属于民事诉讼证据的一般原则，故本条规定也是对《民事诉讼证据规定》必要的补充。

一、证据共通原则的内涵和功能

当事人在诉讼中向法院提供的证据，不论是否对自己有利，均为"共通"的证据作为法院自由心证的基础，这是证据共通原则的基本内容。所谓证据共通，是指证据效果的共通，而非证据方法共通。在大陆法系国家和地区，证据方法是法官调查证据的对象，通常为当事人所提供的用以证明案件事实的资料。而证据效果，则是法官对证据方法，通过组织当事人质证、辩论等方式进行调查（审查）所形成的结论。民事诉讼中，当事人提出何种证据方法，以何种证据支持自己在事实上的主张，既与案件事实的特点密切相关，也取决于当事人的举证能力和诉讼能力。当事人对于证据方法的选择和提出，也是其处分权发挥作用的范畴，体现了比较鲜明的自主性。而证据效果作为法官对证据方法进行调查（审查）的结论，是法官自由心证的结果。在案件审理中，法官对同一事实所形成的心证是唯一的，不可能因提供证据的主体不同而并存不同的事实认定。因此，作为心证基础的证据，因案件事实对于当事人的共通而具有共通性。

根据证据共通利用的主体范围，证据共通原则分为两种基本类型，即对立当事人之间的证据共通原则和共同诉讼人之间的证据共通原则。所谓当事人之间的证据共通原则，是指"受诉法院对一方当事人提供的证据进行调查的结果不仅可以作为证明该当事人所主张的事实之证据资料，也可以作为证明对方当事人所主张的事实的证据资料"。① 在诉讼中，一方当事人所提出的证据，对方当事人可以援用该项证据主张法院作出于己有利的事实认定；法官在采信该项证据认定事实，作出有利于对方当事人的认定时，不以对方当事人主动申请或援引该项证据为条件。

所谓共同诉讼人之间的证据共通原则，是指在普通共同诉讼中，共同诉讼人一人提出的证据或对方当事人针对共同诉讼人一人提出的证据，无须其他共同诉讼人之援引，对于其他共同诉讼人可以作为受诉法院认定案件共通事实的证据资料。② 民事诉讼中的共同诉讼包括必要共同诉讼和普通共同诉讼两种类型。必要共同诉讼是指多数当事人一方共同起诉或应诉，法院对于作为诉讼标的法律关系的判断，必须在共同诉讼人之间合一确定的情形。由于必要共同诉讼中，共同诉讼人须意思表示一致或者共同诉讼人中一人的行为有利于全体时，其行为才能对其他共同诉讼人发生法律效力，因此，必要共同诉讼与一般的对立当事人诉讼并无本质不同。故在证据共通原则适用时，按照对立当事人之间的证据共通原则即可，不需要进行特别的讨论。而普通共同诉讼由于共同诉讼人对于诉讼标的法律关系并非共同，其实质上是数个独立诉讼的合并，其作为共同诉讼并非法律上的必要。共同诉讼人之间具有独立性，一人的诉讼行为对于其他共同诉讼人不发生法律效力。因此，证据共通原则在普通共同诉讼中能否发挥作用以及如何发挥作用，才有讨论的必要。故共同诉讼人之间的证据共通原则仅指普通共同诉讼的情形。按照理

---

① 占善刚：《民事诉讼中的证据共通原则研究》，载《法学评论》2012 年第 5 期。
② 占善刚：《民事诉讼中的证据共通原则研究》，载《法学评论》2012 年第 5 期。

论上的多数观点，法官对于相同事实必须作出同一认定，如果作出相矛盾的认定则有违诉讼的合理性，故作为法官认定事实基础的证据也应当具有共通性。在普通共同诉讼中，法院的证据调查是针对全体共同诉讼人同一进行的，共同诉讼人中一人提出的证据，即使其他共同诉讼人没有援用，也应当作为认定共通事实的根据。

证据共通原则对于促进民事诉讼的进行具有积极作用。其一，证据共通原则有利于促进发现案件真实。由于案件事实真相具有唯一性，法官在认定事实时如果只考虑对提出证据的当事人有利的判断，必然会导致判断结果偏离事实真相。证据共通原则可以使法官在判断证据时放弃考虑是否有利于提出证据当事人的预期，将全部证据作为自由心证的基础。从而对案件事实进行更为全面的判断，对于推动案件真实的发现具有积极意义。其二，证据共通原则有利于提高诉讼效率。证据共通原则使可以作为事实认定基础的证据只需要由当事人一次提出即可以作为法院审查判断的基础，避免由对方当事人重新提出而再次进行质证和辩论，有利于节省诉讼资源，提高诉讼效率。其三，证据共通原则对于共同诉讼中避免出现矛盾的事实认定也具有十分积极的意义。

二、证据共通原则的理论基础和意义

证据共通原则的理论基础是自由心证主义。现代各国大多以自由心证作为诉讼中事实认定的基本原则。自由心证是"法官在认定案件事实的过程中，对于证据方法（证据资格、证据适格）、证据资料以及事实推定等事项，法律一般不作规定，而是交由法官依照经验法则予以判断的原则"。[1] "系指对于何一证据方法得为法院所利

---

[1] 张卫平：《自由心证原则的再认识：制约与保障——以民事诉讼的事实认定为中心》，载《政法论丛》2017 年第 4 期。

用，某一证据调查结果得被评价为具有多少证据价值，系交由法院自由评价决定，而原则上不以法律规定之，亦即法院在认定成为判决基础之事实时，依据该事件审理中所呈现之一切资料，原则上委由法官自由判断其证据利用与否及证据价值高低，并形成一定之心证。"① 在自由心证主义之下，法官对于案件事实的认定建立在与事实相关联的全部证据基础之上。法官对于一方当事人所主张的事实如果只能以该当事人提供的证据为依据、对于一方当事人提供的证据只能作对其有利的认定，不仅会阻碍法官心证的形成，使法官对于事实的认定偏离事实真相，也不符合自由心证的基本要求。且同一事实所形成的心证结果具有唯一性，这种唯一性不能因提供证据的主体不同而有所割裂。因此，证据共通原则是自由心证主义之下的必然结果。就共同诉讼人之间的证据共通原则而言，由于合并为共同诉讼的各个诉之间存在事实上的关联性，而法官对于客观存在同一事实的认定仅能形成同一心证，如果不承认共同诉讼人之间的证据共通原则，法官对于共通事实的认定，会出现针对提供证据的共同诉讼人与未提供或者援用证据的共同诉讼人作出不同事实认定的情形。这显然背离了法官心证形成的实际，也有违同一事实应为同一判断的诉讼法理。而普通共同诉讼合并审理的目的，本来也是为避免法院对于同一事实分别进行不同认定这一不合理状态的出现。② 因此，共同诉讼人之间适用证据共通原则，既是自由心证主义的要求，也是民事诉讼实践的要求。

依证据共通原则，一方当事人提供的证据有利于对方当事人的，法官在对方当事人未援用该项证据的情况下作出对提供证据一方当事人不利的认定，是否符合辩论主义的要求。一般认为，辩论主义

① 姜世明：《证据评价论》，厦门大学出版社 2017 年版，第 2 页。
② 占善刚：《民事诉讼中的证据共通原则研究》，载《法学评论》2012 年第 5 期。

包括三个核心命题：一是法院不能将当事人未主张的事实作为判决的基础；二是法院应当将当事人无争议的主要事实作为判决的基础；三是法院能够实施调查的证据只限于当事人提出申请的证据。[①]依辩论主义，法官只能对当事人所主张的事实进行认定，当事人未主张的事实不能作为裁判对象，其关注的是事实主张和证据提供是由法院进行还是由当事人进行，实质上是规制当事人与法院的职权分工问题。但辩论主义所作的职权划分，仅为法官与当事人之间职权的划分，当事人之间应该证据提出的责任划分，由举证责任调整。[②]从证据的角度观察，辩论主义与举证责任分配无关，其"仅决定证据方法究竟是由法院收集还是由当事人提供，并不解决证据方法在当事人之间的分配问题。因此，只要是当事人一方所提出的证据，法院即可将其作为判决的基础，而不问该证据是否由负证明责任的当事人所提供"。[③]事实上，只要当事人在诉讼中提出了证据，辩论主义的要求即完成。由于证据共通原则所指向的是证据调查结果的共通而非证据方法的共通，当事人向法院提出的只是证据方法，无论证据是由哪一方提出，均不影响法官在自由心证之下对证据的判断和在此基础上对事实的认定。因此，"证据的提出，诉讼资料的收集、调查应当遵从辩论主义，但证据一旦提交法院，当事人的举证责任完成之后，对证据效力、证据价值进行判断，则应当超越辩论主义交由法官的自由心证完成。正是在对证据证明力的评判过程中，自由心证通过证据共通原则完成了对辩论主义的限制和约束"。[④]

---

① 张卫平：《诉讼架构与程式》，清华大学出版社 2000 年版，第 154~155 页。
② 夏璇：《辩论主义语境下证据共通原则的适用》，载《社会科学家》2015 年第 9 期。
③ 刘显鹏：《民事诉讼证据共通规则探析》，载《湖北社会科学》2009 年第 5 期。
④ 夏璇：《辩论主义语境下证据共通原则的适用》，载《社会科学家》2015 年第 9 期。

三、对本条内容的理解

本条是以对立当事人之间的证据共通原则为基础，从当事人放弃使用所提交的证据角度，对证据共通原则作出的规定。根据本条规定，当事人放弃使用其已经提交到人民法院的证据，包括两种情形：其一为申请撤回已经提交的证据，其二为声明不以该证据证明其所主张的案件事实。后一种情形也可以解释为在实质上撤回证据的行为。"不影响其他当事人援引该证据证明案件事实以及人民法院对该证据进行审查认定"，是有关法律效果的规定，即当事人在提交证据后放弃使用证据的，对方当事人可以将该项证据作为己方援用支持其事实主张的基础，而无论对方当事人是否援用，人民法院均应将该项证据作为自由心证的基础。

在大陆法系国家和地区民事诉讼法理论和实践中，证据调查申请是当事人为证明其所主张的事实而申请法院就特定的证据方法进行调查的行为，在性质上属于取效的诉讼行为。[①] 在证据调查开始之前，当事人尚未对证据进行质证和辩论，法官也未对证据形成心证，此时允许当事人撤回证据调查申请；但在证据调查开始之后，则不允许当事人撤回；在证据调查开始之后尚未终了之前，以对方当事人同意为条件，允许当事人撤回证据调查申请。我国《民事诉讼法》中并无当事人证据调查申请的概念和程序，当事人向人民法院提交证据的行为，可以理解为与证据调查申请具有相似意义。本条规定并未对当事人放弃使用证据的时点进行区分，也未规定在对方当事人同意的情况下发生撤回的效果，这意味着只要当事人将证据提交到人民法院，无论是否已经开始证据调查（质证），均不发生撤回证

---

① 占善刚：《民事诉讼中的证据共通原则研究》，载《法学评论》2012 年第 5 期。

据调查申请的效果，人民法院均应当将其作为认定事实的基础。之所以作这样的规定，主要基于如下考虑：我国的民事诉讼制度与大陆法系国家和地区存在很大不同，对于案件真实的发现在我国民事诉讼中具有特别重要的意义。由于民事诉讼法上没有既判力的规定，判决的效力并不仅限于当事人之间，加之我国对于裁判统一性的要求很高，生效裁判认定的事实具有免除后诉当事人举证责任的效力，这种情况下，尽其所能发现案件真实对于实现裁判统一性十分重要。当事人在提交证据后放弃使用该项证据，通常意味着证据中包含对当事人不利的信息，而这种不利信息同样是案件真实事实的反映。将该项证据作为认定事实的基础，有利于使人民法院对事实的认定更接近案件的真实情况。而对方当事人同意撤回证据调查申请的行为虽属于行使其处分权的行为，但仍然应当让步于发现真实的目标。而且，我国民事诉讼中，当事人获取证据的手段在制度供给上并不充分，实践中当事人收集证据特别是己方不了解、不掌握的证据比较困难，允许当事人将已经提交到人民法院的证据放弃使用，对于举证能力较弱或者证据偏在于提交证据一方情形下对方当事人而言，在实质上并不公平，也不利于人民法院查明真实的案件事实。故根据本条规定，只要当事人的证据提交到人民法院，其放弃证据使用的行为对人民法院和对方当事人均不发生效力。

当事人申请人民法院调查收集或者保全的证据，性质上仍然属于当事人的证据，只不过是人民法院基于当事人的申请，以职权行为帮助其消除收集证据过程中的障碍。因此，当事人放弃使用人民法院依其申请调查收集或者保全的证据的，与当事人放弃使用其自行收集提供的证据适用相同规则。

本条规定虽以对立当事人之间的证据共通原则为基础，但并不排除共同诉讼人之间证据共通原则的适用。基于自由心证主义的要求和防止矛盾裁判的需要，共同诉讼人之间也应当适用本条的规定。这一点与大陆法系国家和地区的认识并无不同。

【审判实践中需要注意的问题】

审判实践中需要注意的是：其一，本条规定是民事诉讼证据制度的一般原则，不仅适用于生态环境侵权民事诉讼，也适用于其他民事诉讼。其二，证据共通原则指向的是证据效果共通而非证据类型、证据方法共通，其所要求的是人民法院对于证据的认定不受是否对提供证据的当事人有利的限制，而应当在自由心证主义之下对全部证据进行综合判断。其三，与大陆法系国家和地区不同，从发现案件真实以及缓解当事人获取证据手段不足出发，本条规定的证据共通原则不允许当事人撤回或者放弃使用证据，无论当事人撤回或者放弃使用证据行为是否发生在证据调查开始之前，以及是否经过对方当事人的同意。其四，本条规定的证据共通原则适用于共同诉讼人之间。

> 第十六条 **【人民法院依申请或者依职权委托鉴定】** 对于查明环境污染、生态破坏案件事实的专门性问题，人民法院经审查认为有必要的，应当根据当事人的申请或者依职权委托具有相应资格的机构、人员出具鉴定意见。

【条文主旨】

本条是关于人民法院依申请或者依职权委托鉴定的规定。

【条文理解】

与普通民事案件相比，生态环境侵权案件具有较强的专业性和复杂性，"专业壁垒"问题较为突出。同时，由于某些鉴定事项所涉专业领域广，所需技术知识新，而鉴定资格认定及鉴定名册更新又相对滞后，实践中存在人民法院鉴定名册中没有相应资格的鉴定机构，而又需要通过委托鉴定查明案件事实的情况。为解决这一问题，本条在总结司法实践经验基础上，明确人民法院可以委托具有相应资格的人员出具鉴定意见。

一、我国生态环境损害鉴定评估的发展情况

生态环境损害是指因污染环境、破坏生态造成环境空气、地表水、沉积物、土壤、地下水、海水等环境要素和植物、动物、微生物等生物要素的不利改变，及上述要素构成的生态系统的功能退化和服务减少。生态环境损害鉴定评估是指按照规定的程序和方法，综合运用科学技术和专业知识，调查污染环境、破坏生态行为与生态环境损害情况，分析污染环境或破坏生态行为与生态环境损害间的因果关系，评估污染环境或破坏生态行为所致生态环境损害的范围和程度，确定生态环境恢复至基线并补偿期间损害的恢复措施，量化生态环境损害数额的过程。[①] 司法鉴定是指在诉讼活动中鉴定人运用科学技术或者专门知识对诉讼涉及的专门性问题进行鉴别和判断并提供鉴定意见的活动。[②]

[①] 生态环境部、国家市场监督管理总局：《生态环境损害鉴定评估技术指南 总纲和关键环节 第1部分：总纲》（GB/T 39791.1—2020）。

[②] 《司法鉴定程序通则》第二条。

1. 环境损害司法鉴定发展历程

2005 年 2 月，第十届全国人民代表大会常务委员会第十四次会议通过《全国人民代表大会常务委员会关于司法鉴定管理问题的决定》（2015 年修正），规定国家对法医类鉴定、物证类鉴定、声像资料鉴定业务的鉴定人和鉴定机构实行登记管理，除此之外的鉴定事项，司法部商最高人民法院、最高人民检察院确定。2015 年 12 月，最高人民法院、最高人民检察院、司法部联合印发《关于将环境损害司法鉴定纳入统一登记管理范围的通知》（司发通〔2015〕117 号），将环境损害司法鉴定正式纳入统一登记管理范围。同日，司法部、原环境保护部联合印发《关于规范环境损害司法鉴定管理工作的通知》（司发通〔2015〕118 号），首次正式定义了环境损害司法鉴定，即在诉讼活动中鉴定人运用环境科学的技术或者专门知识，采用监测、检测、现场勘察、实验模拟或者综合分析等技术方法，对环境污染或者生态破坏诉讼涉及的专门性问题进行鉴别和判断并提供鉴定意见的活动。明确环境损害司法鉴定事项，包括污染物性质鉴定、地表水和沉积物、空气污染、土壤与地下水、近海海洋与海岸带、生态系统和其他共七大类环境损害鉴定。2016 年 10 月，司法部、原环境保护部联合印发《环境损害司法鉴定机构登记评审办法》《环境损害司法鉴定机构登记评审专家库管理办法》（司发通〔2016〕101 号）。同年 11 月，两部发布通知，公开遴选全国环境损害司法鉴定机构登记评审专家库专家。2017 年 4 月，两部向社会公告全国环境损害司法鉴定机构登记评审专家库（国家库）专家名单，共 298 位，涉及八大领域，相较司发通〔2015〕118 号文规定的七类环境损害鉴定事项增加了"环境经济"类专家。2019 年 5 月，两部联合印发《环境损害司法鉴定执业分类规定》（司发通〔2019〕56 号），对环境损害司法鉴定七大类鉴定事项进行了细化，共区分出 47 个分领域事项，进一步清晰准确地界定了环境损害司法鉴定机构和鉴定人执业类别和范围。

2. 环境损害鉴定评估技术标准的制定完善

2011 年 5 月，原环境保护部发布《关于开展环境污染损害鉴定评估工作的若干意见》（环发〔2011〕60 号），后附技术性文件《环境污染损害数额计算推荐方法（第Ⅰ版）》（以下简称《推荐方法（第Ⅰ版）》），正式启动我国生态环境损害鉴定评估工作。《推荐方法（第Ⅰ版）》是为推动"环境污染损害"鉴定评估工作而制定的，目的是定量化环境污染事故和事件造成的各类损害。2014 年 10 月，原环境保护部在借鉴国内外环境损害鉴定评估方法并总结国内外环境损害鉴定评估实践经验的基础上，对《推荐方法（第Ⅰ版）》进行了修订，编制完成了《环境损害鉴定评估推荐方法（第Ⅱ版）》，将"环境污染损害"用语改为"环境损害"。2016 年 6 月，原环境保护部印发《生态环境损害鉴定评估技术指南 总纲》《生态环境损害鉴定评估技术指南 损害调查》，"环境损害"用语再次被修改为"生态环境损害"，关注了环境污染和生态破坏两个方面，强调了生态环境的整体性和统一性。2020 年 12 月，生态环境部会同国家市场监督管理总局制定了《生态环境损害鉴定评估技术指南 总纲和关键环节 第 1 部分：总纲》等六项标准①，2021 年 1 月 1 日起实施，不再参照《生态环境损害鉴定评估技术指南 总纲》《生态环境损害鉴定评估技术指南 损害调查》。

---

① 六项标准分别为：《生态环境损害鉴定评估技术指南 总纲和关键环节 第 1 部分：总纲》（GB/T 39791.1-2020）、《生态环境损害鉴定评估技术指南 总纲和关键环节 第 2 部分：损害调查》（GB/T 39791.2-2020）、《生态环境损害鉴定评估技术指南 环境要素 第 1 部分：土壤和地下水》（GB/T 39792.1-2020）、《生态环境损害鉴定评估技术指南 环境要素 第 2 部分：地表水和沉积物》（GB/T 39792.2-2020）、《生态环境损害鉴定评估技术指南 基础方法 第 1 部分：大气污染虚拟治理成本法》（GB/T 39793.1-2020）、《生态环境损害鉴定评估技术指南 基础方法 第 2 部分：水污染虚拟治理成本法》（GB/T 39793.2-2020）。

除上述相关规范之外，2007 年，原农业部针对农业环境污染事故发布了《农业环境污染事故等级划分规范》（NY/T 1262-2007），《农业环境污染事故损失评价技术准则》（NY/T 1263-2007）。2014年，司法部发布了《农业环境污染事故司法鉴定经济损失估算实施规范》（SF/D JD 0601001-2014），规定了农业环境污染事故引起的农产品、农业环境及其他财产损失的估算范围、现场调查、估算方法及其适用条件、误差分析与控制。2008 年，原国家质量监督检验检疫总局、国家标准化管理委员会制定了《渔业污染事故经济损失计算方法》（GB/T 21678-2008），后被《渔业污染事故经济损失计算方法》（GB/T 21678-2018）所代替。2013 年，原国家海洋局发布《海洋生态环境损害评估技术指南（试行）》。

3. 环境损害鉴定评估机构

2014 年 1 月，原环境保护部印发《环境损害鉴定评估推荐机构名录（第一批）》（环办〔2014〕3 号），共向社会公布 12 家机构，并特别说明推荐名录不属于行政许可，不具备强制力，各级环境保护主管部门可以向当事人推荐没有列入该名录的鉴定评估机构从事环境损害鉴定评估工作。2016 年、2020 年，原环境保护部、现生态环境部又分别向社会公布第二批 17 家、第三批 13 家环境损害鉴定评估推荐机构名录。在司法鉴定评估机构和人员方面，截至 2020 年12 月，全国经省级司法行政机关审核登记的环境损害司法鉴定机构达 200 家，鉴定人 3300 余名。[①]

二、生态环境侵权案件的特殊性及专业性

环境是指影响人类生存和发展的各种天然的和经过人工改造的

---

① 《环境损害司法鉴定白皮书》，载司法部网站，http：//www.moj.gov.cn/pub/sfbgw/fzgz/fzgzggflfwx/fzgzggflfw/202106/t20210604426692.html，2023 年 8 月 20 日访问。

自然因素的总体，包括大气、水、海洋、土地、矿藏、森林、草原、湿地、野生生物、自然遗迹、人文遗迹、自然保护区、风景名胜区、城市和乡村等。[①] 环境侵权是指行为人实施的致使环境发生化学、物理、生物等特征上的不良变化，从而影响人类健康和生产生活，影响生物生存和发展的行为。[②] 环境侵权包括侵害他人人身、财产权益的私益侵权，也包括侵害生态环境公共利益的公益侵权。环境侵权不同于一般民事侵权，源于环境资源类案件的特殊性，其在相关事实的认定上更为专业和复杂。一是侵害行为的间接性。环境侵权体现为以环境为介质，通过对环境要素的侵害从而作用于受害者，具有一定的间接性。正是由于环境侵权的非直接性，导致侵权行为与损害后果之间因果关系难以认定。二是损害后果的复杂性和潜伏性。由于环境要素的统一性、系统性和整体性，环境要素之间相互作用，从而使污染物发生迁移、扩散、富集等现象，损害过程变得异常复杂，侵害范围涉及不特定区域的不特定人群。三是归责原则的特殊性。行为的违法性是构成一般侵权行为的第一要件，是指有责任能力的自然人或者具有法人资格的社会组织，违反法律规定造成他人或者社会公共利益损害的行为，但环境侵权作为一种特殊的侵权责任，适用更为严格的无过错责任归责原则，即行为人的行为造成他人或公共利益损害，无论行为人是否存在过错，法律规定应当承担责任的应予承担。

　　生态环境侵权案件往往涉及环境污染、生态破坏专门性问题，其专门性就在于依靠普通人的日常经验、生活常识难以解答，需要依靠特别知识、技能或借助专业的仪器设备才能解答的案件事实。[③]

---

① 《环境保护法》第二条。

② 最高人民法院民法典贯彻实施工作领导小组编著：《中国民法典适用大全生态环境卷（一）》，人民法院出版社2023年版，第19页。

③ 刘振红：《司法鉴定：诉讼专门性问题的展开》，中国政法大学出版社2015年版，第2页。

环境资源在诉讼中需要解决的专门性问题，包括确定污染物的性质，确定生态环境遭受损害的性质、范围和程度，评定因果关系，评定污染治理与运行成本以及防止损害扩大、修复生态环境的措施或方案等。这些涉及环境因素的专门性问题非具有相关专业知识、经验的人无法认定，法官虽深谙法律知识体系却无法穷尽所有知识的积累，委托相关鉴定机构对专业性问题作出判断就成了诉讼中一项重要的问题解决方式。我国司法鉴定模式在原有的职权主义基础上，根据本国国情形成了现有的司法鉴定制度。我国司法鉴定管理体制在 2005 年改革后，人民法院除了不得设立鉴定机构外，在诉讼中依职权或当事人申请启动司法鉴定程序并未有实质性改变。为确保鉴定评估结果更为真实、可靠，鉴定机构的业务范围、专业资质、能力水平尤为重要，纳入备选鉴定机构范围的专业机构通过公开、公平、择优方式入选。《全国人民代表大会常务委员会关于司法鉴定管理问题的决定》规定，由司法部负责全国司法鉴定机构和鉴定人的登记管理工作，确保鉴定机构的中立性，但在实践中除了法医、物证、声像资料"三类"鉴定外，其无法制定或者协调其他机关制定各类鉴定机构名册，尤其是环境资源审判中出现的大量专业性鉴定，在环境损害司法鉴定机构名录里鲜能找到，在一定范围和程度上出现了鉴定机构少、鉴定评估范围窄、缺乏统一的技术标准与鉴定评估工作程序等问题。

解决现实中鉴定难的问题，首先要解决鉴定机构少的困境。为了解决"两条腿走路"问题，生态环境部先后制定了多项环境损害鉴定评估技术标准，并先后推荐三批鉴定机构。最高人民法院也通过司法解释规定除司法鉴定机构名录里的机构外，还可以在环境保护相关主管部门推荐的机构进行选择。2020 年《最高人民法院关于审理环境侵权责任纠纷案件适用法律若干问题的解释》（2023 年 9

月1日起废止）第八条规定，对查明环境污染、生态破坏案件事实的专门性问题，可以委托具备相关资格的司法鉴定机构出具鉴定意见或者由负有环境资源保护监督管理职责的部门推荐的机构出具检验报告、检测报告、评估报告或者监测数据。《生态环境损害赔偿规定（试行）》第十条规定，当事人在诉前委托具备环境司法鉴定资质的鉴定机构出具的鉴定意见，以及委托国务院环境资源保护监督管理相关主管部门推荐的机构出具的检验报告、检测报告、评估报告、监测数据等，经当事人质证并符合证据标准的，可以作为认定案件事实的根据。

上述做法虽然在一定程度解决了鉴定机构少、鉴定评估范围窄等问题，但仍无法满足审判实践中不断出现的新需要。为了解决现实困境，通过大量调研和深入研究，本条文规定可以委托"具有相应资格的机构、人员出具鉴定意见"，即不在司法鉴定名册中的机构、人员只要具备相应资格，经人民法院依法定程序选择，同样可以出具鉴定意见。本条文最直接的法律依据是《最高人民法院关于人民法院对外委托司法鉴定管理规定》第十一条，规定"司法鉴定所涉及的专业未纳入名册时，人民法院司法鉴定机构可以从社会相关专业中，择优选定受委托单位或专业人员进行鉴定"。司法鉴定名录或者行政主管机关推荐的机构是在众多申请入选机构中择优选用，具有不完整性，且随着时代的发展，新情况新问题层出不穷，原有的鉴定机构名录具有滞后性，亦不能完全满足现实的需要，人民法院可以从未进入名册的鉴定机构或者科研人员中选用，如专业的科研机构、大学的研究所等，选取有能力的人组成鉴定小组，出具鉴定意见。

【审判实践中需要注意的问题】

1. 在选择鉴定机构时，人民法院应当优先选择具备相关资格的司法鉴定机构或者负有环境资源保护监督管理职责的部门推荐的机构，如果上述名册均无法找到相应的鉴定机构，再从社会上选择具备专业技能、具有相应资格的机构进行鉴定评估。

2. 人民法院委托鉴定获得的鉴定意见应当依据《民事诉讼法司法解释》第一百零三条第一款和第一百零四条的规定，经当事人质证并符合证据标准的，才可以作为认定案件事实的根据。委托具有相应资格的机构、人员出具的鉴定意见本身是一种证据，并不天然具有对待证事实的证明力，只有经过法庭质证，符合证据资格的证据材料才是证据，具有证明力。

【法条链接】

《中华人民共和国民事诉讼法》（2023 年 9 月 1 日）

第七十九条　当事人可以就查明事实的专门性问题向人民法院申请鉴定。当事人申请鉴定的，由双方当事人协商确定具备资格的鉴定人；协商不成的，由人民法院指定。

当事人未申请鉴定，人民法院对专门性问题认为需要鉴定的，应当委托具备资格的鉴定人进行鉴定。

《最高人民法院关于适用〈中华人民共和国民事诉讼法〉的解释》（2022 年 4 月 1 日）

第一百二十一条　当事人申请鉴定，可以在举证期限届满前提出。申请鉴定的事项与待证事实无关联，或者对证明待证事实无意义的，人民法院不予准许。

人民法院准许当事人鉴定申请的，应当组织双方当事人协商确定具备相应资格的鉴定人。当事人协商不成的，由人民法院指定。

符合依职权调查收集证据条件的，人民法院应当依职权委托鉴定，在询问当事人的意见后，指定具备相应资格的鉴定人。

《最高人民法院关于民事诉讼证据的若干规定》（2019 年 12 月 25 日）

第三十二条　人民法院准许鉴定申请的，应当组织双方当事人协商确定具备相应资格的鉴定人。当事人协商不成的，由人民法院指定。

人民法院依职权委托鉴定的，可以在询问当事人的意见后，指定具备相应资格的鉴定人。

人民法院在确定鉴定人后应当出具委托书，委托书中应当载明鉴定事项、鉴定范围、鉴定目的和鉴定期限。

《最高人民法院关于人民法院对外委托司法鉴定管理规定》（2002 年 3 月 27 日）

第十一条　司法鉴定所涉及的专业未纳入名册时，人民法院司法鉴定机构可以从社会相关专业中，择优选定受委托单位或专业人员进行鉴定。如果被选定的单位或专业人员需要进入鉴定人名册的，仍应当呈报上一级人民法院司法鉴定机构批准。

《最高人民法院关于知识产权民事诉讼证据的若干规定》（2020 年 11 月 16 日）

第二十一条　鉴定业务领域未实行鉴定人和鉴定机构统一登记管理制度的，人民法院可以依照《最高人民法院关于民事诉讼证据的若干规定》第三十二条规定的鉴定人选任程序，确定具有相应技术水平的专业机构、专业人员鉴定。

> **第十七条 【生态环境侵权诉讼中不予委托鉴定的情形】**
> 对于法律适用、当事人责任划分等非专门性问题，或者虽然属于专门性问题，但可以通过法庭调查、勘验等其他方式查明的，人民法院不予委托鉴定。

【条文主旨】

本条是关于生态环境侵权诉讼中不予委托鉴定情形的规定。

【条文理解】

一、司法鉴定的必要性审查与诉讼效益原则

司法鉴定，根据《全国人民代表大会常务委员会关于司法鉴定管理问题的决定》第一条的界定，是指诉讼活动中鉴定人运用科学技术或者专门知识对诉讼涉及的专门性问题进行鉴别和判断并提供鉴定意见的活动。鉴定是人民法院为查明案件事实，依职权或者应当事人及其他诉讼参与人的申请，对专门性问题进行检验、鉴别、评定，进而出具鉴定意见的活动。人民法院委托鉴定的对象为诉讼涉及的专门性问题，委托鉴定的目的为查明案件事实，这便决定了委托鉴定的情形应当为审理案件所需。

对于当事人的司法鉴定申请，人民法院应当进行必要性审查。没有鉴定必要的，依法不予准许。《民事诉讼法》第六十七条第二款规定："当事人及其诉讼代理人因客观原因不能自行收集的证据，或者人民法院认为审理案件需要的证据，人民法院应当调查收集。"该

法第七十九条第二款明确："当事人未申请鉴定，人民法院对专门性问题认为需要鉴定的，应当委托具备资格的鉴定人进行鉴定。"《民事诉讼证据规定》第三十条第一款规定："人民法院在审理案件过程中认为待证事实需要通过鉴定意见证明的，应当向当事人释明，并指定提出鉴定申请的期间。"《最高人民法院关于知识产权民事诉讼证据的若干规定》第十九条第八项关于人民法院可以委托鉴定的待证事实专门性问题的兜底条款为"其他需要委托鉴定的专门性问题"。前述法律及司法解释中，均强调了鉴定系为审理案件和认定事实的"需要"。

委托鉴定的必要性审查是诉讼效益原则的必然要求。诉讼效益原则，是指人民法院审理案件时，在保障公正的前提下，必须以最小的投入获得最大的产出。[1] 这是基于程序正义考虑，为优化司法资源配置，而对当事人诉权保护与司法程序优化提出的要求。鉴定意见作为一种专家证据，其制作具有特定的技术规范和程序要求，时间往往较长，成本往往较高。如果随意启动司法鉴定程序，甚至沦为一方当事人拖延诉讼的手段，则难以真正实现诉讼的公正与效率，不利于当事人合法权益的保护。《人民法院司法鉴定工作暂行规定》便将公正、高效作为司法鉴定应当遵循的原则之一。该规定第三条明确："司法鉴定应当遵循下列原则：（一）合法、独立、公开；（二）客观、科学、准确；（三）文明、公正、高效。"生态环境侵权案件，由于具有较强的专业性、复杂性特点，且存在司法鉴定机构有限、费用高、周期长等突出问题，导致司法实践中司法鉴定供给不足与对司法鉴定过度依赖的问题同时存在且相互激化。因此，更有必要准确把握司法鉴定的必要性标准，切实提高诉讼质效。

---

① 左卫民：《中国司法制度》，中国政法大学出版社 2021 年版，第 31 页。

二、民事诉讼中不予委托鉴定的情形

人民法院委托鉴定人进行鉴定的行为，在性质上属于其调查收集证据的职权行为。人民法院依职权启动鉴定的，应当遵守依职权调查收集证据的条件，即存在"人民法院认为审理案件需要的证据"的情形，以司法鉴定的必要性为前提。当事人申请鉴定的，亦应当遵守当事人申请人民法院调查收集证据的要求。

《民事诉讼法司法解释》第九十五条规定："当事人申请调查收集的证据，与待证事实无关联、对证明待证事实无意义或者其他无调查收集必要的，人民法院不予准许。"该条规定同样适用于申请鉴定的场合，《民事诉讼法司法解释》第一百二十一条第一款后段规定："申请鉴定的事项与待证事实无关联，或者对证明待证事实无意义的，人民法院不予准许。"该规则自 2015 年《民事诉讼法司法解释》规定以来，历经 2020 年、2022 年两次修正，一直沿用至今，是人民法院进行司法鉴定必要性审查的主要法律依据。据此，普通民事诉讼中，人民法院不予委托鉴定的情形主要有两种：一是申请鉴定的事项与待证事实无关联，二是申请鉴定的事项对证明待证事实无意义。

（一）申请鉴定的事项与待证事实无关联

关联性、真实性、合法性是民事诉讼证据的三个基本属性。其中，关联性是证据进入诉讼的第一道"关卡"，是证据能够被采纳的首要条件，在证据规则中发挥着基础性和根本性的作用。所谓关联性，是指民事诉讼证据必须与所要证明的案件事实（即待证事实）存在一定的客观联系。证据与待证事实之间及联系的紧密程度不同，决定了证据的证明力大小。关联性越密切，证明力就越大，反之则越小。如果与案件事实无关，即便是客观事实，也不能作为认定事实的证据。[①] 没有关联性的证据，无论当事人自行收集提供，还是人民法院调查收集，均缺乏证明待证事实的基础。故此，人民法院对鉴定必要性的审查，首先是对关联性的审查。如果当事人申请鉴定的事项与待证事实无关联，则鉴定意见必然因欠缺证据的关联性而不具有证据能力，启动鉴定程序没有必要且会造成司法资源的浪费，当然不应准许。

（二）申请鉴定的事项对证明待证事实无意义

申请鉴定的事项对于证明案件事实无意义的，也属于没有必要进行鉴定的情形，人民法院不应准许当事人的申请。从广义的证据关联性的角度出发，这种情形也可以包含在无关联性的范畴之内。例如，对于待证事实，在案证据已经形成了较为完整的证据链条，审理案件的法官对待证事实存在与否已经形成较为充分的内心确信，无论当事人及其诉讼代理人申请鉴定的结果如何，均不可能对法官的心证基础产生动摇的，应属这种无鉴定必要的情形。

三、生态环境侵权诉讼中不予委托鉴定的情形

为解决司法实践中的突出问题，回归司法鉴定仅辅助法庭解决专门性问题的本质，本条明确了人民法院在生态环境侵权诉讼中不予委托鉴定的两种情形：一是对于法律适用、当事人责任划分等非专门性问题，不予委托鉴定；二是虽然属于专门性问题，但可以通过法庭调查、勘验等其他方式查明的，不予委托鉴定。

[①] 江伟主编：《民事诉讼法》，中国人民大学出版社 2008 年版，第 171 页。

（一）非专门性问题

鉴定意见是鉴定人运用专业知识对诉讼涉及的专门性问题所作的鉴别和判断。与普通的民事案件相比，环境资源案件的专业性和复杂性相对更强。这种专业性首先表现为法律方面的专业性。从1979年《中华人民共和国环境保护法（试行）》颁布至今，我国已经形成了以《中华人民共和国环境保护法》为基本法，由《中华人民共和国长江保护法》《中华人民共和国黄河保护法》《中华人民共和国黑土地保护法》《中华人民共和国青藏高原生态保护法》等四部专门立法，以及数十部单行法和大量行政法规、环境保护标准组成的"1+4+N"生态环境保护法律体系。法官必须熟悉这些纷繁复杂的法律规定，妥善处理其效力冲突，严格按照法律规定来审理案件。其次表现为自然科学方面的专业性，涉及一系列生态环境科学知识，包括如何判断环境污染的致害机理从而确定因果关系，如何对生态环境的损害进行评估并量化，如何根据受损的情形确定生态环境修复方案等，这些都对法官的自然科学专业能力提出了很高要求。

尽管如此，人民法院委托司法鉴定的专门性问题，指的是事实认定方面涉及的专业问题，而不包括法律适用方面的专业问题。从《民事诉讼法》第七十九条、《民事诉讼法司法解释》第一百二十一条、《民事诉讼证据规定》第三十条、《最高人民法院关于知识产权民事诉讼证据的若干规定》第十九条等规定来看，均明确司法鉴定的对象是待证事实的专门性问题。法律适用、当事人责任划分等的认定，属于人民法院行使审判权的职能范围，不属于委托鉴定的情形，依法不得委托鉴定。本解释第十六条对人民法院应当委托鉴定的情形予以了规定，明确对于查明环境污染、生态破坏案件事实的专门性问题，人民法院经审查认为有必要的，应当根据当事人的申请或者依职权委托具有相应资格的机构、人员出具鉴定意见。本条是该条的反向规定，应当与该条结合起来理解与适用。除该条规定情况以外的非专门性问题，或者对待证事实没有意义的问题，依法不予鉴定。

（二）可以通过其他方式查明的问题

鉴定意见是运用专业知识所作的鉴别和判断，一般具有科学性和较强的证明力。但鉴定意见是《民事诉讼法》第六十六条第一款规定的八种法定证据形式之一，除此以外还有当事人的陈述、书证、物证、视听资料、电子数据、证人证言、勘验笔录。这些证据根据其证明力大小的不同，对待证事实均有证明效力，均是查明事实的依据。例如，《民事诉讼证据规定》第二十七条第二款规定，根据当事人的申请和具体情况，人民法院可以采取查封、扣押、录音、录像、复制、鉴定、勘验等方法进行证据保全，并制作笔录；第九十三条第二款规定，人民法院认为有必要的，可以通过鉴定或者勘验等方法，审查判断电子数据的真实性。又如本解释第二十一条规定，因没有鉴定标准、成熟的鉴定方法、相应资格的鉴定人等原因无法进行鉴定，或者鉴定周期过长、费用过高的，人民法院可以结合案件有关事实、当事人申请的具有专门知识的人的意见和其他证据，对涉及专门性问题的事实作出认定。

同时，证据必须查证属实，才能作为认定事实的根据，这是《民事诉讼法》第六十六条第二款的明文规定。2012年《民事诉讼法》修改时，将"鉴定结论"修改为"鉴定意见"，就是为了避免以专业意见替代司法裁判，要求人民法院对鉴定意见进行审查，进而决定是否采信以及采信的程度。包括生态环境侵权在内的各类民事诉讼中，案件双方当事人往往站在自己的立场，提出有利于实现自己诉讼请求的证据。这些证据在查证属实前，只是证据材料或者说证据来源。当事人提交的证据，人民法院必须经过认真、细致的调查，对证据的关联性、真实性、合法性进行审查认定。只有经过综合审查，查证属实的证据，才能作为认定事实的根据。如果证据材料缺少真实性、合法性或者与待证事实之间没有关联，则不能作为证据使用，因而不能作为认定事实的根据。

此外，查明事实的方式有多种，除以证据证明外，还有经验法则、免证事实等。《民事诉讼证据规定》第十条规定，自然规律以及定理、定律，众所周知的事实，根据法律规定推定的事实，根据已知的事实和日常生活经验法则推定出的另一事实，已为仲裁机构的生效裁决所确认的事实，已为人民法院发生法律效力的裁判所确认的基本事实，已为有效公证文书所证明的事实，当事人无须举证证明，除非对方当事人有相反证据足以反驳或者推翻。

可见，鉴定意见并不具有凌驾于其他证据和事实查明方式之上的超然地位，不必然被人民法院采信，也不是查明专门性问题的唯一依据。人民法院应当在对鉴定意见进行实体、程序审查的基础上，结合在案其他证据和具体审理情况，综合查明和认定相关案件事实。虽然属于专门性问题，但可以通过法庭调查、勘验等其他方式查明的，人民法院不予委托鉴定，以避免案件久拖不决，给当事人增加不必要的诉讼负担。

【审判实践中需要注意的问题】

司法实践中，存在对司法鉴定过度依赖的问题。一些当事人怠于行使举证权利，动辄申请司法鉴定，甚至将其作为拖延诉讼的手段。部分法院为回避矛盾、避免当事人的指责，对委托鉴定的条件掌握过于宽松。然而，如果当事人申请鉴定的事项对于待证事实的证明缺乏必要性，则既浪费审判资源，又由于鉴定意见无法发挥证明待证事实的作用而容易产生新的矛盾。生态环境损害司法鉴定专业机构数量少、技术规范不足且相互冲突及鉴定费用高、周期长等问题客观存在。针对环境资源案件事实认定专业性强等导致的举证难问题，需要不断丰富专业性事实的查明规则，尤其是积极推动构建科学、公平、中立的生态环境损害司法鉴定制度，正确认识和处理好技术判断和司法判断的关系、鉴定意见和专家意见的关系以及鉴定意见和其他证据之间的关系，妥善做好生态环境损害司法鉴定和环境资源诉讼程序的衔接。

【法条链接】

《中华人民共和国民事诉讼法》（2023 年 9 月 1 日）

第七十九条 当事人可以就查明事实的专门性问题向人民法院申请鉴定。当事人申请鉴定的，由双方当事人协商确定具备资格的鉴定人；协商不成的，由人民法院指定。

当事人未申请鉴定，人民法院对专门性问题认为需要鉴定的，应当委托具备资格的鉴定人进行鉴定。

《最高人民法院关于适用〈中华人民共和国民事诉讼法〉的解释》（2022 年 4 月 1 日）

第一百二十一条第一款 当事人申请鉴定，可以在举证期限届满前提出。申请鉴定的事项与待证事实无关联，或者对证明待证事实无意义的，人民法院不予准许。

《最高人民法院关于民事诉讼证据的若干规定》（2019 年 12 月 25 日）

第三十条 人民法院在审理案件过程中认为待证事实需要通过鉴定意见证明的，应当向当事人释明，并指定提出鉴定申请的期间。

符合《最高人民法院关于适用〈中华人民共和国民事诉讼法〉的解释》第九十六条第一款规定情形的，人民法院应当依职权委托鉴定。

《最高人民法院关于知识产权民事诉讼证据的若干规定》（2020年11月16日）

第十九条　人民法院可以对下列待证事实的专门性问题委托鉴定：

（一）被诉侵权技术方案与专利技术方案、现有技术的对应技术特征在手段、功能、效果等方面的异同；

（二）被诉侵权作品与主张权利的作品的异同；

（三）当事人主张的商业秘密与所属领域已为公众所知悉的信息的异同、被诉侵权的信息与商业秘密的异同；

（四）被诉侵权物与授权品种在特征、特性方面的异同，其不同是否因非遗传变异所致；

（五）被诉侵权集成电路布图设计与请求保护的集成电路布图设计的异同；

（六）合同涉及的技术是否存在缺陷；

（七）电子数据的真实性、完整性；

（八）其他需要委托鉴定的专门性问题。

第十八条　**【邀请完成部分鉴定事项】**鉴定人需要邀请其他机构、人员完成部分鉴定事项的，应当向人民法院提出申请。

人民法院经审查认为确有必要的，在听取双方当事人意见后，可以准许，并告知鉴定人对最终鉴定意见承担法律责任；主要鉴定事项由其他机构、人员实施的，人民法院不予准许。

【条文主旨】

本条是关于鉴定人邀请其他机构、人员完成部分鉴定事项的规定。

【条文理解】

由于环境损害等司法鉴定可能涉及多学科，需要多方面专业知识和多种检测仪器、设备，实践中存在难以由某一鉴定机构或者鉴定人全部完成鉴定任务的情况。对此，本条规定有条件地允许鉴定机构邀请其他机构、人员完成部分鉴定事项。鉴于鉴定人应当以自己的专业能力，技术条件独立进行鉴定并出具鉴定意见为原则，本条规定同时对允许鉴定机构邀请其他机构、人员完成部分鉴定事项的情形进行了严格的限制规定。

一、作为科学证据的环境损害司法鉴定

在环境侵权案件中，事实问题和法律问题往往交织在一起。由于环境侵权案件的复杂性和专业性，司法实践中常常会出现涉及法律问题的鉴定意见。在环境侵权案件目前已经建立事实查明机制中，司法鉴定是其中的重要组成部分。2015 年司法部、原环境保护部联合印发《关于规范环境损害司法鉴定管理工作的通知》，2016 年最高人民法院、最高人民检察院与司法部联合印发《关于将环境损害司法鉴定纳入统一登记管理范围的通知》，就环境损害司法鉴定实行统一登记管理和规范管理环境损害司法鉴定工作作出了明确规定。环境损害司法鉴定成为继法医、物证和声像资料传统三大类司法鉴

定外，正式纳入的第四类司法鉴定业务。① 根据《关于规范环境损害司法鉴定管理工作的通知》的规定，环境损害司法鉴定是指在诉讼活动中鉴定人运用环境科学的技术或者专门知识，采用监测、检测、现场勘察、实验模拟或者综合分析等技术方法，对环境污染或者生态破坏诉讼涉及的专门性问题进行鉴别和判断并提供鉴定意见的活动。环境诉讼中需要解决的专门性问题包括：确定污染物的性质；确定生态环境遭受损害的性质、范围和程度；评定因果关系；评定污染治理与运行成本以及防止损害扩大、修复生态环境的措施或方案等。明确环境损害司法鉴定的主要领域包括：（1）污染物性质鉴定，主要包括危险废物鉴定、有毒物质鉴定，以及污染物其他物理、化学等性质的鉴定。（2）地表水和沉积物环境损害鉴定，主要包括因环境污染或生态破坏造成河流、湖泊、水库等地表水资源和沉积物生态环境损害的鉴定。（3）空气污染环境损害鉴定，主要包括因污染物质排放或泄露造成环境空气或室内空气环境损害的鉴定。（4）土壤与地下水环境损害鉴定，主要包括因环境污染或生态破坏造成农田、矿区、居住和工矿企业用地等土壤与地下水资源及生态环境损害的鉴定。（5）近海海洋与海岸带环境损害鉴定，主要包括因近海海域环境污染或生态破坏造成的海岸、潮间带、水下岸坡等近海海洋环境资源及生态环境损害的鉴定。（6）生态系统环境损害鉴定，主要包括对动物、植物等生物资源和森林、草原、湿地等生态系统，以及因生态破坏而造成的生物资源与生态系统功能损害的鉴定。（7）其他环境损害鉴定，主要包括由于噪声、振动、光、热、电磁辐射、核辐射等污染造成的环境损害鉴定。其后，司法部等单位陆续印发完善环境损害司法鉴定制度的相关规定。截至 2021 年

---

① 刘倩、季林云、於方、常纪文等编著：《环境损害鉴定评估与赔偿法律体系研究》，中国环境出版社 2016 年版，第 3~5 页。

底，经司法行政机关登记的环境损害司法鉴定机构 220 家，环境损害司法鉴定人 3800 余名。2021 年环境损害司法鉴定全年业务量 2.06 万件，内容涵盖污染物性质鉴定、地表水与沉积物鉴定、空气污染鉴定、土壤与地下水鉴定、近岸海洋与海岸带鉴定、生态系统鉴定等方面。①

二、邀请完成部分鉴定事项

环境损害司法鉴定工作常常涉及多个学科，需要具有复杂性和多学科性的专业技术。仅就环境污染而言，由于污染物种类多样、污染途径可能存在隐蔽性、污染损害客体涉及大气、土壤、地表水与地下水、海洋、生物资源与生态系统，侵权行为和污染结果之间既可能表现为单一的因果关系，也可能出现复数的因果关系，环境侵权行为还可能造成环境损害后果以外的财产损失，人身健康损害等后果。通过鉴定工作将某一或数个环境侵权行为导致对环境损害和造成的损失进行货币化评估非常复杂，既包含一定量的简单常规性鉴定活动，如因污染物质排放而造成的室内空气污染类的环境损害鉴定，又包含大量的复杂非常规性鉴定活动，如因近海海域环境污染造成的近海海洋环境资源及生态环境损害的鉴定。② 这对环境损害司法鉴定主体在鉴定范围、鉴定能力等方面呈现的专长性和综合性提出了更高的要求。故而有观点认为，环境损害司法鉴定技术的困境首先表现为鉴定技术需求的综合性与鉴定主体专长的分散性之间矛盾尖锐。基于生态环境自身的开放性、环境侵害行为与损害结果的时空间隔性等原因，环境侵害行为与损害结果之间往往不是单

---

① 司法部公共法律服务管理局：《2021 年度环境损害司法鉴定工作综述》，载《中国司法鉴定》2022 年第 6 期。

② 王元凤等：《我国环境损害司法鉴定的现状与展望》，载《中国司法鉴定》2017 年第 4 期。

一而明确的对应关系，损害结果的发生是多种因素交互作用的结果。环境损害司法鉴定涉及环境要素和人的行为，涉及大气、土地、水体等环境介质，需要运用各个学科领域的专业知识和综合性的技术手段。环境损害司法鉴定的技术需求具有综合性。[①] 由于鉴定人的专长可能无法满足环境损害司法鉴定工作的综合性需求或受限于鉴定人、鉴定机构的技术、设备条件，在司法实践中，出现了鉴定机构将部分鉴定事项或工作交由其他机构或人员完成的情况，如鉴定机构将部分检测工作交给其他检测机构完成，再由鉴定机构将数据进行分析得出结论。再如，鉴定机构在取得法院同意后将部分鉴定事项转由其他有资质的鉴定机构完成，等等。

《司法鉴定程序通则》第三十三条对司法鉴定过程中的技术问题的咨询作出了规定。《司法鉴定程序通则》第三十三条规定，鉴定过程中，涉及复杂、疑难、特殊技术问题的，可以向本机构以外的相关专业领域的专家进行咨询，但最终的鉴定意见应当由本机构的司法鉴定人出具。由于在环境侵权案件中，环境损害司法鉴定往往是法官判断环境侵权因果关系、损害后果、对环境侵权行为导致的损失进行货币化评估等具有专业性问题的重要依据，甚至可能对环境侵权案件的诉讼实体结果产生影响，因而在环境侵权案件中备受关注。一旦出现鉴定机构将部分鉴定工作或者检测事项交由其他鉴定机构或人员完成的情况，当事人可能会以此时鉴定机构无资质或无能力完成委托鉴定事项为由，根据《司法鉴定程序通则》第三十一条关于原司法鉴定人不具有从事委托鉴定事项执业资格或者原司法鉴定机构超出登记的业务范围组织鉴定的相关规定，而要求司法机关重新组织鉴定。而环境损害鉴定往往周期长、成本高，重新鉴定

不仅耗时长，还有可能因一些环境污染具有易逝性、扩散性特点，如果不及时鉴定，可能难以反映真实的污染情况。重新委托鉴定不仅可能导致环境鉴定过于延迟而无法反映真实情况，亦可能出现再次委托的鉴定机构因为专业、资质、设备等原因，仍需要将部分检测或鉴定工作邀请其他机构、人员完成的情况。其实，在司法鉴定过程中，对于涉及复杂、疑难、特殊技术问题的，需要专业的检测仪器、设备的情形下，鉴定机构需要邀请其他机构、人员完成部分鉴定工作或者检测工作的情况并不罕见。因此，在本解释的起草过程中，针对司法实践中反映强烈的，环境损害司法鉴定存在其他机构、人员完成部分鉴定事项的情形下鉴定意见的证据效力问题，进行了专门规定。

本条在起草的过程中，曾有意见认为解决环境损害司法鉴定中的其他机构、人员完成部分司法鉴定工作这一问题，不应通过允许鉴定人将工作交由其他机构、人员完成的路径解决，而是应通过人民法院拆分委托事项的路径解决，即将需鉴定事项进行拆分并分别委托有资质的鉴定机构完成，以避免鉴定机构、鉴定人规避登记管理制度，私自将主要鉴定工作转交其他机构、人员完成的情况出现。我们认为，拆分委托事项并分别委托的方式具有合理性，且符合现行的鉴定管理制度，实践中也存在大量此类做法，并无再作规定之必要。但是，此种路径也具有一定的局限性，仅以此难以全面解决生态环境案件中鉴定技术需求综合性与鉴定主体专长分散性之间的矛盾，故有研讨允许鉴定人将工作交由其他机构、人员完成这一路径之必要。拆分委托需建立在对鉴定事项可以合理拆分的基础上。这不仅需要法官对于接受委托的鉴定机构的鉴定范围和需要鉴定的专业问题具有深刻的了解，还要对鉴定可能涉及的取样、检测等全部工作和鉴定机构能够开展的工作范围均有深刻的了解。而对于法官来说，科学证据或者说鉴定中的科技成分，已经超出了法官的专业知识范围。即便从事环境资源案件审判工作的法官经过学习了解了一定程度的科学知识，但要求人民法院对环境损害鉴定机构的鉴定能力、鉴定范围和鉴定所需的技术手段具有全面而深刻的了解和评断，进而准确科学地对委托鉴定事项进行拆分和描述，仍会"因要求过高而难以实行"。而且这一解决问题路径的前提要求鉴定事项是可拆分的，如果相关鉴定事项不宜拆分，或者需要在各鉴定事项基础上形成一个鉴定意见的情况下，则拆分委托的解决问题路径可能会进一步增加鉴定难度、延长鉴定周期。环境损害鉴定往往耗时较长，尽管鉴定时间并不计入案件审理时限，但如果拆分委托事项，导致鉴定时间过长，或无法确定鉴定时长，则会客观上造成诉讼拖延。故解释在制定过程中部分吸收了这一意见的合理部分，采取了另一种解决问题路径，即有条件地允许鉴定人邀请其他机构、人员完成部分鉴定事项，并进行了严格限制。一是鉴定人需要将部分鉴定事项交由其他机构、人员完成，必须经过人民法院准许；二是鉴定人邀请其他机构、人员完成的鉴定事项，只能是非主要的、部分的鉴定事项，而主要鉴定事项必须由鉴定人完成；三是鉴定人对最终鉴定意见负责，这是落实司法鉴定人负责制的必然要求。需要特别注意的是，鉴定人负责制要求鉴定人对最终鉴定意见负责，并不意味着受邀完成部分鉴定事项的其他机构、人员不就其行为承担任何责任。对于受邀完成部分鉴定事项的其他机构、人员，在其鉴定活动范围内，亦应遵守法律法规等规定，应当依法独立、客观、公正地进行鉴定，并就其完成的部分鉴定事项承担相应责任。比如，针对接受邀请的机构、人员提供虚假鉴定意见的情况，本解释第二十条明确，人民法院可以依照《民事诉讼法》第一百一十四条的规定对其进行处理。

【审判实践中需要注意的问题】

《全国人民代表大会常务委员会关于司法鉴定管理问题的决定》确立了司法鉴定实行鉴定人负责制度的核心内容。鉴定人应当独立进行鉴定，对鉴定意见负责并在鉴定书上签名或者盖章。多人参加的鉴定，对鉴定意见有不同意见的，应当注明。原则上鉴定人应当以自己的专业能力、技术条件独立进行鉴定并出具鉴定意见。虽然考虑到环境损害鉴定等司法鉴定的特殊性，本解释对部分鉴定事项由其他机构、人员完成的情形有条件地进行允许，但同时进行了严格的限制规定。鉴定人邀请其他机构、人员完成的鉴定事项必须是确有必要且属于部分非主要鉴定事项，并应向人民法院提出申请，由人民法院审查决定。环境损害司法鉴定对于准确定性污染物性质和污染范围，科学判断生态环境侵权与损害后果之间的因果关系以及损害程序、损失数额等，具有关键作用。为防止鉴定人滥用转托权利、保证环境损害司法鉴定质量、保障诉讼活动的顺利进行，本解释特别规定人民法院对于鉴定人邀请其他机构、人员完成鉴定事项的申请负有审查义务。这种审查义务包括审查鉴定人将部分鉴定事项邀请其他机构、人员完成的具体原因及必要性，该部分鉴定事项的范围内容、是否属于主要鉴定事项及邀请其他机构、人员完成该部分鉴定事项对于最终鉴定意见的影响，受邀机构、人员主体资质、执业范围等事项以及是否符合法律法规、司法解释等规定，等等。如果审查认为鉴定人邀请其他机构、人员完成部分鉴定事项没有必要或者鉴定人将主要鉴定事项实质交由其他机构、人员完成的，人民法院不予准许。同时，人民法院在对鉴定人的邀请申请作出是否准许的决定之前，应当听取当事人的意见。对于准许鉴定人的邀请申请的，人民法院应当告知鉴定人对最终鉴定意见承担法律责任。

【法条链接】

《司法鉴定程序通则》（2016 年 3 月 2 日）

第十五条 具有下列情形之一的鉴定委托，司法鉴定机构不得受理：

（一）委托鉴定事项超出本机构司法鉴定业务范围的；

（二）发现鉴定材料不真实、不完整、不充分或者取得方式不合法的；

（三）鉴定用途不合法或者违背社会公德的；

（四）鉴定要求不符合司法鉴定执业规则或者相关鉴定技术规范的；

（五）鉴定要求超出本机构技术条件或者鉴定能力的；

（六）委托人就同一鉴定事项同时委托其他司法鉴定机构进行鉴定的；

（七）其他不符合法律、法规、规章规定的情形。

第三十一条 有下列情形之一的，司法鉴定机构可以接受办案机关委托进行重新鉴定：

（一）原司法鉴定人不具有从事委托鉴定事项执业资格的；

（二）原司法鉴定机构超出登记的业务范围组织鉴定的；

（三）原司法鉴定人应当回避没有回避的；

（四）办案机关认为需要重新鉴定的；

（五）法律规定的其他情形。

第三十三条 鉴定过程中，涉及复杂、疑难、特殊技术问题的，可以向本机构以外的相关专业领域的专家进行咨询，但最终的鉴定意见应当由本机构的司法鉴定人出具。

专家提供咨询意见应当签名，并存入鉴定档案。

> 第十九条 【未经准许由其他机构、人员完成鉴定事项的处理】未经人民法院准许，鉴定人邀请其他机构、人员完成部分鉴定事项的，鉴定意见不得作为认定案件事实的根据。
>
> 前款情形，当事人申请退还鉴定费用的，人民法院应当在三日内作出裁定，责令鉴定人退还；拒不退还的，由人民法院依法执行。

【条文主旨】

本条是关于鉴定人未经人民法院准许邀请其他机构、人员完成部分鉴定事项的法律后果的规定。

【条文理解】

本条是第十八条的反向规定，旨在贯彻"有限许可、严格限制"的制度安排，在增加鉴定供给的同时，明确法律责任，加强诉讼管理，切实避免"皮包机构""鉴定中介"等问题的发生。

一、司法鉴定人负责制

《全国人民代表大会常务委员会关于司法鉴定管理问题的决定》确立了司法鉴定实行鉴定人负责制度的核心内容。司法鉴定人运用科学技术和专门知识对诉讼涉及的专门性问题独立、客观、公正地进行鉴别和判断，并对自己作出的鉴定意见负责。《司法鉴定程序通则》对司法鉴定人负责制原则作出了进一步规定，如规定司法鉴定人应当遵守保密义务、回避义务、出庭作证义务、独立客观公正出具鉴定意见，多人参加的鉴定、对鉴定意见有不同意见的应当注明等。鉴定人负责制的核心是鉴定人独立进行鉴定，并对鉴定意见负责。鉴定人负责制强调司法鉴定人在整个鉴定过程中不受外界干扰，独立自主地对司法鉴定事项作出科学判断，出具鉴定意见，鉴定人对鉴定意见的合法性、客观性负责。[1] 在司法鉴定活动中贯彻鉴定人负责制，对于实现鉴定人权利与义务相统一，规范司法鉴定执业行为，保障司法鉴定质量，具有重要意义。

二、司法鉴定人的义务

司法鉴定是公共法律服务体系的重要组成部分，有着法律性、科学性双重属性，在保障诉讼执行活动中发挥着不可替代的作用，为人民法院依法查明涉及专门性问题的案件事实提供极其重要的科学证据。就其法律性而言，作为诉讼法上的重要取证手段，司法鉴定的启动、涉及的证据材料、鉴定人的选任、鉴定意见的作出及质证、鉴定人出庭等一系列鉴定人参与诉讼的活动均需要遵循法律的规定。而作为法官查明专门性问题的重要助手，鉴定人同样需要严格保持其公正、中立的立场。就其科学性而言，由于司法鉴定运用科学知识、技术方法、专业经验等对鉴定材料进行检验和检测，并在分析判断的基础上提出鉴定意见，为案件事实认定提供证据信息。因此，鉴定意见必须具有专业可靠性，因其可靠性是由其科学性决定的，只有通过科学方法才能得出最接近真相的结论。所以，司法鉴定的科学性是其介入诉讼活动正当化的根本理由，也是司法鉴定的本质属性。正是由于鉴定活动自身的高度专业性和鉴定意见对于审判人员正确认定案件事实所涉及的专门性问题和由此对相关事实

---

[1] 陈邦达、包建明：《完善司法鉴定程序 推进鉴定体制改革——〈司法鉴定程序通则〉评析》，载《中国司法鉴定》2016年第6期。

的认定可能产生的重要影响，为了防止可能出现的风险，有必要明确地对鉴定人的义务加以规定，并将健全司法鉴定管理体制与完善证据制度进行深度对接。①

2012 年《民事诉讼法》修改过程中，增加规定诚实信用原则作为民事诉讼基本原则。《全国人民代表大会常务委员会关于司法鉴定管理问题的决定》第十二条规定："鉴定人和鉴定机构从事司法鉴定业务，应当遵守法律、法规，遵守职业道德和职业纪律，尊重科学，遵守技术操作规范。"2019 年修订的《民事诉讼证据规定》增加了司法鉴定人签署承诺书制度。2020 年最高人民法院制定的《关于人民法院民事诉讼中委托鉴定审查工作若干问题的规定》规定，人民法院应当要求鉴定机构在接受委托后 5 个工作日内，提交鉴定方案、收费标准、鉴定人情况和鉴定人承诺书。鉴定人拒绝签署承诺书的，人民法院应当要求更换鉴定人或另行委托鉴定机构。人民法院委托鉴定机构指定鉴定人的，应当严格依照法律、司法解释等规定，对鉴定人的专业能力、从业经验、业内评价、执业范围、鉴定资格、资质证书有效期以及是否有依法回避的情形等进行审查。《司法鉴定人登记管理办法》第二十二条亦规定了司法鉴定人的义务。根据前述规定，司法鉴定人作为诉讼参加人的义务主要包括以下几个方面：

1. 依法独立、客观、公正、诚实完成鉴定

在鉴定过程中，鉴定人应当独立、认真、公正履行职责。《司法鉴定程序通则》第五条规定，司法鉴定人应当依法独立、客观、公正地进行鉴定。《民事诉讼证据规定》在 2019 年修正过程中第三十三条增加了关于鉴定人签署承诺书的义务和对故意虚假鉴定进行制裁的规定。《关于人民法院民事诉讼中委托鉴定审查工作若干问题的

---

① 参见最高人民法院民事审判第一庭编著：《最高人民法院新民事诉讼证据规定理解与适用》（上），人民法院出版社 2020 年版，第 343~346 页。

规定》所附《鉴定人承诺书（试行）》第一条即要求鉴定人承诺遵循科学、公正和诚实原则，客观、独立地进行鉴定，保证鉴定意见不受当事人、代理人或其他第三方的干扰。

2. 司法鉴定人应当遵守执业纪律和职业道德

《司法鉴定程序通则》明确规定了司法鉴定人回避的具体情形，以及保守在执业活动中知悉的国家秘密、商业秘密，不得泄露个人隐私的义务。《鉴定人承诺书（试行）》要求司法鉴定人承诺遵守回避规定和报告义务，保守国家秘密、商业秘密和个人隐私。

3. 按时完成鉴定并出具鉴定意见

按时完成鉴定工作、出具鉴定意见并对鉴定意见负责，是司法鉴定人承担的主要义务之一。《民事诉讼证据规定》第三十五条规定了如期完成鉴定工作的勤勉义务和无正当理由逾期的处理，第三十六条规定司法鉴定人出具鉴定书的规范要求。《关于人民法院民事诉讼中委托鉴定审查工作若干问题的规定》第十条、第十一条则规定了人民法院对司法鉴定人出具的鉴定书是否具有相关内容进行审查，并补充规定了视为未完成委托鉴定事项的情形，符合这些情形的，人民法院应当要求司法鉴定人补充鉴定或重新鉴定。

4. 司法鉴定人出庭义务

司法鉴定人出庭作证是鉴定人承担的另外一项重要任务。同证人证言一样，鉴定意见只有通过鉴定人出庭作证，接受诉讼双方和法官当庭询问，对鉴定意见的内容、形成过程、鉴定依据、方法程序等进行陈述，对有争议的问题进行解释，方可消除法官和当事人的疑惑，加强鉴定意见的说服力，从而帮助法官对鉴定意见进行实质性审查判断，从而就有关专门性问题相关的事实形成符合实际的心证结论。鉴定人出庭作证可以消除双方当事人对鉴定意见产生的各种异议、及时发现鉴定程序和鉴定方法是否存在瑕疵、增强鉴定意见的程序正当性、加强对鉴定程序合法性和科学性的监督，以及对鉴定意见确定涉案专门性问题的根据有着极为重要的意义。2012年《民事诉讼法》修改过程中对鉴定人出庭增加了专门规定，其第七十八条规定："当事人对鉴定意见有异议或者人民法院认为鉴定人有必要出庭的，鉴定人应当出庭作证"，并明确："经人民法院通知，鉴定人拒不出庭作证的，鉴定意见不得作为认定事实的根据；支付鉴定费用的当事人可以要求返还鉴定费用。"① 根据《民事诉讼证据规定》第三十七条和第三十八条的规定，当事人对鉴定意见有异议时，鉴定人应对当事人提出的书面异议进行回复；当事人对鉴定人的书面回复仍有异议的，人民法院通知鉴定人出庭。第八十一条规定了司法鉴定人拒不出庭的后果。《鉴定人承诺书（试行）》第七条要求鉴定人承诺保证依法履行鉴定人出庭作证义务，做好鉴定意见的解释及质证工作。此外，司法鉴定人义务还包括保管送鉴的鉴材、样本和资料，参加司法鉴定岗前培训和继续教育，无正当理由不得撤销鉴定意见，等等。②

对于复杂多样且专业性强的环境侵权案件而言，环境损害司法鉴定意见是查明事实的一种重要证据手段。而环境损害司法鉴定管理与监督会对鉴定最终结果准确性产生重要影响。因此，《全国人民代表大会常务委员会关于司法鉴定管理问题的决定》第十三条、第十四条就鉴定机构和鉴定人的法律责任进行了具体规定。为规范司法鉴定工作，提高司法鉴定质量，2016 年最高人民法院与司法部联合下发的《关于建立司法鉴定管理与使用衔接机制的意见》中要求"人民法院和司法行政机关要根据本地实际情况，切实加强沟通协

---

① 最高人民法院民事审判第一庭编著：《最高人民法院新民事诉讼证据规定理解与适用》，人民法院出版社 2020 年版，第 713~714 页。
② 杨小利：《〈民事诉讼法〉与司法行政管理衔接视角下司法鉴定人诚信制度体系的完善》，载《中国司法鉴定》2023 年第 2 期。

作，根据本意见建立灵活务实的司法鉴定管理与使用衔接机制，发挥司法鉴定在促进司法公正、提高司法公信力、维护公民合法权益和社会公平正义中的重要作用"。同时，该意见在第四部分"严处违法违规行为，维持良好司法鉴定秩序"中指出，"司法鉴定事关案件当事人切身利益，对于司法鉴定违法违规行为必须及时处置，严肃查处"，并要求司法行政机关加强司法鉴定监督，完善处罚规则，加大处罚力度；人民法院在委托鉴定和审判工作中发现鉴定机构或鉴定人存在违法违规情形，可暂停委托并告知司法行政机关或发出司法建议书。根据上述规定，本条在制定过程中承接前文，不仅通过明确鉴定人邀请其他机构、人员完成部分鉴定事项的，必须申请并经人民法院准许，进一步强调了鉴定人责任。而且对于鉴定人未经允许，私自将部分鉴定事项交由其他机构、人员完成的情形，在证据法上和诉讼法上规定了双重法律后果，即证据法上该鉴定意见不能作为认定案件事实的根据，该鉴定意见不具有证据资格，在诉讼法上经当事人申请应退还鉴定费用。

【审判实践中需要注意的问题】

需要注意的是本条与本解释第十八条之间的关系。诚如前述，考虑到环境损害鉴定的综合性、复杂性和鉴定机构专长性之间的现实矛盾，本解释有条件地允许鉴定人邀请其他机构、人员完成部分鉴定事项，旨在增加鉴定供给、提高鉴定和诉讼效率，并减轻当事人的诉讼负担。但无论是《民事诉讼法》还是《民事诉讼法司法解释》均对鉴定人的选任和法院委托鉴定有所规定。《民事诉讼证据规定》第三十二条第三款规定："人民法院在确定鉴定人后应当出具委托书，委托书中应当载明鉴定事项、鉴定范围、鉴定目的和鉴定期限。"这是基于明确法律责任和加强诉讼管理的必然考量。同时，根据鉴定人负责制的要求，鉴定人对鉴定意见的合法性、客观性负责。因此，本解释在制定过程中，充分考虑到环境损害鉴定需求的现实特殊性和鉴定人负责制的要求，贯彻了"有限许可、严格限制"的制度安排，在第十八条中明确规定鉴定人邀请其他机构、人员完成部分鉴定事项必须向法院提出申请并经法院准许，并在本条中进一步规定了未经准许的法律后果。这样的制度安排，一方面，对于鉴定人囿于专业技术设备限制需要邀请其他机构、人员完成部分鉴定事项的情况，规定了正当的程序限制和路径；另一方面，强调了鉴定人不得自行将鉴定事项委托他人完成，切实避免实践中鉴定人不负责任、滥用鉴定资质情况出现，甚至"皮包机构""鉴定中介"等问题的发生。

此外，司法实践中由于鉴定人未经法院准许将鉴定事项委托其他机构、人员实施，将会导致环境损害等司法鉴定不能作为证据使用。环境损害鉴定往往周期长、费用高，一旦司法鉴定不能作为证据使用，不仅增加了当事人的诉讼负担，还会对人民法院及时解决纠纷产生消极影响，带来司法资源的极大浪费。而且有些环境污染具有扩散性等特点，此类环境损害司法鉴定具有即时性特点，如果重新鉴定有可能会导致环境损害鉴定结果不准确。因此，对于鉴定人未经准许、私自将部分鉴定事项交由其他机构、人员完成的，不仅应当依据《民事诉讼法》及司法解释的规定责令鉴定人承担诉讼法上的责任，还可以根据最高人民法院与司法部联合下发的《关于建立司法鉴定管理与使用衔接机制的意见》中"人民法院在委托鉴定和审判工作中发现鉴定机构或鉴定人存在违规受理、无正当理由不按照规定或约定时限完成鉴定、经人民法院通知无正当理由拒不出庭作证等违法违规情形的，可暂停委托其从事人民法院司法鉴定业务，并告知司法行政机关或发出司法建议书。司法行政机关按照规定的时限调查处理，并将处理结果反馈人民法院。鉴定人或者鉴定机构经依法认定有故意作虚假鉴定等严重违法行为的，由省级人民政府司法行政部门给予停止从事司法鉴定业务三个月至一年的处罚；情节严重的，撤销登记；构成犯罪的，依法追究刑事责任；人民法院可视情节不再委托其从事人民法院司法鉴定业务；在执业活动中因故意或者重大过失给当事人造成损失的，依法承担民事责任"的规定，以及《最高人民法院关于人民法院民事诉讼中委托鉴定审查工作若干问题的规定》第十四条"鉴定机构、鉴定人超范围鉴定、虚假鉴定、无正当理由拖延鉴定、拒不出庭作证、违规收费以及有其他违法违规情形的，人民法院可以根据情节轻重，对鉴定机构、鉴定人予以暂停委托、责令退还鉴定费用、从人民法院委托鉴定专业机构、专业人员备选名单中除名等惩戒，并向行政主管部门或者行业协会发出司法建议。鉴定机构、鉴定人存在违法犯罪情形的，人民法院应当将有关线索材料移送公安、检察机关处理""人民法院建立鉴定人黑名单制度。鉴定机构、鉴定人有前款情形的，可列入鉴定人黑名单。鉴定机构、鉴定人被列入黑名单期间，不得进入人民法院委托鉴定专业机构、专业人员备选名单和相关信息平台"的规定，加强诉讼审理监督与行政管理监督的沟通协调，形成监督合力，促使鉴定人诚信履行义务、依法依规及时完成环境损害等司法鉴定业务。

【法条链接】

《最高人民法院关于民事诉讼证据的若干规定》（2019 年 12 月 25 日）

第三十三条　鉴定开始之前，人民法院应当要求鉴定人签署承诺书。承诺书中应当载明鉴定人保证客观、公正、诚实地进行鉴定，保证出庭作证，如作虚假鉴定应当承担法律责任等内容。

鉴定人故意作虚假鉴定的，人民法院应当责令其退还鉴定费用，并根据情节，依照民事诉讼法第一百一十一条的规定进行处罚。

第八十一条 鉴定人拒不出庭作证的，鉴定意见不得作为认定案件事实的根据。人民法院应当建议有关主管部门或者组织对拒不出庭作证的鉴定人予以处罚。

当事人要求退还鉴定费用的，人民法院应当在三日内作出裁定，责令鉴定人退还；拒不退还的，由人民法院依法执行。

当事人因鉴定人拒不出庭作证申请重新鉴定的，人民法院应当准许。

> **第二十条** 【提供虚假鉴定意见的处理】鉴定人提供虚假鉴定意见的，该鉴定意见不得作为认定案件事实的根据。人民法院可以依照民事诉讼法第一百一十四条的规定进行处理。
>
> 鉴定事项由其他机构、人员完成，其他机构、人员提供虚假鉴定意见的，按照前款规定处理。

【条文主旨】

本条是对鉴定人或者接受其邀请完成部分鉴定事项的机构、人员，提供虚假鉴定意见时进行责任追究的相关规定。

【条文理解】

本条是关于鉴定人或者接受鉴定人邀请参与完成部分鉴定事项

的机构和人员，如果提供虚假鉴定意见，应如何进行责任追究的相关规定。责任追究是确保鉴定人或者受邀参与完成部分鉴定事项的机构和人员，能够依法依规提供真实鉴定意见的重要保障，因其重要性故有必要对该条内容如何理解和把握进行适当介绍。

一、关于虚假鉴定意见概念的理解把握

本条是关于鉴定人或者接受其邀请参与部分鉴定事项的机构、人员提供虚假鉴定意见时应承担什么样的法律后果的规定。由此可见，本条的核心和关键词是虚假鉴定意见，只有鉴定人或者接受其邀请参与部分鉴定事项的机构、人员提供的鉴定意见是虚假鉴定意见，才能依据本条追究其相应法律责任。如何正确理解和把握虚假鉴定意见的概念，则是首先需要明确和不可回避的一个问题。否则，如果虚假鉴定意见的含义不清，可能导致法官在审判中认定虚假鉴定意见的权力过大、过于随意，将原本不属于虚假鉴定意见的情形与虚假鉴定意见混为一谈，进而让鉴定人或鉴定机构如履薄冰，潜在的不确定鉴定追责风险会极大地损伤鉴定人的积极性。目前，国家层面的立法没有明确规定虚假鉴定意见的含义。自 2000 年以来，已出台的一系列司法鉴定（管理）条例或规定，包括《民事诉讼证据规定》第三十三条在内都没有界定虚假鉴定意见一词的内涵和外延。但在地方层面的立法当中，我们发现 2003 年《河北省司法鉴定假鉴和错鉴责任追究办法（试行）》（司法厅令〔2003〕第 7 号）（已失效）第三条明确规定了虚假鉴定的含义。该条规定，虚假鉴定是指鉴定机构及其管理人员和鉴定人，故意违背事实、违反司法鉴定有关规定，作出的不真实的鉴定结论（注：2005 年 2 月 28 日公布，2005 年 10 月 1 日实施的《全国人民代表大会常务委员会关于司法鉴定管理问题的决定》首次将"鉴定结论"修改为"鉴定意

见"）。上述规定体现了虚假鉴定意见中包含的"违反司法鉴定有关规定、违背事实、不真实的结论"等诸多关键要素。此外，还明确了鉴定人作出虚假鉴定意见时的主观故意要素。结合上述规定，我们认为正确理解虚假鉴定意见要从以下四个方面进行。

一是主体要素。鉴定人是司法鉴定的主体，在整个司法鉴定活动中起着至关重要的作用，科学的鉴定意见依赖于鉴定人的专业知识、经验法则和职业素养。本条规定的虚假鉴定意见的责任主体只能是鉴定人，即受司法机关指派或聘请，运用专门知识或技能对案件的专门性问题进行鉴别和判断的人。这里的"鉴定人"应该做广义上的理解，即指的是鉴定机构或鉴定人。需要注意的是，接受鉴定人邀请完成部分鉴定事项的机构、人员，也有可能成为提供虚假鉴定意见的责任主体，这个问题将在后面展开讨论。

二是主观要素。本条规定中的鉴定人提供虚假鉴定意见时的主观心态只能是故意。这一要素至关重要，是判定一个不真实的鉴定意见是否为鉴定人故意作出的虚假鉴定意见的黄金标准。这包括两种情形：一是鉴定人自己故意作出或者提供虚假的鉴定意见；二是鉴定人明知受其邀请完成部分鉴定事项的机构、人员作出的鉴定意见是虚假的，而仍然予以采纳或者提供。换句话说，鉴定人违背事实、违反司法鉴定有关规定，作出或者提供相关虚假鉴定意见的行为，属于有意为之而非无心之失。

三是客观要素。鉴定人作出或者提供虚假鉴定意见的行为从客观上看要具备违反客观事实和违反司法鉴定操作流程等"两个违反"的行为特征。一方面，要违反客观事实作出或者提供鉴定意见，也就是在歪曲事实的基础上作出或者提供鉴定意见；另一方面，要违反司法鉴定程序规则、操作规定、科学技术原理、正常分析逻辑思维等作出或者提供鉴定意见，也就是违规操作提供鉴定意见。需要注意的是，上述"两个违反"在一般情况下来说需要同时具备，但如果只具备其中之一即可导致虚假鉴定意见的结果，则并不要求两者都具备，只需具备其一即可。

四是结果要素。本条规定中的虚假鉴定意见从结果上看必须是不真实的鉴定意见。这是本条关于虚假鉴定意见的最核心要求。一般来说，鉴定人故意违背事实、违反司法鉴定有关程序和规定作出的鉴定意见，必然是不真实、不可靠的鉴定意见。很难存在在违背事实、违反操作规程基础上能够作出真实鉴定意见的情形，即使事后印证鉴定意见的结论与尊重事实、遵守操作规程提供的鉴定意见结论一致，也会因事实基础和操作规程的不可靠导致鉴定意见的结论不可靠。因此，我们在这里倾向于从广义上理解虚假鉴定意见的"结果"之虚假，即只要是违背事实、违反操作规程等作出或者提供的鉴定意见，从结果上推定都是不真实、不可靠的。在这里，我们所说的虚假鉴定意见主要指的是内容不真实的鉴定意见，即属于故意违背客观事实、故意违反鉴定标准流程、具体分析不符合逻辑、结论不真实可信的鉴定意见范畴。

二、关于提供虚假鉴定意见法律后果的理解把握

无论是英美法系国家的法律还是大陆法系国家的法律，都无一例外地明文规定了鉴定人（专家证人）有如实提供鉴定意见（专家证言）的义务。但在鉴定人（专家证人）的法律责任方面，两大法系的规定存在差异。英美法系国家规定专家证人的法律责任是豁免责任，但专家证人故意作伪证的，要认定为伪证罪。大陆法系国家多认为，鉴定人如果因出具了错误鉴定意见，导致当事人的利益受到损害的，鉴定人不能免责，但应当减轻其责任。此外，鉴定人故意出具虚假鉴定意见的，可以伪证罪追究其法律责任。

根据本条第一款的相关规定，鉴定人在生态环境侵权诉讼中提供虚假鉴定意见的，要承担两方面的法律责任：一是证据法上的不利后果；二是民事诉讼法规定的相应责任。下面，从两个方面详细阐述这个重要问题。

（一）不得作为认定案件事实的根据

鉴定人提供虚假鉴定意见时，依据本条第一款的规定该虚假鉴定意见不得作为认定案件事实的根据，这是鉴定人要承担的证据法上的不利后果。本条所说的"不得作为认定案件事实的根据"，实际上从证据法角度否认了虚假鉴定意见的证据效力或者证明力。鉴定人之所以故意提供虚假鉴定意见，一般来说其动机在于企图用虚假的鉴定意见达到歪曲事实、支撑相关一方当事人诉讼主张的违法目的。现将虚假鉴定意见直接规定为不得作为认定案件事实的根据，是对虚假鉴定意见在证据效力上的彻底否定，具有重要意义。生态环境侵权诉讼实践中，人民法院要敢于适用该条规定，对鉴定人提供的虚假鉴定意见，首先要否定其在证据法上的证明效力，然后再对该违反诚实信用原则的违法违规行为给予更多的严厉制裁。

（二）《民事诉讼法》第一百一十四条规定的法律责任

本条关于鉴定人提供虚假鉴定意见的责任后果，除了上述规定的"不得作为认定案件事实的根据"之外，还专门规定了人民法院可以依照《民事诉讼法》第一百一十四条的规定进行处理，这实际上是一个转致条款。诚实信用原则是民事诉讼法的重要内容，对于规范民事诉讼主体的行为，维护民事诉讼秩序具有重要意义。对于鉴定人故意提供虚假鉴定意见的行为，《民事诉讼法》规定了相应的处罚措施，以促进民事诉讼诚实信用原则的落实。在生态环境侵权民事诉讼活动中，同样需要遵守《民事诉讼法》的上述规定。因此，本条第一款专门规定了鉴定人提供虚假鉴定意见时需要承担《民事诉讼法》规定的责任后果。即鉴定人提供虚假鉴定意见的行为，属于《民事诉讼法》第一百一十四条第一款第一项规定的"伪造、毁灭重要证据，妨碍人民法院审理案件"的情形，依照《民事诉讼法》的该条规定，人民法院可以根据情节轻重予以罚款、拘留；构成犯罪的，依法追究刑事责任。这就是鉴定人提供虚假鉴定意见时所要承担的行政责任和刑事责任。需要指出的是，人民法院对有前款规定的行为之一的单位如鉴定机构，依照《民事诉讼法》第一百一十四条第二款的规定，可以对其主要负责人或者直接责任人员予以罚款、拘留；构成犯罪的，依法追究刑事责任。下面，对鉴定人有可能要承担的行政责任和刑事责任进行深入解读。

第一，鉴定人提供虚假鉴定意见时有可能需要承担罚款、拘留等行政责任。依照《民事诉讼法》第一百一十四条的相关规定，鉴定人在生态环境侵权诉讼中提供虚假鉴定意见的，在行政责任方面要承担罚款或者拘留的法律后果。反过来理解这个问题，人民法院可以对提供虚假鉴定意见的鉴定人采取罚款或者拘留的处理，这也属于对妨害民事诉讼行为采取的强制措施。根据《民事诉讼法》第一百一十八条、第一百一十九条相关规定，对鉴定人个人的罚款金额，为人民币十万元以下。对鉴定机构等单位的罚款金额，为人民币五万元以上一百万元以下。拘留的期限，为十五日以下。被拘留的鉴定人，由人民法院交公安机关看管。在拘留期间，被拘留的鉴定人承认并改正错误的，人民法院可以决定提前解除拘留。此外，罚款、拘留必须经人民法院的院长批准。罚款、拘留应当用决定书。被罚款或者拘留的鉴定人对决定不服的，可以向上一级人民法院申请复议一次。复议期间不停止执行。同时，根据2022年最新修正的

《民事诉讼法司法解释》第一百七十八条、第一百七十九条、第一百八十二条至第一百八十六条以及第一百九十三条的相关规定，人民法院在对提供虚假鉴定意见的鉴定人进行罚款或者拘留处理时，还要注意以下几点：一是人民法院依照《民事诉讼法》第一百一十四条的规定采取拘留措施的，应经院长批准，作出拘留决定书，由司法警察将被拘留人送交当地公安机关看管。被拘留人不在本辖区的，作出拘留决定的人民法院应当派员到被拘留人所在地的人民法院，请该院协助执行，受委托的人民法院应当及时派员协助执行。被拘留人申请复议或者在拘留期间承认并改正错误，需要提前解除拘留的，受委托的人民法院应当向委托人民法院转达或者提出建议，由委托人民法院审查决定。二是人民法院对被拘留人采取拘留措施后，应当在二十四小时内通知其家属；确实无法按时通知或者通知不到的，应当记录在案。被拘留人在拘留期间认错悔改的，可以责令其具结悔过，提前解除拘留。提前解除拘留，应报经院长批准，并作出提前解除拘留决定书，交负责看管的公安机关执行。三是《民事诉讼法》第一百一十四条规定的罚款、拘留可以单独适用，也可以合并适用。对同一妨害民事诉讼行为的罚款、拘留不得连续适用。发生新的妨害民事诉讼行为的，人民法院可以重新予以罚款、拘留。四是被罚款、拘留的人不服罚款、拘留决定申请复议的，应当自收到决定书之日起三日内提出。上级人民法院应当在收到复议申请后五日内作出决定，并将复议结果通知下级人民法院和当事人。上级人民法院复议时认为强制措施不当的，应当制作决定书，撤销或者变更下级人民法院作出的拘留、罚款决定。情况紧急的，可以在口头通知后三日内发出决定书。五是人民法院对个人或者单位采取罚款措施时，应当根据其实施妨害民事诉讼行为的性质、情节、后果，当地的经济发展水平，以及诉讼标的额等因素，在《民事诉讼法》

第一百一十八条第一款规定的限额内确定相应的罚款金额。

　　第二，鉴定人提供虚假鉴定意见时有可能构成帮助毁灭、伪造证据罪等犯罪，进而承担相应的刑事责任。依照《民事诉讼法》第一百一十四条的相关规定，鉴定人在生态环境侵权诉讼中提供虚假鉴定意见时，如果构成犯罪的，人民法院可以依法追究刑事责任，这是对鉴定人提供虚假鉴定意见最严厉的处罚和制裁。在这之前，2015 年修正的《全国人民代表大会常务委员会关于司法鉴定管理问题的决定》第十三条第三款也规定，鉴定人故意作虚假鉴定，构成犯罪的，依法追究刑事责任。但需要注意的是，在生态环境侵权民事诉讼中，鉴定人提供虚假鉴定意见如果构成犯罪的，需要进一步明确该违法违规行为构成什么罪名。对这个问题，《民事诉讼法》以及上述决定等都没有明确的规定。有观点认为鉴定人故意提供虚假鉴定意见，则追究其刑事责任时往往涉及伪证罪的问题。也就是说，鉴定人提供虚假鉴定意见时有可能构成伪证罪。对于这个观点，要具体问题具体分析。如果在大的语境下，如不仅指民事诉讼还包括刑事诉讼的情况下，根据《中华人民共和国刑法》（以下简称《刑法》）第三百零五条"在刑事诉讼中，证人、鉴定人、记录人、翻译人对与案件有重要关系的情节，故意作虚假证明、鉴定、记录、翻译，意图陷害他人或者隐匿罪证的，处三年以下有期徒刑或者拘役；情节严重的，处三年以上七年以下有期徒刑"之规定，在刑事诉讼中如果鉴定人提供虚假鉴定意见的，则可以构成伪证罪。但如果仅在本条规定的语境下，即仅指在生态环境侵权民事诉讼中，鉴定人提供虚假鉴定意见的，严格按照罪刑法定原则来说则不构成伪证罪，因为鉴定人提供虚假鉴定意见的前提不符合《刑法》关于"刑事诉讼中"的要求。

　　基于上述分析，依照《民事诉讼法》第一百一十四条的相关规定，鉴定人在生态环境侵权诉讼中提供虚假鉴定意见时，如果构成犯罪的，人民法院不能适用伪证罪来追究其刑事责任。但此时可以适用帮助毁灭、伪造证据罪和虚假诉讼罪等罪名来追究提供虚假鉴定意见的鉴定人之刑事责任。《刑法》第三百零七条第二款规定，帮助当事人毁灭、伪造证据，情节严重的，处三年以下有期徒刑或者拘役。本条规定的犯罪主体是一般主体，任何人有本条规定的行为，即可构成本罪，而且本条的规定未限于刑事诉讼，也就是说本条的规定适用于刑事、民事、行政等一切诉讼当中。"帮助当事人毁灭、伪造证据"，是指与当事人共谋，或者受当事人指使为当事人毁灭证据、伪造证据提供帮助的行为，如为贪污犯罪的嫌疑人销毁单据，或者在生态环境侵权民事诉讼中鉴定人为当事人提供虚假鉴定意见，都可以构成本罪。

此外，《刑法》第三百零七条之一第一款和第二款规定，以捏造的事实提起民事诉讼，妨害司法秩序或者严重侵害他人合法权益的，处三年以下有期徒刑、拘役或者管制，并处或者单处罚金；情节严重的，处三年以上七年以下有期徒刑，并处罚金。单位犯前款罪的，对单位判处罚金，并对其直接负责的主管人员和其他直接责任人员，依照前款的规定处罚。本条是关于虚假诉讼犯罪及其处罚的规定。近年来，司法实践中也出现了虚假诉讼的情况。一些个人和单位捏造虚假的事实，向人民法院提起借贷、房屋买卖、离婚析产、继承、商标侵权、破产等诉讼，骗取人民法院裁判文书以实现各种非法目的。从具体目的来看，这种虚假诉讼行为可以分为两类：一类是骗财类虚假诉讼，企图通过诉讼侵占他人财产或者逃避合法债务。另一类是出于谋财以外的其他目的的虚假诉讼。从虚假诉讼中当事人之间的关系看，也可以分为两类：一类是一方当事人提起虚假诉讼，企图侵犯另一方当事人合法权益的案件，双方当事人之间存在实质的利益对抗关系。另一类是双方当事人恶意串通进行虚假诉讼，企图侵犯案外第三人合法权益，损害国家、公共利益，或者企图逃避履行法定义务，规避相关管理规定等，双方当事人之间不存在实质对抗关系，而是互相串通共同捏造事实、伪造证据，骗取人民法院的裁判。虚假诉讼行为妨害正常的司法秩序，侵犯他人合法权益，具有严重的社会危害性。2015 年 8 月 29 日，十二届全国人民代表大会常务委员会第十六次会议通过的《中华人民共和国刑法修正案（九）》增加了本条规定。我们认为，如果鉴定人与他人通谋，代理提起虚假民事诉讼，故意出具虚假鉴定意见，共同实施《刑法》第三百零七条之一规定的相关行为的，可以构成虚假诉讼罪。对此，相关司法解释《最高人民法院、最高人民检察院关于办理虚假诉讼刑事案件适用法律若干问题的解释》（法释〔2018〕17 号）第六条规定，诉讼代理人、证人、鉴定人等诉讼参与人与他人通谋，代理提起虚假民事诉讼、故意作虚假证言或者出具虚假鉴定意见，共同实施《刑法》第三百零七条之一前三款行为的，依照共同犯罪的规定定罪处罚；同时构成妨害作证罪，帮助毁灭、伪造证据罪等犯罪的，依照处罚较重的规定定罪从重处罚。

需要注意的是，一是现行《刑法》废除了 1979 年《刑法》对主犯从重处罚的原则，在刑法无明文规定的情况下，对于鉴定人等诉讼参与人与他人共同实施虚假诉讼犯罪行为的情况，不能适用从重处罚，仍应按照共同犯罪的一般处理原则处理。同时，《刑法》第三百零七条之一第三款、第四款确立了对虚假诉讼罪中的数罪竞合择一重从重处罚原则，鉴定人等诉讼参与人与他人通谋，共同实施虚假诉讼犯罪的，将导致虚假诉讼犯罪更加容易得逞，与司法工作人员利用职权共同实施虚假诉讼犯罪的社会危害性并无实质差别，构成其他犯罪的，也应适用择一重从重处罚原则。二是《刑法》遵循"主客观相一致"的原则，即鉴定人主观上不仅要具有提供虚假鉴定意见的故意，在客观上还必须实施了具体的出具虚假鉴定意见的行为，两者缺一不可，否则，会陷入"主观归罪"或者"客观归罪"的恶性循环。如果要对鉴定人的虚假鉴定行为予以刑事处罚，也应当从主客观相一致的角度考量。在司法实践中，判定鉴定人主观是否故意，应当连同其客观行为进行综合分析，如鉴定人是否存在违背客观事实、严重违反司法鉴定操作规程、违反职业道德等违法违规行为。

三、受邀完成部分鉴定事项的其他机构、人员提供虚假鉴定意见时的法律责任

本条第二款规定了鉴定事项由其他机构、人员完成，其他机构、人员提供虚假鉴定意见的，按照前款规定处理，这实际上规定了除主鉴定人之外受邀的辅助鉴定人提供虚假鉴定意见时的法律责任问题。为破解生态环境司法实践中鉴定事项综合复杂、涉及多领域多学科，一家鉴定机构难以全部完成的问题，经常会出现鉴定人需要邀请其他机构、人员参与完成部分鉴定事项的情形，这也是充分调动社会各方资源参与生态环境侵权纠纷鉴定工作的重要体现。根据本解释第十八条、第十九条的规定，受邀参加完成部分鉴定事项的机构和人员，必须要经人民法院准许，且不能参与主要鉴定事项的实施，并且明确规定了鉴定人要对最终鉴定意见承担法律责任。但这并不意味着当受邀参与部分鉴定事项的机构、人员，在提供虚假鉴定意见时无须承担相应的法律责任。在整个鉴定活动中，任何鉴定事项的实施都可能会影响到整个鉴定意见的走向和科学准确性。故此为了确保鉴定的科学性、准确性、权威性、真实性，我们认为凡是参与了鉴定工作的所有机构和人员都要遵循诚实信用原则，都

要严格按照《全国人民代表大会常务委员会关于司法鉴定管理问题的决定》第十二条的要求，遵守法律、法规，遵守职业道德和职业纪律，尊重科学，遵守技术操作规范。如果有故意违背事实、严重违反操作规程、出具虚假鉴定意见的情形出现，任何参与鉴定工作的机构、人员都要承担相应的法律后果，这里就包括受邀请参与部分事项鉴定的机构、人员。根据本条规定，受邀参与部分鉴定事项的机构、人员如果提供虚假鉴定意见的，也要承担与本条第一款关于鉴定人提供虚假鉴定意见时同样的证据法责任和《民事诉讼法》规定的行政责任及刑事责任。在这里有两个问题需要注意：一是鉴定人和受邀请参加部分事项鉴定的机构、人员在证据法上的责任关系。本解释第十八条规定，鉴定人需要邀请其他机构、人员完成部分鉴定事项的，应当向人民法院提出申请。人民法院经审查认为确有必要的，在听取双方当事人意见后，可以准许，并告知鉴定人对最终鉴定意见承担法律责任。即如果受邀参加部分鉴定事项的机构、人员提供虚假鉴定意见，则不仅就其参与的这部分鉴定事项提供的鉴定意见，不能作为认定案件事实的根据，在整个鉴定事项鉴定意见的科学性、准确性的评价上，如果受到了上述部分鉴定事项的虚假鉴定意见的影响，从而难以确保真实性、准确性，则关于整个鉴定事项的最终鉴定意见也不能作为认定案件事实的根据。二是鉴定人和受邀请参加部分事项鉴定的机构、人员在依据《民事诉讼法》有关规定需要承担相应责任时的具体关系。在依据《民事诉讼法》第一百一十四条有关规定追究相应的行政责任和刑事责任时，我们认为应该按照共犯共同承担责任、无犯意联络则各负其责的原则来追究责任。而不能片面地理解"鉴定人对最终鉴定意见承担法律责任"的上述规定，一概认为鉴定人此时也要承担相应的行政责任和刑事责任。

【审判实践中需要注意的问题】

审判实践中需要注意正确区分虚假鉴定意见与错误鉴定意见。本条规定的是鉴定人及受其邀请参与部分事项鉴定的机构、人员提供虚假鉴定意见时，需要承担相应的证据法上的法律后果和《民事诉讼法》规定的法律责任。当司法实践中适用上述虚假鉴定责任追究条款时，一个首先需要解决的问题是如何正确区分虚假鉴定意见与错误鉴定意见。从本质上说，虚假鉴定意见与错误鉴定意见都是不真实的鉴定意见，从结论上看都不是符合客观实际的鉴定意见，往往容易混淆，且混淆的后果非常严重。如果将虚假鉴定意见认定为错误鉴定意见，则会放纵故意提供虚假鉴定意见的鉴定人以及受其邀请的机构、人员，使其免受相应的问责和责任追究；如果将错误鉴定意见认定为虚假鉴定意见，则会不当扩大依照本条及《民事诉讼法》有关规定进行严厉制裁的责任承担主体范围。一般认为，错误鉴定是指鉴定机构及其管理人员和鉴定人，因过失或者限于技术能力，在鉴定活动中违反司法鉴定有关规定，作出的不正确的鉴定结论，即过失违反有关规定或者确实限于技术能力不足而作出或者提供的不正确的鉴定意见属于错误鉴定意见的范畴。

结合上述分析，我们从以下两个层次来阐述虚假鉴定意见和错误鉴定意见的关系及不同。首先，虚假鉴定意见和错误鉴定意见具有一定的相似性，从广义上说都是不真实的鉴定意见。其次，虚假鉴定意见和错误鉴定意见最大的区别在于鉴定人提供非真实鉴定意见时的主观心态不同。故意虚假鉴定，是指接受委托从事司法鉴定的人员，出于某种原因，违背自然科学技术和规律，故意获得与科学结果不同的结论的情形，此时鉴定人提供非真实鉴定意见的心态是故意，即故意虚假鉴定是明知鉴定结果同科学规律不相符合，依然出具与科学结果不同的鉴定意见的行为，主观恶性较大，故需要进行相应的责任追究。而错误鉴定是因为鉴定人的过失，或者囿于现有科学技术，而作出的不真实的鉴定意见，但其认为该结果本身就是根据科学规律所得出的，此时鉴定人主观上没有进行虚假鉴定的故意，故此仅属于错误鉴定而非虚假鉴定。换句话说，虚假鉴定与错误鉴定的主要区别，即鉴定人主观心态上的不同。若鉴定人员因专业知识或技术水平有限，或者依据不同的鉴定标准作出不同的鉴定意见，虽然也属于鉴定人自身原因导致的，但是并非鉴定人主观故意造假，则属于错误鉴定，而不属于虚假鉴定。只有因鉴定人主观故意造假导致的鉴定错误，才应当属于虚假鉴定范畴。我国的虚假鉴定处罚制度应当仅限于鉴定人在鉴定过程中故意违背客观事实、违反与鉴定工作有关的法律法规、操作规程而导致的不真实鉴定。因此，应当明确非真实鉴定中的错误鉴定不属于《民事诉讼证据规定》第三十三条规定的虚假鉴定处罚范围[①]，也不属于本条规定的虚假鉴定意见处罚范畴。

【法条链接】

《中华人民共和国民事诉讼法》（2023 年 9 月 1 日）

第一百一十四条　诉讼参与人或者其他人有下列行为之一的，人民法院可以根据情节轻重予以罚款、拘留；构成犯罪的，依法追究刑事责任：

（一）伪造、毁灭重要证据，妨碍人民法院审理案件的；

（二）以暴力、威胁、贿买方法阻止证人作证或者指使、贿买、

---

①　王桂玥、张海东：《虚假鉴定责任追究的实践障碍与政策建议——以新〈民事证据规定〉第三十三条虚假鉴定责任为视角》，载《中国司法鉴定》2022 年第 2 期。

胁迫他人作伪证的；

（三）隐藏、转移、变卖、毁损已被查封、扣押的财产，或者已被清点并责令其保管的财产，转移已被冻结的财产的；

（四）对司法工作人员、诉讼参加人、证人、翻译人员、鉴定人、勘验人、协助执行的人，进行侮辱、诽谤、诬陷、殴打或者打击报复的；

（五）以暴力、威胁或者其他方法阻碍司法工作人员执行职务的；

（六）拒不履行人民法院已经发生法律效力的判决、裁定的。

人民法院对有前款规定的行为之一的单位，可以对其主要负责人或者直接责任人员予以罚款、拘留；构成犯罪的，依法追究刑事责任。

《最高人民法院关于民事诉讼证据的若干规定》（2019 年 12 月 25 日）

第三十三条 鉴定开始之前，人民法院应当要求鉴定人签署承诺书。承诺书中应当载明鉴定人保证客观、公正、诚实地进行鉴定，保证出庭作证，如作虚假鉴定应当承担法律责任等内容。

鉴定人故意作虚假鉴定的，人民法院应当责令其退还鉴定费用，并根据情节，依照民事诉讼法第一百一十一条的规定进行处罚。

《中华人民共和国刑法》（2020 年 12 月 26 日）

第三百零七条 **【妨害作证罪】**以暴力、威胁、贿买等方法阻止证人作证或者指使他人作伪证的，处三年以下有期徒刑或者拘役；情节严重的，处三年以上七年以下有期徒刑。

【帮助毁灭、伪造证据罪】帮助当事人毁灭、伪造证据，情节严重的，处三年以下有期徒刑或者拘役。

司法工作人员犯前两款罪的，从重处罚。

第三百零七条之一 **【虚假诉讼罪】**以捏造的事实提起民事诉

讼，妨害司法秩序或者严重侵害他人合法权益的，处三年以下有期徒刑、拘役或者管制，并处或者单处罚金；情节严重的，处三年以上七年以下有期徒刑，并处罚金。

单位犯前款罪的，对单位判处罚金，并对其直接负责的主管人员和其他直接责任人员，依照前款的规定处罚。

有第一款行为，非法占有他人财产或者逃避合法债务，又构成其他犯罪的，依照处罚较重的规定定罪从重处罚。

司法工作人员利用职权，与他人共同实施前三款行为的，从重处罚；同时构成其他犯罪的，依照处罚较重的规定定罪从重处罚。

《最高人民法院、最高人民检察院关于办理虚假诉讼刑事案件适用法律若干问题的解释》（2018 年 9 月 26 日）

第六条　诉讼代理人、证人、鉴定人等诉讼参与人与他人通谋，代理提起虚假民事诉讼、故意作虚假证言或者出具虚假鉴定意见，共同实施刑法第三百零七条之一前三款行为的，依照共同犯罪的规定定罪处罚；同时构成妨害作证罪，帮助毁灭、伪造证据罪等犯罪的，依照处罚较重的规定定罪从重处罚。

《全国人民代表大会常务委员会关于司法鉴定管理问题的决定》（2015 年 4 月 24 日）

十二、鉴定人和鉴定机构从事司法鉴定业务，应当遵守法律、法规，遵守职业道德和职业纪律，尊重科学，遵守技术操作规范。

十三、鉴定人或者鉴定机构有违反本决定规定行为的，由省级人民政府司法行政部门予以警告，责令改正。

鉴定人或者鉴定机构有下列情形之一的，由省级人民政府司法行政部门给予停止从事司法鉴定业务三个月以上一年以下的处罚；情节严重的，撤销登记：

（一）因严重不负责任给当事人合法权益造成重大损失的；

（二）提供虚假证明文件或者采取其他欺诈手段，骗取登记的；

（三）经人民法院依法通知，拒绝出庭作证的；

（四）法律、行政法规规定的其他情形。

鉴定人故意作虚假鉴定，构成犯罪的，依法追究刑事责任；尚不构成犯罪的，依照前款规定处罚。

《司法鉴定人登记管理办法》（2005 年 9 月 29 日）

第三十条 司法鉴定人有下列情形之一的，由省级司法行政机关给予停止执业三个月以上一年以下的处罚；情节严重的，撤销登记；构成犯罪的，依法追究刑事责任：

（一）因严重不负责任给当事人合法权益造成重大损失的；

（二）具有本办法第二十九规定的情形之一并造成严重后果的；

（三）提供虚假证明文件或者采取其他欺诈手段，骗取登记的；

（四）经人民法院依法通知，非法定事由拒绝出庭作证的；

（五）故意做虚假鉴定的；

（六）法律、法规规定的其他情形。

第二十一条 【涉及专门性问题的事实认定】因没有鉴定标准、成熟的鉴定方法、相应资格的鉴定人等原因无法进行鉴定，或者鉴定周期过长、费用过高的，人民法院可以结合案件有关事实、当事人申请的有专门知识的人的意见和其他证据，对涉及专门性问题的事实作出认定。

【条文主旨】

本条是关于在鉴定之外如何认定涉及专门性问题事实的规定。

【条文理解】

一、法官的事实认定与鉴定人对专门性问题判断的关系

民事诉讼中，法官依自由心证对事实的认定建立在法官的一般经验法则基础之上。"经验法则亦可称为经验定律，通常系指从人类日常生活经验所归纳而成的一切知识或法则；具体言之，系包含依科学方法观察验证自然现象而予以归纳之自然定律、支配人的思考作用之逻辑或论理法则、数学上原理、社会生活上义理惯例、交易上习惯，以及其他有关学术、艺术、工商业、语言等生活活动之一切定则。"① 经验法则并非事实本身，而是人们对事实状态的一种经验性认识。由于经验法则是归纳出来的认识，能够反映事物之间联系的高度盖然性。法官也只有借助经验法则才能了解当事人主张的趣旨，合理地评价证据的证明力，进而作出合理的事实认定。经验法则根据其所处的领域不同，可以区分为两类：其一为一般经验法则，即日常生活经验法则，主要是指来自日常社会生活或法律生活的一般性常理、常规和常识；其二为特殊经验法则，即专业领域经验法则，主要是指存在于特定职业或特殊领域内的专业性经验判断。由于诉讼证明通常涉及对人的行为进行法律上的解释，作为推理前提的经验法则为一般性的社会经验而非科学经验。故证据法上的经验法则仅指日常生活经验法则即一般经验法则。② 故《民事诉讼证据规定》第十条关于事实推定的规定、第八十五条第二款关于自由心证的规定，都有日常生活经验（法则）的明确表述，将作为法官自

---

① 姜世明：《证据评价论》，厦门大学出版社 2017 年版，第 11 页。
② 琚明亮：《论经验法则在司法证明中的展开及适用》，载《法制与社会发展》2021 年第 5 期。

由心证基础的经验法则明确为一般经验法则。

待证事实涉及专门性问题时，由于对专门性问题的判断须依靠专业领域的知识、经验和技能，超出法官一般经验法则的范畴，需要专业领域的人依特殊经验法则为法官的事实认定提供帮助。因此，各国民事诉讼中均有相应的专家证据制度，作为法官认定专门性问题的依据。这种专家证据制度在英美法系国家和地区主要体现为专家证人制度，在大陆法系国家和地区以及我国主要体现为鉴定制度。在大陆法系国家和地区，鉴定可以分为三种类型：第一种类型是需要鉴定人提供法官所欠缺的有关法律规范或者经验法则的知识或者资讯的情形；第二种类型是鉴定人将其专业知识适用于法官基于一般经验法则所确定的事实，进而给出判断结论的情形；第三种类型是鉴定人基于特定专业知识认定事实的情形。就第一种类型而言，鉴定人仅提供有关知识或者资讯信息，并不将其运用于具体事实的判断，而由法官根据鉴定人所提供的知识，自行将其运用于具体事实的认定之中。如有关外国法的理解，即属于此种情形。鉴定人并不需要当事人提供有关鉴定资料，根据自己掌握的知识、经验或者自行收集的资料即可。我国民事诉讼中，一般并不将此种情形作为鉴定的范畴。对于第二种类型，由于鉴定的前提事实或者基础事实根据一般经验法则即能作出认定，法官应当对这些前提事实或者基础事实自行作出认定后，交由鉴定人作出专业判断。在第三种类型的情形下，鉴定的前提事实或者基础事实并非由法官给出，而是需要由鉴定人查明和认定。由于法官对前提事实或者基础事实的认定缺乏必要的专业知识，其自行认定事实不可能，需由鉴定人自行收集鉴定材料并运用专业知识进行判断。我国民事诉讼中的鉴定，为第二种类型和第三种类型的情形，即均属于需要鉴定人进行专业判断的情形。

在涉及专门性问题的事实认定中，法官对于案件事实的认定与鉴定人专业判断之间的关系应当如何理解，是审判实践中经常容易混淆的问题。实践中有一种倾向，认为涉及专门性问题的事实判断，超出法官一般经验法则的范畴，在事实查明中事实上赋予鉴定人的意见以实质证据力，故而对鉴定意见的审查仅停留于形式审查和程序性审查，并不审查鉴定意见的实质内容，只要鉴定程序和鉴定意见的形式符合规定，即确认鉴定意见的证明力，以此作为认定案件事实的根据。这种认识既与人民法院的职权不符，也与鉴定人本身的性质相矛盾。

其一，事实认定权是人民法院审判权的重要组成部分，案件事实无论是否涉及专门性问题，认定的主体均为人民法院。人民法院的审判权源于《中华人民共和国宪法》第一百三十一条"人民法院依照法律规定独立行使审判权"的规定，审判权既是人民法院的职权，也是人民法院的法定职责，不能放弃和让渡。一般认为，人民法院的审判权包括法律适用权、事实认定权和诉讼指挥权。事实认定权是人民法院审判权不可分割的组成部分，无论案件事实是否超出法官一般经验法则范畴，均应当由人民法院作出最终认定。对于涉及专门性问题的事实，人民法院同样应当依照自由心证的要求，综合案件的全部事实、证据和当事人的全部辩论意见进行审查判断，而不能仅以鉴定意见为根据，更不能赋予鉴定意见当然的实质证据力，将涉及专门性问题事实认定的权力让渡于鉴定人行使，放弃人民法院对事实认定的职权和职责。

其二，鉴定系为辅助推事对事物之判断能力，命有特别学识经验之第三人，本于其专门知识、技能经验，陈述特别规律或经验法则之证据调查程序。即以鉴定人为证据方法，以鉴定人之鉴定意见为证据资料，俾以证明待证事项之调查证据。鉴定是由当事人之外的第三人，就法院指定的诉讼资料陈述意见，因此，鉴定人一方面是辅助法官对于专门性问题的知识和能力不足的辅助者，另一方面也是当事人可以利用的证据方法。基于赋予鉴定人对于鉴定资料收集权、对于当事人和证人的发问权等，其作为法官辅助人的角色是鉴定的本质特征，作为当事人证据方法的角色处于从属性地位。在案件事实查明的过程中，鉴定人自始至终均非事实认定权的主体，即使对于涉及专门性问题的事实查明中也居于辅助者的地位。将鉴定人在鉴定意见中对于涉及专门性问题事实的判断当然作为事实认定的结论，扭曲了鉴定人的性质和地位，以及鉴定意见作为证据的属性。

人民法院的事实认定权的性质和鉴定人本身的地位，也意味着在鉴定不可行、不现实的情况下，人民法院不能放弃对涉及专门性问题的事实认定权，而应当尽其所能利用其他证据方法对事实作出判断。这是作出本条规定的背景和基本考虑。

二、对本条规定的理解

1. 适用的情形

审判实践中涉及专门性问题的事实查明时，对待证事实负有举证责任的当事人通常会通过申请鉴定的方式寻求支持其事实主张的根据。但不同案件中所涉及的专门性问题千差万别，特别是生态环境侵权案件中的专门性问题具有极大的复杂性，经常涉及多学科、多领域的科学技术知识和技能，由此导致鉴定不可行、不现实的问题，需要法官依赖其他证据、事实和当事人的意见对涉及专门性问题的事实作出综合判断。典型的情形主要体现在两个方面：其一，鉴定不可行，即因没有鉴定标准、成熟的鉴定方法、相应资格的鉴定人等原因无法进行鉴定的情形。鉴定标准是鉴定人进行专业判断的依据，鉴定方法是鉴定人获取鉴定所需的信息的途径。缺乏鉴定标准、权威的鉴定方法，意味着鉴定事项所涉及的专业领域不存在相应的特殊经验法则，鉴定缺乏现实基础。即使进行鉴定，鉴定人对于鉴定事项所形成的意见只能代表其个体经验而难以获得专业领域的普遍认同，由此形成的鉴定意见缺乏公信力和权威性，无法作为认定案件事实的根据。而缺乏相应资格的鉴定人，将直接导致人民法院无法进行鉴定委托，同样属于鉴定不可行的情形。其二，鉴定不现实，即鉴定所需耗费的成本超出诉讼所保护的利益。这种成本既包括鉴定所消耗的时间成本，也包括物质成本。在生态环境侵权民事诉讼中，由于致害原因和生态环境损害后果的复杂性、综合性，鉴定周期过长、鉴定费用过高的情形并不鲜见，鉴定成本高于诉讼所保护的利益的情形也时有发生。这种情形严重扭曲了诉讼的价值，不仅给当事人、人民法院带来沉重负担，也不利于被侵权人权利的救济和生态环境公共利益的保护，鉴定也因此不具有现实性。

2. 人民法院认定事实的依据

在没有鉴定意见可资利用的情况下，人民法院对涉及专门性问题的事实认定，仍然需要在自由心证的原则下，结合案件的其他事实和证据的基础上，进行综合判断。即在对现有证据调查的基础上，结合当事人全部辩论意旨，对涉及专门性问题的事实作出认定。鉴定意见是我国专家证据的主要形式，其虽属于间接证据，但由于是人民法院委托鉴定人所出具，相比较当事人自行委托专业机构或人员出具的意见，具有中立、客观的优势，是涉及专门性问题事实查明的相对较为可靠的证据。但我国民事诉讼中的专家证据除鉴定意见外，还包括专家辅助人的意见。根据《民事诉讼法》第八十二条的规定，当事人可以申请有专门知识的人出庭就专业问题提出意见。尽管《民事诉讼法司法解释》第一百二十二条第二款规定，专家辅助人在法庭上就专业问题提出的意见视为当事人的陈述，而根据《民事诉讼法》第七十八条规定，当事人的陈述不能独立证明案件事实，但将专家辅助人的意见特别是双方当事人申请的专家辅助人的意见与其他证据、事实相结合，人民法院也能够对涉及专门性问题的事实作出合乎逻辑的认定。在鉴定不可行、不现实的情况下，人民法院应当注意释明权的行使，促使当事人充分利用专家辅助人这种证据方法，以使人民法院对涉及专门性问题事实的认定更有合理性。

【审判实践中需要注意的问题】

审判实践中需要注意的是：其一，对涉及专门性问题的事实认定是人民法院事实认定权的当然内容，在人民法院委托鉴定的情况下，鉴定意见并不具有实质证据力，不能当然作为认定案件事实的根据；鉴定不可行、不现实，并不意味着人民法院不能对涉及专门性问题的事实作出存在与否的认定，也不能以无法鉴定为由对事实作出否定性评价。其二，对于鉴定不可行的判断，审判人员需要与人民法院司法辅助部门进行充分沟通；对于鉴定不现实的判断，需要对鉴定成本与诉讼所保护的利益进行审慎权衡。其三，在没有鉴定意见可资利用的情况下，人民法院认定涉及专门性问题的事实，应当注意释明权的行使，促使当事人申请专家辅助人出庭陈述意见，以使法官的心证更具合理性。但当事人未提出专家辅助人这种证据方法的，不影响人民法院对事实的认定。其四，本条规定具有普遍适用意义，生态环境侵权案件之外的其他案件审理中，可以参照适用本规定的内容；包括生态环境侵权案件在内的民事案件，在对涉及专门性问题的事实负有举证责任的当事人不申请鉴定的情况下，也可以参照适用本条规定。

【法条链接】

《中华人民共和国民事诉讼法》（2023 年 9 月 1 日）

第八十二条　当事人可以申请人民法院通知有专门知识的人出庭，就鉴定人作出的鉴定意见或者专业问题提出意见。

《最高人民法院关于适用〈中华人民共和国民事诉讼法〉的解释》（2022 年 4 月 1 日）

第一百二十二条　当事人可以依照民事诉讼法第八十二条的规定，在举证期限届满前申请一至二名具有专门知识的人出庭，代表当事人对鉴定意见进行质证，或者对案件事实所涉及的专业问题提出意见。

具有专门知识的人在法庭上就专业问题提出的意见，视为当事人的陈述。

人民法院准许当事人申请的，相关费用由提出申请的当事人负担。

《最高人民法院关于民事诉讼证据的若干规定》（2019 年 12 月 25 日）

第八十三条　当事人依照民事诉讼法第七十九条和《最高人民法院关于适用〈中华人民共和国民事诉讼法〉的解释》第一百二十二条的规定，申请有专门知识的人出庭的，申请书中应当载明有专门知识的人的基本情况和申请的目的。

人民法院准许当事人申请的，应当通知双方当事人。

第八十四条　审判人员可以对有专门知识的人进行询问。经法庭准许，当事人可以对有专门知识的人进行询问，当事人各自申请的有专门知识的人可以就案件中的有关问题进行对质。

有专门知识的人不得参与对鉴定意见质证或者就专业问题发表

意见之外的法庭审理活动。

第八十五条 人民法院应当以证据能够证明的案件事实为根据依法作出裁判。

审判人员应当依照法定程序，全面、客观地审核证据，依据法律的规定，遵循法官职业道德，运用逻辑推理和日常生活经验，对证据有无证明力和证明力大小独立进行判断，并公开判断的理由和结果。

第二十二条 【专家辅助人制度在生态环境侵权案件中的具体应用】当事人申请有专门知识的人出庭，就鉴定意见或者污染物认定、损害结果、因果关系、生态环境修复方案、生态环境修复费用、生态环境受到损害至修复完成期间服务功能丧失导致的损失、生态环境功能永久性损害造成的损失等专业问题提出意见的，人民法院可以准许。

对方当事人以有专门知识的人不具备相应资格为由提出异议的，人民法院对该异议不予支持。

【条文主旨】

本条是关于专家辅助人制度在生态环境侵权案件中具体应用的规定。

【条文理解】

专家辅助人制度是《民事诉讼法》及相关司法解释构建的双层专家证据制度的重要组成部分，对于辅助当事人依法行使诉讼权利，破解生态环境侵权案件中的"专业壁垒"问题，具有重要意义。

一、专家辅助人制度的主要内容

《民事诉讼法》第八十二条规定："当事人可以申请人民法院通知有专门知识的人出庭，就鉴定人作出的鉴定意见或者专业问题提出意见。"所谓有专门知识的人，也称为专家辅助人，是指在科学、技术以及其他专业知识方面具有特殊的专门知识或者经验的人，根据当事人的申请并经人民法院同意，出庭就鉴定人作出的鉴定意见或者案件事实所涉及的专门问题进行说明或者发表专业意见的人。[①]最早对有专门知识的人作出规定的是 2001 年《民事诉讼证据规定》，其第六十一条规定："当事人可以向人民法院申请由一至二名具有专门知识的人员出庭就案件的专门性问题进行说明。人民法院准许其申请的，有关费用由提出申请的当事人负担。审判人员和当事人可以对出庭的具有专门知识的人员进行询问。经人民法院准许，可以由当事人各自申请的具有专门知识的人员就有关案件中的问题进行对质。具有专门知识的人员可以对鉴定人进行询问。"最高人民法院在相关释义中指出，"民事案件中遇到越来越多的专门性问题……当事人争议的事实与科学技术方面的新知识、新手段密切相关，往往都要发生科学鉴定才能查明案件事实的真相，因此，当事人依据自有的知识往往不能适应诉讼上的需要，委托的诉讼代理人一般也是在法律上有专长的律师，对案件事实中存在的技术性问题说不清楚。为了充分保护当事人诉讼法上的正当权利和实体法上的合法利益，有助于法官居中裁判和对事实的准确认定，在总结实践经验的基础

[①]　王胜明主编：《中华人民共和国民事诉讼法释义》（第 2 版），法律出版社 2012 年版，第176 页。

上，本条司法解释创设了诉讼辅佐人制度"①。据此，弥补当事人专业知识之不足，增强当事人对鉴定意见的质证能力，是最高人民法院通过司法解释设立该制度的主要原因。

2012 年《民事诉讼法》修改时，吸收了 2001 年《民事诉讼证据规定》第六十一条的内容，在第七十九条②对专家辅助人制度作出规定。立法机关指出，之所以在《民事诉讼法》中增设此项制度，是因为"医疗事故、环境污染和知识产权等案件，专业性强，为了查明事实，分清是非，维护当事人的合法权益，在庭审过程中需要专家提供专业意见"③。为确保《民事诉讼法》规定的该项制度正确实施，2015 年《民事诉讼法司法解释》第一百二十二条、第一百二十三条④，2019 年《民事诉讼证据规定》第八十三条、第八十四条、第九十九条第二款又作出细化规定。上述规定共同构成了民事诉讼中专家辅助人的制度基础。

根据上述规定，民事诉讼中的专家辅助人制度主要包括以下内容：（1）专家辅助人应当由当事人委托并承担相关费用，人民法院不能依职权委托，但可以向当事人释明。（2）当事人可以在举证期限届满前书面申请 1-2 名专家辅助人出庭，申请书中应当载明专家辅助人的基本情况和申请目的，是否准许由法庭审查决定。（3）法庭准许当事人申请的，应当通知双方当事人。（4）法庭不能依职权通知专家辅助人出庭提出意见。⑤ （5）专家辅助人仅能就鉴定意见

---

① 最高人民法院民事审判第一庭著：《民事诉讼证据司法解释的理解与适用》，中国法制出版社 2002 年版，第 296 页。

② 现为 2023 年《民事诉讼法》第八十二条。

③ 全国人民代表大会法律委员会关于《中华人民共和国民事诉讼法修正案（草案）修改情况的汇报》，载王胜明主编：《中华人民共和国民事诉讼法释义》（第 2 版），法律出版社 2012 年版，第 731 页。

④ 现为 2022 年《民事诉讼法司法解释》第一百二十二条、第一百二十三条。

⑤ 王胜明主编：《中华人民共和国民事诉讼法释义》（第 2 版），法律出版社 2012 年版，第 177 页。

或者案件所涉专业问题出庭提出意见，不得就案件的其他问题发表意见，不得参与专业问题之外的法庭审理活动。（6）专家辅助人必须出庭发表意见，不能以提供书面意见替代出庭。（7）专家辅助人在法庭上就专业问题提出的意见，视为当事人的陈述，不能单独作为认定案件事实的根据。（8）法庭可以对出庭的专家辅助人进行询问。经法庭准许，当事人可以对出庭的专家辅助人进行询问。对专家辅助人的询问参照适用询问证人的规定。（9）经法庭准许，当事人各方申请的专家辅助人可以进行对质。

二、相关制度比较

对于民事诉讼中的专家辅助人制度，司法实务中存在一定程度的认知偏差，直接影响到该制度所应遵循的程序和规则的确定以及案件事实的查明。造成偏差的主要原因有二：一是将专家辅助人与英美法系的专家证人相混淆，二是将民事诉讼中的专家辅助人与刑事诉讼中的专家辅助人相混淆。

（一）专家辅助人不是专家证人

专家证人是英美法系证据法上的概念，是指具有相应专业知识和实践经验、接受一方当事人委托就某些专门性问题在法庭上运用专业知识发表意见作出推论或结论的证人。[①] 专家辅助人虽然与专家证人有相似之处，但也有本质差别。

1. 形式上相似。（1）二者进入庭审的途径都是基于当事人的行为。专家证人和专家辅助人都是基于当事人的聘请进入民事诉讼之中，并由当事人承担其相关费用或支付报酬。（2）二者能否进入法

---

① ［美］乔恩·R. 华尔兹：《刑事证据大全》，何家弘等译，中国人民公安大学出版社 1993 年版，第 344 页。

庭审理，均由法庭决定。英美法系国家主要通过专家证人的容许性审查来控制这种专家证据的提出。英国《民事诉讼规则》35.4 规定，未经法庭准许，任何人不得聘请专家或将专家报告作为证据。专家辅助人能否在法庭上协助当事人质证，同样需要法庭的准许。（3）二者都具有辅助当事人诉讼的职能。虽然英美法系国家的专家证人被要求尽量保持中立和公正的立场，但并不禁止专家证人接受当事人的指示，为当事人的诉讼活动提供帮助。辅助当事人诉讼也是专家证人的职能之一。就专家辅助人而言，其在诉讼中的职能就是协助当事人就有关专门性问题的质证活动。（4）二者在法庭上的活动都与普通证人的作证活动相同或类似。普通法上，专家证人属于广义的证人范畴。其出席法庭审理时，作证前也适用普通证人作证的誓词，也应当在证人席作证，作证的过程也通过交叉询问（Cross-examination）方式展开。这些活动在形式上与普通证人别无二致。《民事诉讼证据规定》第八十四条关于专家辅助人在法庭上的活动，在很大程度上也是参照证人作证的规则设计的。如对具有专门知识的人员的询问、双方当事人各自申请的具有专门知识的人员的相互对质的规定，与该司法解释第七十四条有关询问证人和证人对质的规定十分相似。

2. 实质性差别。（1）专家辅助人与我国的证人制度不兼容。英美法系的专家证人尽管与事实证人相比存在特殊性，但其诉讼地位仍然归属于证人范畴。而根据我国诉讼法及相关司法解释①，证人是案件事实的亲历者，只能进行"体验式"陈述，不能发表意见证言。专家辅助人明显与这种对证人的要求不相容。（2）二者功能不同。专家辅助人在诉讼中的功能是单一的协助当事人，并不具有辅助法

---

① 《民事诉讼证据规定》第七十二条第一款规定："证人应当客观陈述其亲身感知的事实，作证时不得使用猜测、推断或者评论性语言。"

官的功能。法官的"专业助手"由鉴定人承担。而专家证人的功能则是双重的，既要在事实发现上为法庭提供帮助，也要辅助当事人进行诉讼，且辅助法庭事实发现的功能是其最主要和优先的功能。这是因为，在对待诉讼中的专门性问题上，英美法系并没有像大陆法系那样设置鉴定制度，而是主要通过专家证人制度来解决。例如，英国《民事诉讼规则》35.3 规定，"专家的职责是就其专业知识范围内的事项为法庭提供帮助；这种职责优先于其对聘请他或向他支付报酬的人的责任"。由于专家证人制度与鉴定制度同样具有在事实发现过程中辅助事实审理者对专业问题作出决定的功能，在我国民事诉讼制度已经确立了鉴定制度的情况下，再设置专家证人制度，既欠缺必要性与合理性，也不符合法律规则创设的内在逻辑。

（二）民事诉讼与刑事诉讼"有专门知识的人"之异同

两者概念范畴不同。根据《刑事诉讼法》及相关司法解释，刑事诉讼中有专门知识的人的范畴相当宽泛，大体包括以下四类：（1）勘验、检查人员；（2）鉴定人；（3）专家辅助人；（4）辅助公安司法机关办案的具有专门知识的其他人员。而民事诉讼中有专门知识的人仅指专家辅助人。即使在《刑事诉讼法》第一百九十七条，《刑诉法解释》第二百四十六条、第二百五十条、第二百五十一条，最高人民检察院《人民检察院刑事诉讼规则》第四百零四条第四款等条文共同构建的专家辅助人制度（也称为有专门知识的人出庭制度）层面上，其与民事诉讼中的专家辅助人也存在以下区别：

1. 功能定位不同。民事诉讼中的专家辅助人，由当事人聘请，代表当事人对鉴定意见进行质证或者对案件事实所涉及的专业问题提出意见，所提意见视为当事人的陈述，相关费用亦由当事人承担，故其仅具有单一的辅助当事人进行诉讼的功能。而刑事诉讼中的专家辅助人则明显具有辅助法庭和辅助当事人的双重辅助功能。《刑诉法解释》第二百五十一条规定："为查明案件事实、调查核实证据，人民法院可以依职权通知证人、鉴定人、有专门知识的人、调查人员、侦查人员或者其他人员出庭。"根据该条规定，人民法院既然可以依职权通知专家辅助人出庭，那么依职权聘请专家辅助人也是题中应有之义，这种做法在刑事司法实践中也并不鲜见。既然法院通知专家辅助人出庭的目的是"为查明案件事实、调查核实证据"，则专家辅助人明显具有辅助法官的功能。

2. 专家意见的适用范围不同。根据《民事诉讼法》第八十二条、《刑事诉讼法》第一百九十七条第二款的规定，《民事诉讼法》中的专家意见系针对鉴定意见和专业问题，而《刑事诉讼法》中的专家意见仅针对鉴定意见。不过《刑诉法解释》第一百条第一款规定："因无鉴定机构，或者根据法律、司法解释的规定，指派、聘请有专门知识的人就案件的专门性问题出具的报告，可以作为证据使用。"可视为对刑事诉讼法关于专家意见适用范围的突破。

3. 专家意见的证据效力不同。根据《民事诉讼法》第七十八条第一款、《民事诉讼法司法解释》第一百二十二条第二款、《民事诉讼证据规定》第九十条第一项之规定，专家辅助人的意见视为当事人的陈述，不能单独作为认定案件事实的根据。而《刑诉法解释》第一百条规定："因无鉴定机构，或者根据法律、司法解释的规定，指派、聘请有专门知识的人就案件的专门性问题出具的报告，可以作为证据使用。对前款规定的报告的审查与认定，参照适用本节的有关规定。经人民法院通知，出具报告的人拒不出庭作证的，有关报告不得作为定案的根据。"刑事诉讼相关司法解释并未对以专家意见单独认定案件事实作出否定性规定，故可以得出如下结论：在刑事诉讼中，除经法院通知拒不出庭作证外，专家辅助人的意见原则上具有证据资格，且可能单独作为认定案件事实的根据；对其审查判断参照适用鉴定意见的审查判断规则。

4. 法庭能否依职权通知出庭不同。根据《民事诉讼法》第八十二条的规定，有专门知识的人出庭，只能在当事人申请的情况下启动，人民法院不能依职权主动通知出庭。而根据《刑诉法解释》第二百五十一条的规定，为查明案件事实、调查核实证据，人民法院可以依职权通知专家辅助人出庭。

5. 是否适用回避不同。根据《民事诉讼法司法解释》第一百二十二条的规定，专家辅助人在法庭上的活动视为当事人的活动，而当事人并不适用回避规则，故专家辅助人亦不应适用。而根据《刑事诉讼法》第三十二条第一款"本章关于回避的规定适用于书记员、翻译人员和鉴定人"，以及第一百九十七条第四款"有专门知识的人出庭，适用鉴定人的有关规定"的规定，似可以得出刑事诉讼中的专家辅助人适用回避规则的结论。对此，应当基于刑事诉讼中专家辅助人的双重辅助功能进行分析：如果专家辅助人为控辩双方所聘请，则其主要发挥辅助控辩双方进行诉讼的功能，所提意见的法律效果由聘请方承担，自无对其适用回避之理由；如果专家辅助人由法院依职权聘请，如在《刑诉法解释》第一百条规定的情形下，则专家辅助人在功能上与鉴定人非常接近，确有参照适用鉴定人回避制度之必要，以确保其所提出意见的公正性。

综上所述，民事诉讼中有专门知识的人是专家辅助人而非专家证人，仅具有单一的辅助当事人的功能，不能由法院依职权通知出庭，其意见视为当事人的陈述，不能单独作为认定案件事实的依据等特点，避免与英美法系的专家证人，以及我国刑事诉讼中有专门知识的人发生混淆甚至混用，确保《民事诉讼法》所规定的专家证据制度的正确实施。

三、专家辅助人制度在环境侵权案件中的适用

生态环境侵权大多具有长期性、潜伏性、持续性、广泛性特征，造成损害的过程、因果关系链条比较复杂，专门性问题较多，相关事实查明的难度大，对专家证据的依赖程度高，事实认定的"专业壁垒"问题突出。同时，由于司法鉴定一定程度上存在鉴定机构有限、费用较高、周期较长等问题，专家辅助人在生态环境侵权案件中的作用日益凸显。为充分发挥专家辅助人制度的作用，本解释第二十二条在充分总结审判经验的基础上，明确对于污染物认定、损害结果、因果关系、生态环境修复方案、生态环境修复费用、生态环境受到损害至修复完成期间服务功能丧失导致的损失、生态环境功能永久性损害造成的损失等专业问题，当事人可以聘请专家辅助人提出意见。本条所列的专业问题，技术性、专业性强，在生态环境侵权案件中常见且重要，直接影响到案件事实查明，而法庭囿于知识结构之不足，往往难以凭一己之力对这些问题作出准确判断，可以引导当事人积极委托专家辅助人提出意见。在当事人未申请鉴定或者委托专家辅助人的情况下，法庭也可以向当事人释明。

由于生态环境侵权案件所涉专业问题可能涉及多领域、多学科，不同领域可能均需要专家辅助人，故该条没有对一方当事人聘请的专家辅助人的总人数作限制，但按照《民事诉讼法司法解释》第一百二十二条的规定，当事人申请的某一领域的专家辅助人不应超过两人。此外，由于具有专门知识的人在法庭上就专业问题提出的意见视为当事人的陈述，故对专门知识的人不应有资格方面的要求，此点与鉴定人有本质不同。如果对方当事人以有专门知识的人不具备相应资格为由提出异议的，人民法院对该异议不予支持。

【审判实践中需要注意的问题】

1. 专家辅助人能否参与法庭审理，取决于人民法院的决定。人民法院认为当事人申请专家辅助人出庭没有必要的，可以驳回当事人的申请。

2. 专家辅助人的诉讼地位是诉讼辅助人，因此，其出席法庭审理时不能被视为证人在证人席陈述意见，而是与当事人及其诉讼代理人在法庭上的位置保持一致。

3. 专家辅助人是否具备相应的资格和能力，取决于当事人的认识，人民法院对专家辅助人不作资格上的审查。

4. 专家辅助人仅具有单一的辅助当事人的功能，不能由法庭依职权委托。民事审判实践中存在法庭自行委托专家辅助人的做法，应当予以纠正。

5. 专家辅助人必须出庭提出意见，未出庭而仅提供书面意见的，法庭不应采纳。

【法条链接】

《中华人民共和国民事诉讼法》（2023 年 9 月 1 日）

第八十二条　当事人可以申请人民法院通知有专门知识的人出庭，就鉴定人作出的鉴定意见或者专业问题提出意见。

《最高人民法院关于适用〈中华人民共和国民事诉讼法〉的解释》（2022 年 4 月 1 日）

第一百二十二条　当事人可以依照民事诉讼法第八十二条的规定，在举证期限届满前申请一至二名具有专门知识的人出庭，代表当事人对鉴定意见进行质证，或者对案件事实所涉及的专业问题提出意见。

具有专门知识的人在法庭上就专业问题提出的意见，视为当事人的陈述。

人民法院准许当事人申请的，相关费用由提出申请的当事人负担。

第一百二十三条 人民法院可以对出庭的具有专门知识的人进行询问。经法庭准许，当事人可以对出庭的具有专门知识的人进行询问，当事人各自申请的具有专门知识的人可以就案件中的有关问题进行对质。

具有专门知识的人不得参与专业问题之外的法庭审理活动。

《最高人民法院关于民事诉讼证据的若干规定》（2019 年 12 月 25 日）

第八十三条 当事人依照民事诉讼法第七十九条和《最高人民法院关于适用〈中华人民共和国民事诉讼法〉的解释》第一百二十二条的规定，申请有专门知识的人出庭的，申请书中应当载明有专门知识的人的基本情况和申请的目的。

人民法院准许当事人申请的，应当通知双方当事人。

第八十四条 审判人员可以对有专门知识的人进行询问。经法庭准许，当事人可以对有专门知识的人进行询问，当事人各自申请的有专门知识的人可以就案件中的有关问题进行对质。

有专门知识的人不得参与对鉴定意见质证或者就专业问题发表意见之外的法庭审理活动。

第九十条 下列证据不能单独作为认定案件事实的根据：

（一）当事人的陈述；

……

第九十二条 私文书证的真实性，由主张以私文书证证明案件事实的当事人承担举证责任。

私文书证由制作者或者其代理人签名、盖章或捺印的，推定为真实。

私文书证上有删除、涂改、增添或者其他形式瑕疵的，人民法院应当综合案件的具体情况判断其证明力。

第九十九条第二款　除法律、司法解释另有规定外，对当事人、鉴定人、有专门知识的人的询问参照适用本规定中关于询问证人的规定；关于书证的规定适用于视听资料、电子数据；存储在电子计算机等电子介质中的视听资料，适用电子数据的规定。

《最高人民法院关于审理环境侵权责任纠纷案件适用法律若干问题的解释》（2020年12月29日）

第九条　当事人申请通知一至两名具有专门知识的人出庭，就鉴定意见或者污染物认定、损害结果、因果关系、修复措施等专业问题提出意见的，人民法院可以准许。当事人未申请，人民法院认为有必要的，可以进行释明。

具有专门知识的人在法庭上提出的意见，经当事人质证，可以作为认定案件事实的根据。

《最高人民法院关于审理环境民事公益诉讼案件适用法律若干问题的解释》（2020年12月29日）

第十五条　当事人申请通知有专门知识的人出庭，就鉴定人作出的鉴定意见或者就因果关系、生态环境修复方式、生态环境修复费用以及生态环境受到损害至修复完成期间服务功能丧失导致的损失等专门性问题提出意见的，人民法院可以准许。

前款规定的专家意见经质证，可以作为认定事实的根据。

> 第二十三条　【对当事人自行委托有关机构、人员出具的专业意见的处理】当事人就环境污染、生态破坏的专门性问题自行委托有关机构、人员出具的意见，人民法院应当结合本案的其他证据，审查确定能否作为认定案件事实的根据。
>
> 对方当事人对该意见有异议的，人民法院应当告知提供意见的当事人可以申请出具意见的机构或者人员出庭陈述意见；未出庭的，该意见不得作为认定案件事实的根据。

【条文主旨】

本条是关于当事人自行委托有关机构、人员出具的专业意见的处理。

【条文理解】

当事人自行委托鉴定机构、专家等出具专业意见的情况在民事诉讼中时有发生，生态环境侵权案件所涉专门性问题较多，此类情况更为常见。对于当事人提交的相关意见，《民事诉讼证据规定》第四十一条①从对方当事人申请启动鉴定角度作出了规定，但对于人民法院对该意见如何审查认定，法律和司法解释均未作规定，司法实践中的做法也较为混乱，确有规范之必要。本解释起草过程中，笔者在现有民事证据制度和理论框架下，对该问题进行了深入研究，

---

① 《民事诉讼证据规定》第四十一条规定："对于一方当事人就专门性问题自行委托有关机构或者人员出具的意见，另一方当事人有证据或者理由足以反驳并申请鉴定的，人民法院应予准许。"

得出了较为妥当的结论，也填补了一项制度空白。

一、关于当事人有无自行委托鉴定的权利问题

是否承认当事人有自行委托鉴定的权利，与证据法上对鉴定人职能属性的界定有密切关系。在此问题上，大陆法系国家和地区与英美法系国家和地区的观点和做法不尽相同。在大陆法系国家和地区，鉴定人往往被作为狭义上的专业人员来看待，鉴定人被限定为少数具有大学和大学以上文化程度，以及在各种行业具有特殊专业才能和名望的人士。大陆法系所谓的专家，常常是指建筑师、会计师、律师、工程师、土地房屋调查师等获得资格认证或具有较高学历的人士。在法国，专家被视为法院的组成人员，必须公正无私，专家按照法官的指定将鉴定意见作为发现事实真相的一种方式。在意大利，专家被视为法院的辅助人员，是法官的助手而非证人，其职能是协助法官收集证据并对有关证据进行评估。专家鉴定在证据方式上属间接证据的范畴。专家就案件事实所提供的技术咨询可涉及任何专业、学科、行业或技能领域。在西班牙，鉴定人为一种专家证人，不过西班牙的专家证人更像法官助手，而不同于普通证人。他们由当事人合意选任，按照特殊的经验法则帮助法官来确认有关待证事实问题。在我国台湾地区，鉴定是在受诉法院监督下进行的。法院不但有权参与鉴定，还可以随时听取鉴定人的意见，并且应当监督鉴定的进度。如法院认为所采用的鉴定方法有欠妥当或有其他不当情形时，可以随时撤换鉴定人。在鉴定意见形成后，如法院对其存有疑问，可以指令他人重新鉴定。鉴定人作为法院的辅助机关，其作出的结论并无约束法院的力量。

在英美法系国家和地区，鉴定人或鉴定专家，被作为广义上的证人或充当一般证人来看待。例如，美国《联邦证据规则》第七百

零二条规定："如果科学、技术或其他专业知识有助于事实审判者理解证据或者确定系争事实，凭其知识、技能、经验、训练或者教育够格为专家的证人可以用意见或其他方式作证。"英美法上的专家证人应当具备以下几个基本条件：（1）作为专家证言所表达的意见、推论或结论，是依靠专门性的知识、技能和培训作出的，而不是依靠陪审团的普通经验。（2）专家证人在法庭上必须表明其作为某一特定领域内的专家所具有的经验，并证明其拥有能够胜任该种工作的能力。（3）专家证人必须对自己的意见、推论或结论作出合理的肯定（很可能）程度的证明。（4）专家证人应当首先表明其对待证事实有关的证据材料作出的有根据的意见、推论或结论，并且必须对依据有关事实提出的假设性问题作出肯定性回答。在英美法国家，鉴定意见不作为独立的证据方式，它与证人证言之间不作明确的区分。但是，这种专家证人与一般证人实质差别在于，专家证人在其提供证言的范围内，必须具有某一特殊专业的知识、技能和经验；在一般情形下，专家证人不能直接证明有关的事实，而只是从有关事实材料基础上作出推论，也就是说，他们所作出的这种推论与法庭所要求证明的待证事实之间具有关联性，而一般证人通常只能就其亲耳目睹的与案件事实有关的情况予以证明，即只允许证明某一案件事实的存在，而不允许就案件事实情况进行推论、推测或发表意见。英美法上的专家鉴定人一般由当事人选择、传唤，法院可以自行决定或根据当事人的申请指定经当事人同意的任何专家证人。

在我国，围绕当事人是否有单方自行委托鉴定的权利，换言之，当事人能否直接聘请鉴定人进行鉴定的问题，证据法学者曾有过激烈的争论。主要有肯定说和否定说两种对立观点。持肯定说者认为，当事人及其诉讼代理人可以直接聘请鉴定人进行鉴定。主要理由：（1）允许当事人直接聘请鉴定人可以使当事人充分发挥其诉讼上的防御作用，即便败诉也心服口服。（2）我国现行法律并没有禁止当事人聘请鉴定人。《刑事诉讼法》只规定了在什么情况下应当指派或聘请鉴定人，没有规定由什么人指派或聘请鉴定人，相反却规定了被告人有申请补充鉴定或重新鉴定的权利。（3）从国外立法例来看，多数国家允许当事人自行聘请鉴定人。持否定说者认为，鉴定人参加鉴定活动只能由司法机关聘请，当事人无此权利。主要理由：（1）鉴定是公检法机关为查明案件事实而进行的专门调查活动，在侦查阶段，属于侦查活动；在审判阶段，属于法院的审判活动。因此，只能由司法机关聘请鉴定人参加鉴定活动。（2）指派或聘请鉴定人是鉴定活动的组成部分，而鉴定活动是司法机关决定采取的诉讼活动，故聘请鉴定人的行为只能由司法机关实施。（3）当事人提出鉴定申请须得到法院同意，这与当事人直接聘请鉴定人有根本不同。否定说在我国诉讼法学界影响力较大，许多学者都否定当事人享有直接自行聘请专家鉴定人的权利。对此，笔者认为，《民事诉讼法》和相关司法解释并未对当事人自行委托鉴定机构出具专业意见予以禁止性规定或者否定性评价。从证据法角度看，一切能够证明案件事实的材料都是证据，当事人有提供证据证明其主张的权利，因此，当事人自行委托鉴定机构形成的书面意见作为一种证据形式，应当被允许。特别是在人民法院受理案件日益纷繁复杂的背景下，当事人自行委托鉴定具有一定的合理性，对于发挥当事人主动性、促进诉讼进程顺畅进行、提高诉讼效率具有积极意义。

二、当事人自行委托出具的专业意见不是鉴定意见

《民事诉讼法》第七十九条第一款规定："当事人可以就查明事实的专门性问题向人民法院申请鉴定。当事人申请鉴定的，由双方当事人协商确定具备资格的鉴定人；协商不成的，由人民法院指

定。"根据该条规定,作为《民事诉讼法》第六十六条规定的8种法定证据种类之一,鉴定意见需要具备三个必要条件:一是只能是针对法律问题之外的专门性问题进行鉴定。法律适用、当事人责任划分等法律问题,应当由法庭决定,不能进行鉴定。二是只能由人民法院委托鉴定,即鉴定程序启动主体具有唯一性。当事人具有鉴定申请权利,但是否准许并委托鉴定,由人民法院决定。当事人自行委托有关机构、人员出具的意见,不属于《民事诉讼法》上的鉴定意见。需要注意的是,此点与《刑事诉讼法》的规定不同,后者除了人民法院外,侦查机关、公诉机关也可以依法启动鉴定。三是只能在本案诉讼中委托。另案中的经依法委托出具的鉴定意见,不属于本案的鉴定意见,但其作为本案证据使用并无禁止性规定。基于上述分析,当事人就环境污染、生态破坏的专门性问题自行委托有关机构、人员出具的意见,不属于《民事诉讼法》上的鉴定意见,人民法院不能适用《民事诉讼法》及相关司法解释关于鉴定意见的审查判断规则进行审查判断。

而且,与鉴定意见相比,当事人自行委托专业机构形成的意见在科学性、权威性、证明力等方面都存在不小的差距,人民法院进行审查认定时应当予以特别注意:(1)未经法定程序启动。司法鉴定的启动权之所以由法院掌握,是因为审判人员会根据案件基本事实查明的需要对专门性问题是否需要委托鉴定进行审查判断,对于不属于专门性问题,或者虽然是专门性问题但是通过勘验、法庭调查等方式即可查明的,无需启动鉴定。而当事人自行委托的所谓"鉴定"则未经该法定程序。(2)鉴定人选任不符合诉讼法要求。人民法院委托司法鉴定,首先要召集双方当事人确定鉴定范围,并在鉴定人名册中协商确定鉴定人,协商不成的,由人民法院确定。这一程序旨在防止鉴定人与任一方当事人存在利害关系,确保鉴定人在鉴定活动中的独立性与公正性。（3）鉴定的基础证据材料不符合诉讼法要求。当事人自行委托专业机构提供专业意见时，供专业机构使用的基础材料皆由该方当事人自己提供，不包括对方当事人掌握的相关证据材料，且难免作有利于己的取舍。这些鉴定材料未经人民法院组织双方当事人质证，无法保证其真实性、完整性。因此，当事人自行委托的所谓"鉴定"所得的意见在科学性、权威性上存在先天不足，相关意见的客观性、关联性常常受到对方当事人质疑。

三、不能仅因该意见系当事人自行委托出具而否定其证据资格

司法实践中，有观点认为，当事人自行提供的专业意见不属于《民事诉讼法》第六十六条规定的 8 种法定证据种类，因而不具备证据资格，不能作为认定案件事实的根据。这种观点是错误的。所谓证据资格，也称证据的适格或证据能力，是指证据方法或证据材料可以被采用为证明案件事实的资格。[①] 证据资格是证据材料作为民事诉讼证据的先决条件，当事人提供的证据材料只有具备证据资格，法官才能把它作为认定案件事实的依据。根据《民事诉讼法司法解释》第一百零四条的规定，证据资格的判断标准是证据的三种属性，即客观性、关联性和合法性，不具备这些属性的证据材料因不具有证据资格而应当被排除，不能作为认定案件事实的根据。而《民事诉讼法》第六十六条所规定的法定证据种类，只是对典型的民事诉讼证据形式的立法归纳，并非证据资格的判断标准。比如，电子数据作为一种法定证据种类，是 2012 年《民事诉讼法》修改时增加

---

① 汤维建主编：《民事诉讼法学》，北京大学出版社 2008 年版，第 241 页。

的，但并不能据此得出 2012 年《民事诉讼法》施行前，电子数据因不属于某一法定证据种类而不具有证据资格的结论。从比较法视角看，大部分国家和地区的法律并未规定证据种类。不过，诉讼法关于证据种类的规定，也有其价值所在。因为立法所规定的证据种类，都是司法实践中大量存在、特征鲜明、较为典型的证据形式，理论和实践中已经对其形成了较为一致的认识和审查判断规则。对于非典型的证据形式，可以参照适用最相类似的法定证据种类的审判判断规则，这与民事实体法对典型合同①的规定有相通之处。综上所述，对于当事人就环境污染、生态破坏的专门性问题自行委托有关机构、人员出具的意见，只要具有客观性、关联性和合法性，其就具有证据资格，下一步是对该证据证明力的审判判断问题。

四、当事人自行委托出具的专业意见的审查判断规则

审判实践中，对于当事人自行提交的专业意见，主要存在按照私文书证处理、按照有专门知识的人的意见处理两种做法，可能导致案件事实认定结论的截然不同。其中，按照私文书证处理的思路一度占据主导地位②。经认真研究，并参考民诉法学界主流意见，笔者认为在现行民事证据制度框架下，参照专家辅助人制度，将这种专业意见视为当事人的书面陈述，是符合其本身特点、比较妥当的做法。其一，当事人自行委托的专业机构与专家辅助人性质相同，均为当事人自行选择的辅助其诉讼的主体，均针对涉及专门性问题

---

① 《民法典》第四百六十七条第一款规定："本法或者其他法律没有明文规定的合同，适用本编通则的规定，并可以参照适用本编或者其他法律最相类似合同的规定。"

② 例如，《最高人民法院新民事诉讼证据规定理解与适用（上）》中称："我们认为，对于当事人自行委托的所谓鉴定所形成的书面意见，虽然不能作为民事诉讼法所规定的八种法定证据类型中的鉴定意见来看待，但可以准用私文书证的质证规则来处理。"参见最高人民法院民事审判第一庭编著：《最高人民法院新民事诉讼证据规定理解与适用（上）》，人民法院出版社 2020 年版，第 404 页。

的事实查明代表当事人发表意见，将当事人自行提供的专业意见理解为专家辅助人意见，符合逻辑。其二，将当事人自行提供的专业意见作为私文书证，由于私文书证具有推定真实的效力，在效力层级上高于当事人陈述，会产生当事人申请的专家辅助人出庭陈述的意见性质为当事人陈述，而未出庭、提交的书面意见为书证的情形，导致逻辑上的矛盾和证据效力体系的不平衡。考虑到此类意见与专家辅助人意见性质相同，以及证据效力体系的内在平衡，本条参照有专门知识的人的制度逻辑，对当事人自行委托出具的专业意见确立了以下审查判断规则：当事人就环境污染、生态破坏的专门性问题自行委托有关机构、人员出具的意见，人民法院应当结合本案的其他证据，审查确定能否作为认定案件事实的根据。对方当事人对该意见有异议的，人民法院应当告知提供意见的当事人可以申请出具意见的机构或者人员出庭陈述意见；未出庭的，该意见不得作为认定案件事实的根据。

【审判实践中需要注意的问题】

1. 对于当事人就环境污染、生态破坏的专门性问题自行委托有关机构、人员出具的意见，人民法院不能因其并非《民事诉讼法》上的鉴定意见而否定其证据资格。该意见经双方当事人质证，具备客观性、关联性和合法性三种证据属性的，人民法院应当认定其具有证据资格，进而对其证明力进行审查判断。

2. 当事人就环境污染、生态破坏的专门性问题自行委托有关机构、人员出具的意见，不能单独作为认定案件事实的根据，人民法院必须结合本案的其他证据对案件事实作出认定。

3. 如果一方当事人对对方当事人自行委托形成的意见不持异议，此属其行使处分权的行为，人民法院可以适用自认规则对相关案件事实作出认定。

4. 如果对方当事人对该意见有异议，则出具该意见的机构或者人员必须出庭陈述并接受法庭询问，否则，该意见不得作为认定案件事实的根据。

5. 出具该意见的机构或者人员出庭，应当由提供该意见的一方当事人向人民法院提出申请，人民法院原则上应当准许。按照《民事诉讼法》中关于"专家辅助人"的制度逻辑，人民法院不得依职权通知出具该意见的机构或者人员到庭。

【法条链接】

《中华人民共和国民事诉讼法》（2023 年 9 月 1 日）

第七十八条第一款 人民法院对当事人的陈述，应当结合本案的其他证据，审查确定能否作为认定事实的根据。

第七十九条 当事人可以就查明事实的专门性问题向人民法院申请鉴定。当事人申请鉴定的，由双方当事人协商确定具备资格的鉴定人；协商不成的，由人民法院指定。

当事人未申请鉴定，人民法院对专门性问题认为需要鉴定的，应当委托具备资格的鉴定人进行鉴定。

《最高人民法院关于民事诉讼证据的若干规定》（2019 年 12 月 25 日）

第四十一条 对于一方当事人就专门性问题自行委托有关机构或者人员出具的意见，另一方当事人有证据或者理由足以反驳并申请鉴定的，人民法院应予准许。

第九十条 下列证据不能单独作为认定案件事实的根据：

（一）当事人的陈述；

……

第九十二条　私文书证的真实性，由主张以私文书证证明案件事实的当事人承担举证责任。

私文书证由制作者或者其代理人签名、盖章或捺印的，推定为真实。

私文书证上有删除、涂改、增添或者其他形式瑕疵的，人民法院应当综合案件的具体情况判断其证明力。

《最高人民法院关于审理生态环境损害赔偿案件的若干规定（试行）》（2020 年 12 月 29 日）

第十条　当事人在诉前委托具备环境司法鉴定资质的鉴定机构出具的鉴定意见，以及委托国务院环境资源保护监督管理相关主管部门推荐的机构出具的检验报告、检测报告、评估报告、监测数据等，经当事人质证并符合证据标准的，可以作为认定案件事实的根据。

第二十四条　**【公文书证证明力推定规则在生态环境侵权民事诉讼领域的司法适用】**负有环境资源保护监督管理职责的部门在其职权范围内制作的处罚决定等文书所记载的事项推定为真实，但有相反证据足以推翻的除外。

人民法院认为有必要的，可以依职权对上述文书的真实性进行调查核实。

【条文主旨】

本条规定了公文书证证明力推定规则在生态环境侵权民事诉讼领域的司法适用问题。

【条文理解】

一、公文书证及其证明力

(一) 公文书证

公文即公务文件, 也称公文书。在学理上, 我国的公文是指 "国家公务人员在其职权范围内或者我国企事业单位和社会团体在其 权限范围内制作的文书"。① 按照《民事诉讼法司法解释》第一百一 十四条的规定, 公文是指 "国家机关或者其他依法具有社会管理职 能的组织, 在其职权范围内制作的文书"。无论是学理阐释, 还是立 法规定, 都强调了公文制作主体的特殊性。在证据法上, 当公文作 为证据使用时, 因其系以表达的思想和记载的内容证明案件事实, 符合书证的特征,② 故属于书证的一种, 与之相对应的书证分类为私 文书证。

我国三大诉讼法均明确将书证规定为法定证据种类③, 相较于其 他种类证据, 书证的载体具有稳定性, 形成具有历史性, 内容具有 预先确定性, 因此与待证事实的关联非常显著和直接, 对待证事实 的证明也至关重要, 甚至在合同诉讼等特定类型诉讼中, 居于中心 地位。特别是在法国等奉行书证优先主义的诉讼模式下, 书证在诉 讼中的证明作用明显大于其他证据形式, 在作为定案证据时会被优 先考虑。④ 但是并非所有书证对待证事实的证明作用均可等量齐观,

---

① 张卫平主编:《民事证据法》, 法律出版社 2017 年版, 第 29 页。
② 参见陈光中、徐静村主编:《刑事诉讼法学》, 中国政法大学出版社 1999 年版, 第 195 页; 陈一云主编:《证据学》, 中国人民大学出版社 1991 年版, 第 261 页; 等等。
③ 《民事诉讼法》第六十六条、《行政诉讼法》第三十三条、《刑事诉讼法》第五十条。
④ 张卫平、陈刚:《法国民事诉讼法导论》, 中国政法大学出版社 1997 年版, 第 83 页。

而公文书证证明作用强于私文书证等普通书证则是不同证据制度下一个较为普遍的现象。

（二）书证证明力

书证对待证事实的证明作用其实就是证据的证明力，具体是指证据对待证事实是否有证明作用及证明作用的强弱，即能否证明以及在多大程度上证明待证事实。[①] 证据裁判主义是现代诉讼制度的重要特征之一，依据证据认定案件事实是诉讼活动的主要追求目标。根据法庭调查证据的时间顺序，法官对证据的评价可以分为三个阶段：第一，接受法庭调查之前，根据该证据与待证事实的相关性确定其是否具有接受法庭调查的价值或资格，即证据能力判断。第二，法庭调查之后，对证据自身可信性及其证明力大小进行判断，即证据证明力判断。第三，根据查证属实的证据推断待证事实，即事实的认定，具体包括对个别事实的认定与事实的整体认定。[②] 在这一过程中，审查证据的证明力是证据评价的核心内容。

书证的证明力分为形式证明力和实质证明力。形式证明力涉及书证本身的真伪问题，是指书证中表达的思想和记载的内容是否确实为名义上该书证的制作主体所为，有没有被伪造，如果一项书证是根据书证名义制作主体的真实意思作成，则其就具有形式证明力。实质证明力是指书证的内容是否具有证明待证事实真伪的作用，如果一项书证能够证明待证事实真伪，则其就具有实质证明力。[③] 在二者的关系上，书证的形式证明力是实质证明力的前提和基础，没有形式证明力，就不可能具有实质证明力，但具有形式证明力，不一

---

① 李明：《证据证明力研究》，中国人民公安大学出版社 2013 年版，第 12 页。
② 吴宏耀：《论证据的自由评价》，载陈光中、江伟主编：《诉讼法论丛（第八卷）》，法律出版社 2003 年版，第 45 页。
③ 张卫平主编：《民事证据法》，法律出版社 2017 年版，第 30 页。

定具有实质证明力，因为即使书证本身是真实的，其表达的思想和记载的内容也可能存在错误，或者与待证事实不具有关联性，不能证明待证事实真伪。因此，作为裁判依据的书证，一定既具有形式证明力，又具有实质证明力，二者缺一不可。

（三）证据证明力的评价模式

证据证明力的评价模式是指证据的证明力由谁来判断的问题。人类法制发展历史主要经历了神示证据、法定证据和自由心证三种证据证明力评价模式。神示证据评价模式通常是由所谓神灵等超验体作为判断证据证明力的主体，法官只是机械地确定神灵的判断并据此裁判。神示证据评价模式是人类认识客观世界能力极度低下的产物，伴随着人类认识世界、改造世界能力的日益提高，该模式已然成为历史陈迹，不见于确立了现代诉讼制度下的各地区证据制度中。法定证据评价模式是由法律预先规定各种证据的证明力和审查判断证据的规则，"法官则成为对证据的证明力加以计算的'会计'"①，完全根据法律对证据证明力的先验设定，对个案中的证据证明力进行评价，而不能依据内心对证据的确信程度作出裁判。自由心证评价模式是法律并不预设各种证据的证明力，而是委诸法官依据内心良知、理性和经验法则对证据证明力进行判断。在三种评价模式下，法官对证据证明力的判断经历了从不自由到自由的过程，证据的证明力越来越多地脱离神灵、法律等外部规定，而日益成为法官内心自由裁量的范围。

应当注意的是，虽然当今世界各地区已经较为普遍地确立了自由心证评价模式，但是，不能认为从法定证据评价模式到自由心证

---

① 卞建林：《刑事证明理论》，中国人民公安大学出版社 2004 年版，第 396 页。

评价模式的演进是一个线性发展过程，认为后者完全取代了前者。事实上，当今西方两大法系均已完全确立了自由心证评价模式，但法定证据评价模式仍在两大法系地区具有存在意义和价值。比如，传闻证据规则是英美证据法上最具特色的规则，根据该规则，除非有法律明文规定的例外情形，否则传闻证据不具有对待证事实的证明力，不具有可采性，不能在审判中作为证据使用。这种预先规定了某种证据不可采的制度就是针对该种证据的法定证据评价模式。大陆法系国家并没有吸收或者确立传闻证据规则，以至于有观点认为，传闻证据规则只是英美法系独有的规定，究其原因，可能是大陆法系国家具有较为深厚的罗马教会法的法定证据传统，而随着历史的发展，欧陆立法者逐渐认识到，证据的证明力问题因其复杂而极难驾驭，远非制定法所能够穷尽界定和周全把握。[1] 大陆法系国家对法定证据制度的（过度）心理反应导致了两个后果：其一是自由心证模式以立法形式在大多数大陆法系国家得到确立；其二则是大陆法系国家的立法者不仅形成了对"证明力规则的厌恶"，而且还"引发了针对那些以证明力模糊为根据的证据排除规则的敌意"。即在大陆法系国家的立法者看来，"当事实认定者知悉了不具有可采性的证据的内容时……法律制度的典型反应是要求事实认定者忽略该证据的内容。但是，如果该证据内容碰巧是具有说服力的，法律则要求事实认定者对其所知悉的证据内容不给予任何证明力。用更加超前的话语来说，诉讼制度为了执行其证据排除政策，已经默默地包含了一些证明力规则，即将不具有可采性的证据的证明力规定为零"。[2] 然而，即使大陆法系国家因为"对证明力规则的厌恶"没有

---

① 田心则：《论传闻证据规则运作的程序背景》，载《中国人民公安大学学报》2005 年第 4 期。

② ［美］米尔建·达马斯卡：《漂移的证据法》，李学军等译，中国政法大学出版社 2004 年版，第 24~25 页。

确立传闻证据规则，却仍然确立了诸多其他排除规则，如《德国刑事诉讼法》第 136a 条确立的非法证据排除范围甚至比英美法系的非法证据排除范围更大。①

除了传闻证据规则以外，还有很多特定种类的证据，由于其自身所包含的风险可能超过了它们的证明价值，在确立了自由心证评价模式的地区，法律仍会将其排除于诉讼程序之外②。而这些证据排除规则，表面上看是针对特定证据的证据能力问题，但实质上是关于该证据的证明力判断问题，即法律明确规定特定证据的证明力为零。除此以外，在确立了自由心证评价模式的两大法系，还存在其他对自由心证评价模式的法定制约，法官在评价某些特殊证据——如下文将要述及的公文书证——的证明力时，必须依据法律作出相应认定，而不能自由进行，这显然也属于法定证据评价模式的范畴。

二、公文书证证明力制度的域外经验

（一）代表性地区的立法实践

在法国，书证分为公证书和私证书。公证书是有权制作该文书的公务官员，在特定场所依定式制成的文书③；私证书则仅为当事人之间订立而未经过公证人进行公证的文书。④ 可见，法国法上的"公

---

① 当然，西方两大法系的证据制度均有其各自的诉讼制度背景，应当以整合而非割裂的视角审视二者的关系。关于此点的详细讨论，请参见田心则：《论传闻证据规则运作的程序背景》，载《中国人民公安大学学报》2005 年第 4 期。

② 例如，某些证据的分量很小，证明价值可能是微乎其微的；某些证据的关联性过于遥远，容易导致推测、虚构或者浪费时间；某些证据会产生多个争执点，容易混淆主要争议，造成事实审重心的偏离；某些证据可能会误导事实审理者，或者诱导其凭感情冲动作出不恰当的决定；某些种类的证据在类型化上不可靠或具有不确定性，存在给事实认定带来错误的危险；等等。参见聂昭伟：《证明力与证据能力规则演变规律探究》，载《西南政法大学学报》2007 年第 2 期。

③ 《法国新民事诉讼法典》，罗结珍译，法律出版社 2008 年版，第 229 页。

④ 詹爱萍：《公证书与书证优先主义之论》，载《重庆理工大学学报（社会科学）》2014 年第 12 期。

证书"与我国法上的"公证书"①的内涵外延并不一致，实际与我国的"公文书"意义更为相近。在法国，公证书一旦作成，只要从表面上看起来合乎规范，即被推定为真实而产生法定的形式证明力、实质证明力和执行力，②相较而言，私证书一般仅具备形式证明力。当事人如果对公证书的真实性存有异议，仅能通过提起《法国民法典》第一千三百一十九条第二款规定的公证书伪造之诉并依照《法国新民事诉讼法典》第三百零三条至第三百一十六条规定的程序推翻原公证书的真实性推定，原民事案件则须待伪造文书的诉讼判决作出后才可继续审理和作出判决。由此可见，在法国，公证书被以法定形式确立了极高的证据地位和极强的证明力。

在德国，也存在公文书和私文书的分类。公文书是公共机构或有公信力的人（包括公证人、书记员、执达员、土地登记员、婚姻登记员、被授予称号的邮差以及在送达过程中法院的法警）在其职权范围内或者事务范围内按照规定的方式制成的文书，其他的文书就是私文书。③根据《德国民事诉讼法》第四百三十七条④的规定，公文书只要形式和内容具备公文书的条件就推定其为真实，但是法院如果对公文书真实性有怀疑，则可以依照《德国民事诉讼法》第

---

① 我国法上的"公证书"，是指公证处根据当事人申请，依照事实和法律，按照法定程序制作的具有特殊法律效力的司法证明书。

② 《法国民法典》第一千三百一十九条第一款规定："公证书，在缔结契约的当事人之间以及当事人的继承人或权利继受人之间，具有证明其所记载的各约定事项的完全效力。"

③ 参见［德］罗森贝克等：《德国民事诉讼法》（下），李大雪译，中国法制出版社2000年版，第882页。

④ 《德国民事诉讼法》第四百三十七条规定："（一）从形式和内容两方面都可以认为是由官署或由具有公信权限的人所制作的证书，推定其本身是真实的。（二）法院对证书的真实性有怀疑时，可以依职权要求制作该证书的官署或人，对证书的真实性加以说明。"

二百八十六条①确立的自由心证原则，依职权要求该公文书的制作者对文书的真实性加以说明。此外，根据《德国民事诉讼法》第四百一十五条、第四百一十七条、第四百一十八条②的规定，德国还将公文书证区分为处分性公文书证和报道性公文书证：处分性公文书证是指"由官署制作的，载有公务上的命令、处分或裁判的公文书"；报道性公文书证是指"在公共机关或制作文书的人面前所为的陈述"。一些观点认为，德国法对处分性公文书证和报道性公文书证赋予了不同的证明力，即前者具有完全的形式证明力和实质证明力，后者仅具有形式证明力。③ 笔者则倾向于另外一种观点，认为德国《民事诉讼法典》第四百一十五条第一款对"（意思）表示发出经过"（第一类）、第四百一十七条对"行政命令和裁判的内容"（第二类）以及第四百一十八条第一款对"其中被证明的事实"（第三类）的"完全证明"（vollen Beweis），指向的仍是书证的形式证明力，只是就发出某个来自公主体的表示本身适用法定证明力规则，

---

① 《德国民事诉讼法》第二百八十六条规定："（一）法官应该考虑言词辩论的全部内容以及已有的调查证据的结果，经过自由心证，以判断事实上的主张是否可以认定为真实。作为法官心证根据的理由，应在判决中记明。（二）法院只在本法规定的情形，才受关于证据的法律规定的约束。"

② 《德国民事诉讼法》第四百一十五条规定："（一）由公共官署在其职权内，或由具有公信权限的人在他的事务范围内，依正规的方式制作的文书，为公文书。如果其中所记载的是在公共机关或制作文书的人面前所为的陈述，对于这种由公共官署或制作文书的人以文字记载的事项，公文书提供完全的证明。（二）对公文书内记载的事项，许可用证据证明其为不正确。"第四百一十七条规定："由官署制作的，载有公务上的命令、处分或裁判的公文书，对于其中的内容，提供完全的证明。"第四百一十八条规定："（一）除第 415 条和第 407 条所规定的内容以外，具有其他内容的公文书，对于其中所记载的事实，提供完全的证明。（二）对文书中所记载的事实，准许提出证据证明其不正确，但以各州法律对这种证据未加禁止或未予限制的为限。（三）文书中记载的事实不是官署或制作文书的人所亲身感知的，只在各州法律规定，这种记载的证明力并不取决于亲身感知时，才能适用第一款的规定。"

③ 参见占善刚：《民事诉讼证据调查研究》，中国政法大学出版社 2017 年版，第 227~228 页；宋强：《我国公、私文书及其证明力之探讨》，载《法学评论》2004 年第 2 期；李婧琦：《公文书证的证明力评价研究》，西南政法大学 2019 年硕士学位论文；等等。

并不能推定书证待证事实为真。①

在日本，书证亦存在公文书和私文书的分类。《日本民事诉讼法》第二百二十八条规定："文书，依制作的目的应认为是公务员在职务上做成的，推定该文书制作是真实的公文书；对公文书的制作真伪有疑问时，法院依职权可以向有关官厅或公署照会。"根据该条规定，日本法上的公文书是公务员在其职务范围内依规定的程序制作的文书，其他的文书就是私文书。在证明力问题上，当公文书符合形式和目的要求时，推定文书记载的内容和表达的思想是该文书制作主体的意思表示，从而具有形式证明力，法官不能自由裁量，但允许法官在产生疑惑时向作出机关询问。② 对于公文书证的实质证明力问题，由于《日本民事诉讼法》仅对口头辩论笔录、而未对其他公文书证的实质证明力进行规定，③ 按照日本法所采的自由心证主义④要求，应当认为口头辩论笔录以外的公文书证不具有法定的实质证明力。

我国台湾地区关于公文书证及其证明力的规定基本与德、日一致。依其"民事诉讼法"第三百五十五条、第三百五十七条、第三百五十八条规定，⑤ 公文书证和私文书证的主要区别在于制作主体和

---

① 详细论证，请参见曹志勋：《论公文书证实质证明力推定规则的限缩》，载《国家检察官学院学报》2020 年第 2 期。

② 倪培根、郭宝霞：《民事诉讼证据中公文书证的评价模式探析》，载贺荣主编：《深化司法改革与行政审判实践研究》，人民法院出版社 2017 年版，第 621 页。

③ 《日本民事诉讼法》第一百六十条规定："1. 法院书记官应对每个期日作口头辩论笔录。2. 笔录应记载当事人及其他关系人就笔录事项提出的异议。3. 仅笔录可证明口头辩论方式的相关规定得到了遵守。但笔录灭失时不在此限。"

④ ［日］新堂幸司：《新民事诉讼法》，林剑锋译，法律出版社 2008 年版，第 386 页。

⑤ 我国台湾地区"民事诉讼法"第三百五十五条规定："文书依其程式及意旨得认作公文书者，推定为真正。公文书之真伪有可疑者，法院得请作成名义之机关或公务员陈述其真伪。"第三百五十七条规定："私文书应由举证人证其真正。但他造于其真正无争议者不在此限。"第三百五十八条规定："私文书经本人或其代理人签名、盖章或按指印或有法院或公证人之认证者，推定为真正。当事人就其本人之签名、盖章或按指印为不知或不记忆之陈述者，应否推定为真正，由法院审酌情形断定之。"

制作程序的不同。对于公文书证的证明力，我国台湾地区的实务界观点认为，只有"民事诉讼法"第二百一十九条①规定的言辞辩论笔录兼具形式证明力和实质证明力，适用法定证据评价模式，是自由心证评价模式的例外。除此之外的公文书证则仅具有形式证明力，而不具有实质证明力，是否能够证明待证事实真伪，应由法院自由裁量和判断。但也有学者认为，公文书证是否具有实质证明力，不能一概而论，对此需将公文书证分为生效性公文书（意同处分性公文书）和报导性公文书（意同报道性公文书）。对生效性公文书若其具有形式证明力，也应具有实质证明力，对报导性公文书除有反证能够推翻公文书内容以及待证事实外，通常具有实质上的证明力。

英美法系地区实行对抗制诉讼模式，诉讼过程以交叉询问方式为主，因此更为注重言辞证据，相较于大陆法系地区，书证地位大为降低。此外，英美法系地区一般也不将书证区分为公文书证和私文书证，且无论何种书证，均由法官或者陪审团等事实审理者自由裁量其证明力。虽则如此，考察如美国、英国的立法例，也能看出一些区分公文书证和私文书证并对其证明力区别对待的蛛丝马迹。如《美国联邦证据规则》第九百零二条列举了有印章的国内公文、有签字的公文、经核实的公共记录复印件、经认证的文件等，可直接确认其证明力，"不要求在采纳其作为证据之前先有外来证据证明其真实性"。② 英国证据法中规定只要证明是按法定程序制成就可确认具有证明力。特别是，普通法给予蜡封文书（deed）很大的形式证明力，一方不得否认蜡封文书所记载事项的事实性，且按照英国判例，现在不必蜡封和盖印就能成为蜡封文书，只要在文书顶上画

---

① 我国台湾地区"民事诉讼法"第二百一十九条规定："关于言辞辩论所定程式之遵守，专以笔录证之。"

② 卿利军：《论公文的证据属性和效力》，载《前沿》2006 年第 5 期。

有圆圈，圆内写上"L. S"即"此处盖印"字样就足够。[①] 可见，美国、英国等普通法地区的公文书证在形式证明力方面强于其他书证。当然，公文书证的实质证明力则仍由法官和陪审团等事实审理者自由裁量。

（二）几点结论

考察几个代表性地区的立法例，大致可以得出以下几点结论：

一是将书证区分为公文书证和私文书证是各地区较为普遍做法，且在证明力上对二者予以区别对待，即通常赋予公文书证以较高证明力。主要原因在于：第一，公文书的制作主体具有"权威性"。公文书通常是具有公共管理职能的机关在行使公权力过程中制作形成的文书，具有较强的社会公信力。特别是其中记载行政机关行政行为的文书一经作出即产生公定力，获得有效性推定，除自始无效外，在未经有权机关依法撤销之前，任何国家机关、社会组织或者公民个人都应对其予以承认、尊重和服从并不得根据自己的判断对其无视、否定或者抵抗。[②] 第二，公文书的制作程序具有"严格性"。公文书的制作一般要遵守一定的程序，特别是其中设定、变更或消灭一定法律关系的处分性公文书，更是需要遵循严密规范的法定程序才能制作形成。比如，根据我国《行政处罚法》，制作行政处罚决定书必须严格遵循立案、调查取证、案件审查、处罚告知、作出处罚

[①] 按照普通法，蜡封文书开头的前言（recital）如果是作为当事人一方的陈述，就对他产生"不得否认"的效力。如果双方曾一致承认前言中的陈述是真实的，则对双方都产生"不得否认"的效力。当然，蜡封文书只对文书的当事人及其继承人就蜡封文书所提起的诉讼产生"不得否认"的效力。此外，不得否认原则不能阻止一方当事人行使衡平法所给予的以欺诈、错误、威胁为依据的撤销文书的权利。请参见沈达明编著：《比较民事诉讼法初论》，对外经济贸易大学出版社2015年版，第241页。

[②] 章志远：《行政行为效力论》，中国人事出版社2003年版，第54页。

决定、送达等一系列法定程序①，并赋予相对人以行政复议、行政诉讼等充分的救济手段，这为公文书的真实性提供了重要的程序保障。第三，对伪造公文书行为的制裁具有"严厉性"。公文书一般会保存在档案资料中，可以随时查阅和审核，如果故意提供虚假公文书很容易被发现和查明。在此基础上，世界各地区普遍将公职人员在其职权范围内或者利用职权伪造、变造公文书或者进行不实记载的行为，以及公职人员以外的一般主体伪造、变造公文书的行为规定为犯罪，② 从而为公文书的真实性提供了最严厉的刑事司法保障。

二是均确立了二元的公文书证证明力评价模式。一如前文所述，当今西方两大法系虽均完全确立了自由心证评价模式，但在公文书证证明力的评价上，法定证据评价模式仍在发挥重要作用，法国甚至是以法定证据评价模式为主。其他地区虽均以自由心证评价模式为主，但主要体现在对公文书证的实质证明力评价问题上，而对于公文书证的形式证明力，则主要由法律明确规定，具有浓厚的法定证据评价模式色彩。

三是均较为普遍地规定了公文书证的形式证明力推定规则，而较少规定公文书证的实质证明力推定规则。在两大法系地区，是否存在公文书证的实质证明力推定规则，学界聚讼纷纭，莫衷一是。经由前述对代表性地区立法例的梳理和分析，笔者倾向于认为，除了部分地区将特定公文书证，如言辞辩论笔录、勘验文书、法院判决书等，赋予了法定实质证明力以外，两大法系均未确立一般性的

---

① 对于重大案件还要组织听证、法制机构审核，并经集体讨论决定，程序更为严密严格。

② 例如，意大利刑法第四百七十六条至第四百八十一条、瑞士刑法第二百五十一条、日本刑法第一百五十六条、泰国刑法第二百六十五条、巴西刑法第二百九十七条、德国刑法第二十三章等。当然，在德国、日本等国家刑法中，伪造私文书行为也构成犯罪，但对其刑事制裁的严厉程度一般弱于伪造公文书，体现了对公文书予以特殊保护的价值导向。

公文书证实质证明力推定规则。^① 主要原因将在后文详述。

三、我国公文书证证明力推定规则的司法适用

（一）我国关于公文书证证明力的民事立法实践

在我国的民事立法领域，与公文书证证明力相关的规定主要集中于《民事诉讼法》及其"证据解释"和"适用解释"中，简单梳理如下。

一是关于《民事诉讼法》中的相关规定。1982 年《民事诉讼法（试行）》第五十九条规定："人民法院对经过公证证明的法律行为、法律事实和文书，应当确认其效力。但是，有相反证据足以推翻公证证明的除外。"1991 年《民事诉讼法》第六十七条对其基本沿用，规定："经过法定程序公证证明的法律行为、法律事实和文书，人民法院应当作为认定事实的根据。但有相反证据足以推翻公证证明的除外。"此后，《民事诉讼法》历经 2007 年、2012 年、2017 年、2021 年和 2023 年修正，对本条内容均予以保留。

二是关于民事诉讼"证据解释"中的相关规定。2002 年《民事诉讼证据规定》第九条第四项至第六项分别规定了"已为人民法院发生法律效力的裁判所确认的事实""已为仲裁机构的生效裁决所确认的事实""已为有效公证文书所证明的事实"当事人无需举证证明，但是当事人有相反证据足以推翻的除外。第七十七条第一项和第二项分别规定了"国家机关、社会团体依职权制作的公文书证"和"档案……或者经过公证、登记的书证"的证明力一般大于其他

---

① 对此问题的深入讨论，请参见曹志勋：《论公文书证实质证明力推定规则的限缩》，载《国家检察官学院学报》2020 年第 2 期。

书证。2020 年《民事诉讼证据规定》第十条维持了 2002 年《民事诉讼证据规定》第九条第四项至第六项的基本内容，但将"已为仲裁机构的生效裁决所确认的事实"由"当事人有相反证据足以推翻的除外"修改为"当事人有相反证据足以反驳的除外"，将"已为人民法院发生法律效力的裁判所确认的事实"修改为"已为人民法院发生法律效力的裁判所确认的基本事实"，并整体删除了 2002 年《民事诉讼证据规定》第七十七条。

三是关于《民事诉讼法》"适用解释"中的相关规定。1992 年《最高人民法院关于适用〈中华人民共和国民事诉讼法〉若干问题的意见》第七十五条第四项和第五项分别规定了"已为人民法院发生法律效力的裁判所确定的事实"和"已为有效公证书所证明的事实"当事人无需举证。2015 年《民事诉讼法司法解释》第九十三条第五项至第七项与 2002 年《民事诉讼证据规定》第九条第四项至第六项规定一致；第一百一十四条规定："国家机关或者其他依法具有社会管理职能的组织，在其职权范围内制作的文书所记载的事项推定为真实，但有相反证据足以推翻的除外。必要时，人民法院可以要求制作文书的机关或者组织对文书的真实性予以说明。"这两条规定在 2020 年及 2022 年的《民事诉讼法司法解释》中均予以保留，未做修改。

除上述规定以外，其他司法解释中也有少量相关规定。如 1998 年《最高人民法院关于民事经济审判方式改革问题的若干规定》①第二十七条规定了"经过公证、登记的书证，其证明力一般高于其他书证"；2020 年《最高人民法院关于适用〈中华人民共和国保险法〉若干问题的解释（二）》第十八条规定："行政管理部门依据

---

① 该文件已失效。

法律规定制作的交通事故认定书、火灾事故认定书等，人民法院应当依法审查并确认其相应的证明力，但有相反证据能够推翻的除外。"

（二）对我国民事公文书证证明力制度的基本认识

一是我国确立了一般性的公文书证形式证明力和实质证明力推定规则。如何理解《民事诉讼法司法解释》第一百一十四条规定的"文书所记载的事项推定为真实"是正确把握我国公文书证证明力制度的关键。"公文书证记载事项的真实性"不同于"公文书证的真实性"。公文书证的真实性包括形式真实和实质真实，前者是指公文书证由名义制作人真实作成，后者是指公文书证的记载内容和表达思想是名义制作人的真实意思表示，显然，公文书证的真实性其实就是指公文书证的形式证明力。而"公文书证记载事项的真实性"是指该记载事项为真实事实，故其可以作为裁量案件事实的"标尺"，用以审查判断待证事实的真伪性，无疑是指公文书证的实质证明力。一如前述，具备形式证明力是具备实质证明力的前提，《民事诉讼法司法解释》第一百一十四条虽然仅表述为"文书所记载的事项推定为真实"，但实际上是在确立了公文书证实质证明力推定规则的同时，隐含确立了公文书证的形式证明力推定规则。按此理解，《民事诉讼法》和《民事诉讼证据规定》亦是对"公证证明的文书"和"人民法院生效裁判文书"这两种特殊公文书证赋予了形式证明力和实质证明力。考虑到《民事诉讼法司法解释》第一百一十四条的适用范围系"国家机关或者其他依法具有社会管理职能的组织，在其职权范围内制作的文书"，故可以理解为我国已经确立了一般性的公文书证形式证明力和实质证明力推定规则。司法实践中，人民法院通常会根据本条规定，仅在对公文书证进行程序合法性审查后，即推定公文书证记载事实为真，予以采信并作为认定案件事实的依据。①

二是应当对我国一般性的公文书证实质证明力推定规则进行限缩解释。一般性地规定所有公文书证均具有实质证明力，具有一定合理性：当事人和法官对公文书证制作主体通常具有较高信服力，对公文书证具有较强信赖度，对世推定公文书证具有实质证明力符合各方诉讼心理，且可以大大简化证明和查证过程，提高诉讼效率。但也要看到，由于公文书证类型多样，内容丰富，与待证事实的关系千差万别，如作一般性规定恐怕不仅无助于反而可能有碍于案件事实的审查认定。更为重要的是，法院裁判文书具有既判力，因此公文书证的实质证明力"不但会影响到本案中事实认定的结果，而且可能向未来不特定的案件辐射并产生影响，甚至在特定情况下导致后诉中基于推定成为本证方的第三人遭受'无妄之灾'"②，出现"一个既未参与前案当事人交易过程，又不知悉其纠纷发生和解决过程，却被事后绑架到前案当事人争议裁判的战车上并被要求推翻它"③ 的不公平结果，更易引发相互串通营造不利于第三人的推定事实、损害他人合法利益的巨大法律和道德风险。有鉴于此，笔者认为应当对《民事诉讼法司法解释》第一百一十四条进行限缩解释。特别是，考虑到《民事诉讼证据规定》对仲裁裁决的实质证明力和

① 例如，在王某某诉山东某某生物科技有限公司、山东某某生物科技有限公司产品责任纠纷案中，裁判要旨载明：人民法院仅对调查报告等公文书证的程序合法性进行审查，即以推定其真实为主，以反证推翻为例外，即如果双方当事人在庭审时对调查报告均没有异议，人民法院应当对调查报告等公文书证予以采信，并将其作为认定案件事实的证据使用。参见《人民法院仅对调查报告等公文书证的程序合法性进行审查，即以推定其真实为主，以反证推翻为例外——王某某诉山东某某生物科技有限公司、山东某某生物科技有限公司产品责任纠纷案》，载法信网，https：//www.faxin.cn/lib/cpal/AlyzContent.aspx？isAlyz=1&gid=C1422242，2023 年 8 月 17 日访问。

② 曹志勋：《论公文书证实质证明力推定规则的限缩》，载《国家检察官学院学报》2020 年第 2 期。

③ 傅郁林：《论民事诉讼当事人的诚信义务》，载《法治现代化研究》2017 年第 6 期。

预决效力都已作"降格"处理的情况下，更有必要限缩其他公文书证适用《民事诉讼法司法解释》第一百一十四条的空间。具体如何限缩，理论界和学术界均多数主张借鉴域外一些地区做法，将公文书证区分为处分性公文书证和报道性公文书证，并排除后者具有实质证明力。但在笔者看来，由于二者界限并非泾渭分明，对其予以清晰界定恐怕殊为不易。比如对于公安交警部门制作的道路交通事故认定书，有的法院认为，"交通事故认定书是公文书证的一种，人民法院在依法审查后，其制作主体、程序及内容不违反法律规定的，人民法院就应当确认其证明力"。① 但也有法院认为，"当事人对道路交通事故认定书不服的，人民法院应对该事故认定书及其所采用的视听资料、证人证言、勘验笔录、鉴定意见等证据一并进行实质审查"。② 前者对道路交通事故认定书采形式审查，后者则采实质审查，审查强度的不同，反映了对道路交通事故认定书性质及其是否具有实质证明力的不同认识。无论是基于规范分析还是价值分析，对某一法律概念进行分类的首要原则是清晰明确，否则便无法实现分类目的。因此，试图通过处分性公文书证与报道性公文书证的两分法来限缩《民事诉讼法司法解释》第一百一十四条的司法适用，理论上也许可以证成，但实践效果将会如何，恐怕不无疑问。

（三）对本解释第二十四条的理解与适用

以前述我国有关民事法律和司法解释的规定为分析文本，并结

---

① 参见《交通事故认定书作为公文书证，如果其制作主体、程序及内容不违反法律规定的，人民法院应当确认其证明力——王某诉某保险公司上海分公司意外伤害保险合同纠纷案》，载法信网，https：//www.faxin.cn/lib/cpal/AlyzContent.aspx？isAlyz＝1&gid＝C1269133，2023 年 8 月 25 日访问。

② 参见《交管部门作出的道路交通事故认定书属于特殊类型的公文书证，应当作为民事诉讼的证据使用——张某某诉刘某某、某财产保险股份有限公司天津市分公司机动车交通事故责任纠纷案》，载法信网，https：//www.faxin.cn/lib/cpal/AlyzContent.aspx？isAlyz＝1&gid＝C1426687，2023 年 8 月 25 日访问。

合我国民事司法实践和域外法治经验，在理解与适用本解释第二十四条时，似有必要把握和处理好以下几个问题：

一是如何理解该条规定与《民事诉讼法》《民事诉讼法司法解释》和《民事诉讼证据规定》相关规定关系的问题。《民事诉讼法》是本解释的上位法；《民事诉讼法司法解释》和《民事诉讼证据规定》分别是关于《民事诉讼法》及其证据制度的一般性、整体性司法解释。在起草本解释时，始终坚持合法解释原则，既严格依据《民事诉讼法》进行解释，并始终注意与《民事诉讼法司法解释》和《民事诉讼证据规定》保持协调一致、不相冲突。概言之，本解释是对《民事诉讼法》《民事诉讼法司法解释》和《民事诉讼证据规定》的有关内容在环境侵权民事诉讼领域的具体落地落实，旨在弥补有关规范供给不足的同时，彰显环境侵权民事诉讼证据制度的自身特色。从本解释的这一定位出发，其第二十四条将具有实质证明力的公文书范围限定为"环境资源保护监督管理职责的部门在其职权范围内制作的处罚决定等文书"，最初制定意图确系想要对《民事诉讼法司法解释》第一百一十四条进行限缩解释和适用，即将公文书证按照处分性公文书证和报道性公文书证的划分，仅赋予前者以实质证明力。但是考虑到准确区分二者实属不易，故最终未做一般性分类，仅将环境侵权民事诉讼领域中最常见、最重要的行政处罚决定等公文书予以特殊规定。但应注意的是，本条仅系指引性规定，是在环境侵权民事诉讼领域限缩《民事诉讼法司法解释》第一百一十四条适用的积极倡导，但并未也不可能排除《民事诉讼法司法解释》第一百一十四条在环境侵权民事诉讼领域的适用。其他公文书证如进入该诉讼领域，对其是否具有实质证明力的审查判断，还应遵照《民事诉讼法司法解释》第一百一十四条规定的基本精神处理。

二是如何理解"人民法院认为有必要的，可以依职权对上述文书的真实性进行调查核实"的问题。《民事诉讼法》第六十七条第一款规定："当事人对自己提出的主张，有责任提供证据"，第二款规定："当事人及其诉讼代理人因客观原因不能自行收集的证据，或者人民法院认为审理案件需要的证据，人民法院应当调查收集"。从我国的民事审判方式改革和民事诉讼制度发展的过程来看，强化当事人举证责任、弱化人民法院调查收集证据的职权，一直是其中最为重要的方面。① 为此，《民事诉讼法司法解释》第九十四条和第九十六条还分别专门列举了哪些属于"当事人及其诉讼代理人因客观原因不能自行收集的证据"，哪些属于"人民法院认为审理案件需要的证据"，旨在限制人民法院可能产生的主动调查收集证据的"冲动"，维护人民法院中立者形象。但是，本解释第二十四条规定的"调查核实"并非指《民事诉讼法》第六十七条第二款规定的"调查收集"证据，而系指该条第三款所规定"审查核实证据"。我国关于公文书证证明力的规定，与其他地区做法一致，均属于"法律推定"而非"法律拟制"，两者最主要的区别在于，后者是基于立法者的规定，具有绝对性，不允许当事人提出证据进行反证，也不允许法官自由裁量而只能直接适用；前者则允许提出反证予以推翻。本解释第二十四条虽然赋予处罚决定等公文书以形式证明力和实质证明力，但因此种证明力系属"推定"，存在被相反证据推翻的可能性，故人民法院应当根据《民事诉讼法》第六十七条第三款的规定，按照法定程序，全面地、客观地对其进行审查核实。此外，对于本条规定中的"真实性"应当作全面理解，既指与公文书证形式证明力有关的真实性，即公文书证自身的形式真实性和实质真实性，也指与公文书证实质证明力有关的真实性，即公文书证记载事实自身的真实性。

---

① 宋春雨：《新民事诉讼法司法解释中若干证据问题的理解》，载《人民司法》2015年第13期。

三是如何理解"足以推翻"和"足以反驳"的问题。对于本条规定中的"足以推翻"的认识，应当结合 2020 年《民事诉讼证据规定》第十条①的规定进行理解。在该条中，规定了 7 项当事人无须举证证明的事项即免证事项，并对其中的 6 项允许当事人提出反证：但有的要求当事人提出"足以反驳"的相反证据即可；有的则要求当事人提出"足以推翻"的相反证据才行。"足以推翻"和"足以反驳"具有不同的证据法意义：前者意味着对公文书证的实质证明力存在争议的当事人需要对相反事实承担本证的证明责任；后者则仅承担反证的证明责任即可。② 所谓"本证"，是指依举证责任分配法则所确定的应负举证责任人，对待证事实所应提出的证据。对于本证，应使法院对待证事实达到"内心确信"的程度。若负举证责任的一方就本证已经成功举证，则相对人应对该待证事实的相反事实提出证据反驳，此即所谓"反证"。反证要求当事人提出的证据不必达到推翻该事实的程度，只需要动摇法官对待证事实的心证基础和内心确信，使其处于真伪不明的状态即可。考虑到行政处罚决定等文书具有公定力，因此若否定其记载事实的真实性，有必要由当事人承担较重的本证举证责任。

【审判实践中需要注意的问题】

审判实践中，要注意正确理解对行政处罚决定书认定的事实进

---

① 2020 年《民事诉讼证据规定》第十条规定："下列事实，当事人无须举证证明：（一）自然规律以及定理、定律；（二）众所周知的事实；（三）根据法律规定推定的事实；（四）根据已知的事实和日常生活经验法则推定出的另一事实；（五）已为仲裁机构的生效裁决所确认的事实；（六）已为人民法院发生法律效力的裁判所确认的基本事实；（七）已为有效公证文书所证明的事实。前款第二项至第五项事实，当事人有相反证据足以反驳的除外；第六项、第七项事实，当事人有相反证据足以推翻的除外。"

② 最高人民法院民事审判第一庭编著：《最高人民法院新民事诉讼证据规定理解与适用（上）》，人民法院出版社 2020 年版，第 154~161 页。

行调查核实的方式问题。《行政处罚法》第八条第一款规定："公民、法人或者其他组织因违法行为受到行政处罚，其违法行为对他人造成损害的，应当依法承担民事责任。"在生态环境领域，行为人实施的某一行为造成他人损害后果发生，既可能因民事主体构成侵权行为而承担民事责任，又可能因其违反行政法律法规而构成行政违法行为，应当承担被行政处罚等行政责任，行政处罚决定书认定的事实据此与民事待证事实之间产生重要关联，甚至在很多案件中，环境民事侵权事实与环境行政违法事实系属同一事实，故本解释第二十四条对于行政处罚决定书予以了明确列举规定。行政处罚属于具体行政行为，正如前文所述，记载行政机关具体行政行为的文书一经作出即产生公定力。在行政行为的公定力界限上，存在"有限公定力说"和"完全公定力说"两大学说：前者认为，行政行为一般具有公定力，但有重大且明显瑕疵的无效行政行为除外。后者认为，行政行为不论存在什么样的瑕疵，在被依法消灭前都具有公定力。[1] 我国多数行政法学者持"完全公定力说"，[2] 根据《行政诉讼法》第五十六条确立的"行政诉讼期间，不停止行政行为执行的原则"，[3] 似可认为"完全公定力说"在我国具有立法基础。根据《行政复议法》和《行政诉讼法》的规定，行政处罚决定只可通过行政复议或者行政诉讼方式被依法变更、撤销、确认违法或者确认无效。也就是说，只要行政处罚决定没有通过行政复议或者行政诉讼方式被依法变更、撤销、确认违法或者确认无效，行政处罚决定书确认

---

[1] 叶必丰：《论行政行为的公定力》，载《法学研究》1997年第5期。

[2] 叶必丰：《论行政行为的公定力》，载《法学研究》1997年第5期。

[3] 根据该条规定，例外情形包括：（1）被告认为需要停止执行的；（2）原告或者利害关系人申请停止执行，人民法院认为该行政行为的执行会造成难以弥补的损失，并且停止执行不损害国家利益、社会公共利益的；（3）人民法院认为该行政行为的执行会给国家利益、社会公共利益造成重大损害的；（4）法律、法规规定停止执行的。

的事实就具有公定力，应当予以执行。因此，笔者倾向于认为，对于仍在执行中的行政处罚决定书认定的事实与环境侵权事实如系同一事实，当事人试图在本案环境侵权民事诉讼中通过提出相反证据予以推翻的，人民法院可以向当事人释明，先行通过行政复议或者行政诉讼方式解决行政争议；如果当事人拒绝的，应当对行政处罚决定书认定的事实在本案环境侵权民事诉讼中亦认定为真实，除非当事人提供的推翻证据能够达到本证的证明标准。

【法条链接】

《中华人民共和国民事诉讼法》（2023 年 9 月 1 日）

第七十二条 经过法定程序公证证明的法律事实和文书，人民法院应当作为认定事实的根据，但有相反证据足以推翻公证证明的除外。

《最高人民法院关于适用〈中华人民共和国民事诉讼法〉的解释》（2022 年 4 月 1 日）

第九十三条 下列事实，当事人无须举证证明：

（一）自然规律以及定理、定律；

（二）众所周知的事实；

（三）根据法律规定推定的事实；

（四）根据已知的事实和日常生活经验法则推定出的另一事实；

（五）已为人民法院发生法律效力的裁判所确认的事实；

（六）已为仲裁机构生效裁决所确认的事实；

（七）已为有效公证文书所证明的事实。

前款第二项至第四项规定的事实，当事人有相反证据足以反驳的除外；第五项至第七项规定的事实，当事人有相反证据足以推翻的除外。

第一百一十四条　国家机关或者其他依法具有社会管理职能的组织，在其职权范围内制作的文书所记载的事项推定为真实，但有相反证据足以推翻的除外。必要时，人民法院可以要求制作文书的机关或者组织对文书的真实性予以说明。

《最高人民法院关于民事诉讼证据的若干规定》（2019 年 12 月 25 日）

第十条　下列事实，当事人无须举证证明：

（一）自然规律以及定理、定律；

（二）众所周知的事实；

（三）根据法律规定推定的事实；

（四）根据已知的事实和日常生活经验法则推定出的另一事实；

（五）已为仲裁机构的生效裁决所确认的事实；

（六）已为人民法院发生法律效力的裁判所确认的基本事实；

（七）已为有效公证文书所证明的事实。

前款第二项至第五项事实，当事人有相反证据足以反驳的除外；第六项、第七项事实，当事人有相反证据足以推翻的除外。

第二十五条　【相关材料在生态环境侵权民事诉讼中的证据资格和证据效力问题】负有环境资源保护监督管理职责的部门及其所属或者委托的监测机构在行政执法过程中收集的监测数据、形成的事件调查报告、检验检测报告、评估报告等材料，以及公安机关单独或者会同负有环境资源保护监督管理职责的部门提取样品进行检测获取的数据，经当事人质证，可以作为认定案件事实的根据。

【条文主旨】

本条是负有环境资源保护监督管理职责的部门及其所属或者委托的监测机构在行政执法过程中收集的监测数据、形成的事件调查报告、检验检测报告、评估报告等材料，以及公安机关单独或者会同负有环境资源保护监督管理职责的部门提取样品进行检测获取的数据，在生态环境侵权民事诉讼中的证据资格和证据效力如何认定的规定。

【条文理解】

本条是关于负有环境资源保护监督管理职责的部门及其所属或者委托的监测机构在行政执法过程中收集的监测数据、形成的事件调查报告、检验检测报告、评估报告等材料，在生态环境侵权民事诉讼中的证据资格和证据效力问题的相关规定。在之前的司法解释中有过类似的规定，比如 2020 年修正的《环境侵权责任规定》(2023 年 9 月 1 日起废止) 第十条规定，负有环境资源保护监督管理职责的部门或者其委托的机构出具的环境污染、生态破坏事件调查报告、检验报告、检测报告、评估报告或者监测数据等，经当事人质证，可以作为认定案件事实的根据。《生态环境损害赔偿规定(试行)》(2020 年修正) 第九条规定，负有相关环境资源保护监督管理职责的部门或者其委托的机构在行政执法过程中形成的事件调查报告、检验报告、检测报告、评估报告、监测数据等，经当事人质证并符合证据标准的，可以作为认定案件事实的根据。

本条规定跟上述两个司法解释的相关规定对比，主要有三处不一样的地方：一是进一步明确了负有环境资源保护监督管理职责的部门所属的监测机构在行政执法过程中收集的监测数据、形成的事件调查报告、检验检测报告、评估报告等材料，在生态环境侵权民事诉讼中的证据资格和证据效力如何认定的问题；二是将负有相关环境资源保护监督管理职责的部门委托的"机构"限定为"监测机构"；三是增加了公安机关单独或者会同负有环境资源保护监督管理职责的部门提取样品进行检测获取的数据，在生态环境侵权民事诉讼中的证据资格和证据效力如何认定的规定。本条结合生态环境侵权诉讼当前实际作出的上述改变和创新，不仅涉及行政执法程序和生态环境侵权诉讼程序的衔接问题以及行政执法证据与生态环境侵权诉讼证据的对接、转化和认可问题，还涉及刑事侦查活动和生态环境侵权诉讼程序的衔接问题以及刑事侦查活动中获取的证据与生态环境侵权诉讼证据的对接、转化和认可问题。因此，从这个意义上说本条是关于行政执法中收集的监测数据、形成的事件调查报告、检验检测报告、评估报告等材料以及刑事侦查活动中提取样品进行检测获取的数据，在生态环境侵权诉讼中如何作为证据使用的规定。之所以如此规定，是因为通过调研发现相当数量的生态环境侵权案件，在诉讼前已经过行政执法或者刑事侦查程序，对于行政执法、刑事侦查活动中收集、形成或者获取的上述证据，在生态环境侵权诉讼中并不当然具有证明力，仍然要经过当事人质证，才能作为认定案件事实的根据。为了便于大家理解和把握本条规定的内容，现结合上述两个司法解释相关内容的释义，以及生态环境侵权诉讼实际情况，对本条内容进行如下解读。

一、关于负有环境资源保护监督管理职责的部门及其所属或者委托的监测机构的理解

一是关于负有环境资源保护监督管理职责的部门的理解。环境资源保护涉及人民群众生活的方方面面，环境资源保护监督管理工作也因此涉及经济社会发展的各个环节，需要相关职能部门共同发力，坚持"保护优先、预防为主、综合治理、公众参与、损害担责"的原则，建立健全政府负责、环保部门统一监管、各部门分工落实、社会广泛参与的环境保护工作机制，才能切实将环境资源监督管理职责落实到位。而有关环境资源保护监督管理职责的规定，主要散见于《环境保护法》《海洋环境保护法》《大气污染防治法》《水污染防治法》《土壤污染防治法》等环境污染防治相关法律，以及《水法》《土地管理法》《矿产资源法》《森林法》《草原法》《野生动物保护法》等资源管理法律规定之中。根据这些法律法规，负有环境资源保护监督管理职责的部门比较多，涉及发展改革、生态环境、自然资源、住房和城乡建设、农业农村、林业草原、交通运输、检验检疫、水利、渔业、海事、海关、卫生、气象等诸多行政主管部门。

根据上述法律规定，相关部门各自依法履行其环境资源保护监督管理职责。比如根据《环境保护法》的规定，生态环境部门的监督管理职责包括：依法审批建设项目环境影响评价文件、依法实行排污许可管理制度以及日常执法工作，包括对违法行为依法进行行政处罚等。根据《海洋环境保护法》的规定，国家海洋行政主管部门按照国家环境监测、监视规范和标准，管理全国海洋环境的调查、监测、监视，制定具体的实施办法，会同有关部门组织全国海洋环境监测、监视网络，定期评价海洋环境质量，发布海洋巡航监视通报。国家海洋行政主管部门按照国家制定的环境监测、监视信息管理制度，负责管理海洋综合信息系统，为海洋环境保护监督管理提供服务。国家海洋行政主管部门负责制定全国海洋石油勘探开发重大海上溢油应急计划，报国务院环境保护行政主管部门备案。国家海事行政主管部门负责制定全国船舶重大海上溢油污染事故应急计划，报国务院环境保护行政主管部门备案。根据《野生动物保护法》的规定，国务院林业草原、渔业主管部门分别主管全国陆生、水生野生动物保护工作。县级以上地方人民政府对本行政区域内野生动物保护工作负责，其林业草原、渔业主管部门分别主管本行政区域内陆生、水生野生动物保护工作。县级以上人民政府有关部门按照职责分工，负责野生动物保护相关工作。根据原环境保护部、国家发展和改革委员会、财政部、住房和城乡建设部、中国科学院等十部门发布的《关于进一步加强涉及自然保护区开发建设活动监督管理的通知》的规定，地方各有关部门依据各自职责，切实加强涉及自然保护区建设项目的准入审查。建设项目选址（线）应尽可能避让自然保护区，确因重大基础设施建设和自然条件等因素限制无法避让的，要严格执行环境影响评价等制度，涉及国家级自然保护区的，建设前须征得省级以上自然保护区主管部门同意，并接受监督。对经批准同意在自然保护区内开展的建设项目，要加强对项目施工期和运营期的监督管理，确保各项生态保护措施落实到位。保护区管理机构要对项目建设进行全过程跟踪，开展生态监测，发现问题应当及时处理和报告。

上述履行环境资源保护监督管理职责的相关部门在行政执法过程中，收集的监测数据、形成的事件调查报告、检验检测报告、评估报告等材料如何作为证据使用，即相关数据和报告的证明资格和证据效力如何认定，则要根据本条相关规定来进行。这里的负有环境资源保护监督管理职责的部门是一个开放性概念，并不局限于上述列举的相关部门，而是指所有负有环境资源保护监督管理职责的部门。具体是否属于本条所规定的负有环境资源保护监督管理职责的部门，还要因案而异，具体问题具体分析。

二是关于上述部门所属或者委托的监测机构的理解。首先这里的监测机构，从狭义上理解应该是指生态环境类的监测机构。而生态环境监测机构一般是指依法成立，依据相关标准和规范开展生态环境监测，向社会出具具有证明作用的数据、结果，并能够承担相应法律责任的专业技术机构。一方面，上述各负有环境资源保护监督管理职责的部门，由于实际业务需要一般都设有自己下属的监测机构。比如，中国环境监测总站是生态环境部直属事业单位，主要职能是承担国家生态环境监测任务，引领生态环境监测技术发展，为国家生态环境管理与决策提供监测信息、报告及技术支持，对全国生态环境监测工作进行技术指导。再如，广西壮族自治区自然资源调查监测院是公益类事业单位，为广西壮族自治区自然资源厅直属单位，承担全区自然资源调查（基础调查、专项调查、变更调查）、动态监测、成果整合和分析评价等技术服务工作；承担全区测绘基准建设、运维、应用等技术服务工作。这些下属的环境监测机构基本上都承担了本条线内相应的监测任务。另一方面，虽然环境监测主要是由上述部门所属的环境监测机构完成的，但并非所有的环境监测事项都由上述部门所属的监测机构进行监测，有时候上述部门也会委托其他监测机构来参与监测工作。这是因为环境监测工作专业性强、综合复杂、涉及多领域多学科，本条线内的监测机构有时候也存在难以完成全部监测任务的问题，故有时会出现负有环境资源保护监督管理职责的部门委托其他的监测机构来完成相应的监测任务，这既能减轻上述部门为某项监测任务而专门设立监测机构的人力、物力、财力负担，也是充分调动社会各方资源参与环境监测工作的重要体现。

三是关于上述部门的下属监测机构以及其委托的监测机构所收集的数据和形成的报告，是否可以和上述部门自身收集的数据、形成的报告在证据法上享有同样的待遇，即同样具有证据资格并需经当事人质证后才能具有证明力的问题，本条采取了肯定的观点。而对于这个问题特别是受委托的监测机构在行政执法过程中收集的数据和形成的报告，能够经当事人质证后就可以作为认定案件事实的根据，长期以来是有争议的。简单来说，笔者认为第三方监测机构虽然不属于环境保护主管部门所属的监测机构，但只要是在环境保护主管部门或者所属监测机构的主持下从事相关监测活动或者提供技术支持，以环境保护主管部门或者所属监测机构名义收集的数据或者形成的报告，在生态环境侵权民事诉讼中可以作为证据使用。需要说明的是，关于委托第三方监测机构出具监测数据的证据资格问题，《最高人民法院、最高人民检察院、公安部、司法部、生态环境部关于办理环境污染刑事案件有关问题座谈会纪要》曾针对实践中地方生态环境部门及其所属监测机构委托第三方监测机构出具报告的证据资格问题进行了说明。该会议纪要认为，地方生态环境部门及其所属监测机构委托第三方监测机构出具的监测报告，在行政执法过程中予以采用的，其实质属于2016年《环境污染刑事解释》①第十二条规定的"环境保护主管部门及其所属监测机构在行政执法过程中收集的监测数据，在刑事诉讼中可以作为证据使用"。据此，负有环境资源保护监督管理职责的部门委托第三方监测机构出具的数据，具有了和负有环境资源保护监督管理职责的部门自身收集的数据和形成的报告同样的证据法地位。上述纪要中的观点，也是本条规定的重要参考依据。

---

① 编者注：2023年8月8日发布的《最高人民法院、最高人民检察院关于办理环境污染刑事案件适用法律若干问题的解释》自2023年8月15日起施行，该解释施行后，《最高人民法院、最高人民检察院关于办理环境污染刑事案件适用法律若干问题的解释》（法释〔2016〕29号）同时废止。2023年新司法解释第十四条的内容延续了2016年司法解释第十二条的内容。下文不再提示。

二、关于本条所涉监测数据和相关报告的理解

一是监测数据。这里的监测数据主要是指环境监测数据。环境监测是指人们对影响人类和其他生物生存和发展的环境质量状况进行监视性测定的活动，是通过对影响环境质量因素的代表值的测定，确定环境质量（或污染程度）及其变化趋势。一般来说，环境检测的过程分为：接受任务，现场调查和收集资料，监测计划设计、优化布点、样品采集、样品运输和保存，样品的预处理，分析测试，数据处理，综合评价等环节。环境监测的对象包括自然因素、人为因素和污染组分。环境监测手段包括化学监测、物理监测、生物监测和生态监测。环境监测一般可以分为三种：一是研究性监测；二是监视性监测；三是事故性监测。监测偏重于观察，检测偏重于检验。通过环境监测工作收集的数据是环境监测数据。环境监测数据能全面反映环境质量状况和变化趋势，及时跟踪污染源变化情况，是准确预警各类环境突发事件以及政府部门执行各项环境法规、标准，进行环境统计、排污申报核定、排污费征收、排污许可、总量控制、污染源控制等环境管理工作的技术支持。本条的监测数据是指负有环境资源保护监督管理职责的部门及其所属或者委托的监测机构在行政执法活动中，依据一定的环境监测技术标准，利用上述环境监测手段和特定的环境监测仪器设备，针对不同环境监测对象开展不同类别的监测所得到的相应数据。这里的数据既包括机器设备自动取得和记录的数据，也包括监测工作人员手动记录的数据。

二是事件调查报告。这里的事件调查报告主要指环境污染和破坏生态事件调查报告，是负有环境资源保护监督管理职责的部门，在发生环境污染或者破坏生态事件后，组织开展调查工作，在查明事件原因、确认事件性质和认定事件责任的基础上，总结事件教训，

提出防范和整改措施建议以及处理意见，并向同级人民政府或者上一级环境保护主管部门提交的报告。事件调查报告一般可分为以下三类：其一，突发环境事件调查报告。该类调查报告是指在某区域出现环境污染事件后，负有环境保护监督管理职责的部门及其所属或者其委托的监测机构通过实地调查、分析原因和危害、提出整改治理措施等作出的调查报告。其二，行政执法过程中形成的调查报告。行政执法过程中，行政机关依法对排放污染物的企业事业单位和其他生产经营者进行现场检查，一般会形成相关的询问笔录和勘验笔录等；对一些较为复杂的处罚案件，或者涉及多个政府部门联合执法的案件，还会组成调查组对案件开展调查、形成调查报告。其三，督查、专项行动过程中形成的调查报告。各类督查、专项行动中，往往会发现大量的环境污染、生态破坏案件线索。相关部门会向地方移交案件线索，地方办理后会上报事件调查报告。在生态环境侵权民事诉讼中，此类报告经当事人双方质证的，可以作为认定案件事实的根据。

三是检验检测报告。这里的检测、检验报告主要是指环境检测、检验报告。其中，检验强调"符合性评价"，不仅提供数据，还与规定的要求对比后，给出合格与否的评定。检测仅是技术操作，主要用于材料、产品或过程，不需要给出"符合性评价"。环境检测按照对象大致可分为水质检测、空气检测、土壤检测、固体废物检测、生物检测、噪声和振动检测、电磁辐射检测、放射性检测、热检测、光检测、卫生（病原体、病毒、寄生虫等）检测等。环境检测、检验报告的程序一般是检测检验机构接受委托或者任务、样品采集、样品运输和保存、样品的预处理、分析测试、数据处理、综合评价和报告结论等。在行政执法过程中以及生态环境侵权民事诉讼中，检验检测报告也多为常见。

四是评估报告。在执法过程中，行政机关为了明确污染物排放事实、判断因果关系、确定直接经济损失等，需要对造成的生态环境损害的范围和程度、生态环境恢复目标和效果、事件造成的人身损害和财产损害以及生态环境损害数额、应急处置费用等，综合运用经济、法律、技术等手段进行评估，进而形成评估报告。这里的评估报告既是行政执法过程中的证据，经当事人质证后又可以转化为生态环境侵权民事诉讼中认定案件事实的根据。

三、关于公安机关单独或者会同负有环境资源保护监督管理职责的部门提取样品进行检测获取的数据的理解

前文说过，将公安机关单独或者会同负有环境资源保护监督管理职责的部门提取样品进行检测获取的数据，在本条中同负有环境资源保护监督管理职责的部门及其所属或者委托的监测机构在行政执法过程中收集的监测数据、形成的事件调查报告、检验检测报告、评估报告等材料一并予以规定，是本司法解释的一个重要创新之处，这为在生态环境侵权诉讼中，正确处理刑事侦查活动和生态环境侵权诉讼程序的衔接问题以及刑事侦查活动中收集的证据与生态环境侵权诉讼证据的对接、转化和认可问题，提供了依据。

本条关于刑事侦查活动中收集的证据在生态环境侵权诉讼中如何认定证据资格和证明能力的规定，实际上吸收借鉴了加强环境行政执法和环境刑事司法有效衔接的有益经验。行政程序和诉讼程序衔接的最初需求和主要表现是行政执法程序与刑事诉讼程序的衔接。《刑事诉讼法》第五十四条第二款规定："行政机关在行政执法和查办案件过程中收集的物证、书证、视听资料、电子数据等证据材料，在刑事诉讼中可以作为证据使用。"通过立法解决了行政证据和刑事证据的衔接适用问题。具体到环境资源管理领域，环境监督管理部

门在日常环境监测过程中会产生大量记录环境实时变化的数据信息；环境污染事件发生后，环保、农业、林草、渔业和海洋等主管部门往往会组织调查组进行调查，通过各种检验、检测和评估等技术方式最终形成检测、检验、监测数据（报告）和事件调查报告等。这些数据和报告在形式上不同于传统的法定证据方法和种类，但又是环境执法中查明环境污染和生态破坏原因、程度和损失等案件事实的重要方式。鉴于此类证据材料对环境行政执法的重要意义，2009年《环境行政处罚办法》（注：现已被2023年施行的《生态环境行政处罚办法》所废止和替代）第三十二条第一款关于环境行政处罚证据种类的规定，明确将监测报告列为环境行政执法的证据种类之一；第三十六条和第三十七条规定，也专门将在线监测数据和现场监测数据作为可以在行政执法中使用的证据。考虑到行政执法程序中收集的此类报告和数据进入刑事诉讼程序后难以重新收集，为发挥环境资源行政执法部门的取证优势和专业技术能力，加强环境行政执法和刑事司法的有效衔接，2013年《环境污染刑事解释》（已废止）正式以司法解释的方式将监测数据和检验报告作为刑事诉讼的证据方法。该解释第十一条第一款规定，对案件所涉的环境污染专门性问题难以确定的，由司法鉴定机构出具鉴定意见，或者由国务院环境保护部门指定的机构出具检验报告；第二款规定，县级以上环境保护部门及其所属监测机构出具的监测数据，经省级以上环境保护部门认可的，可以作为证据使用。2016年《环境污染刑事解释》进一步放宽了环境监测数据和检测数据的证据资格条件。该解释第十二条第一款规定，环境保护主管部门及其所属监测机构在行政执法过程中收集的监测数据，在刑事诉讼中可以作为证据使用；第二款规定，公安机关单独或者会同环境保护主管部门，提取污染物样品进行检测获取的数据，在刑事诉讼中可以作为证据使用。本条即是在借鉴 2016 年《环境污染刑事解释》上述规定的基础上，作出公安机关单独或者会同负有环境资源保护监督管理职责的部门提取样品进行检测获取的数据，经当事人质证，在生态环境侵权民事诉讼中可以作为认定案件事实根据的相关规定。有必要强调的是，与环境保护主管部门获取监测数据适用行政执法的相关规定不同，无论是刑事立案后，还是初查过程中，公安机关获取检测数据都属于刑事侦查活动，应当适用刑事诉讼法的相关规范。当下较为适宜的方式是公安机关与环境保护主管部门执法联动，以充分利用公安机关控制现场的能力和环境保护主管部门的技术优势，确保相关证据的准确性。

【审判实践中需要注意的问题】

一、要注意本条与本司法解释第二十四条的区别及衔接适用问题

本条与本解释第二十四条所规定的对象范围有所不同，但在"负有环境资源保护监督管理职责的部门及其所属或者委托的监测机构在行政执法过程中收集的监测数据、形成的事件调查报告、检验检测报告、评估报告等材料，以及公安机关单独或者会同负有环境资源保护监督管理职责的部门提取样品进行检测获取的数据"这一范围内有可能会重合，故两者一定程度上存在相互补充的关系。

二、要注意正确理解"在行政执法过程中收集和形成的"这一前提条件

本条规定涉及的监测数据、事件调查报告、检验检测报告、评估报告，从来源渠道和时间要求看应是负有环境资源保护监督管理职责的部门及其所属或者委托的监测机构，在行政执法过程中收集和形成的。正确理解"在行政执法过程中收集和形成的"这个具体要求，是准确界定、适用本条规定涉及的相关数据和报告具体范围的前提。参考最高人民法院民法典贯彻实施工作领导小组编著的《中国民法典适用大全·生态环境卷（二）》关于《生态环境损害赔偿规定（试行）》第九条的释义，可以从两个方面来理解这个问题：一是对"收集和形成"这一来源渠道的理解。本条关于相关数据和报告来源渠道的规定，与前述两个司法解释相比有了一定程度的变化。之前两个司法解释仅规定了"形成"这一种来源渠道，故在其释义中将"形成"理解为包括两种情况，既包括行政机关或者其委托的机构在行政执法过程中制作和出具的报告和数据，也包括行政机关在行政执法过程中调查和收集的报告和数据，如行政执法程序启动前已经存在的监测数据。换句话说，前述司法解释中的"形成"既有"出具和制作"之意，也有"调查和收集"之意。本解释对此进行了修改完善，直接规定了相关数据和报告的"收集和形成"两种来源渠道，更加周全和完善。这里的"收集"是指负有环境资源保护监督管理职责的部门及其所属或者委托的监测机构调查和收集的数据和报告，"形成"是指负有环境资源保护监督管理职责的部门及其所属或者委托的监测机构出具和制作的数据和报告。二是对"在行政执法过程中"这一时间要求的理解。一般而言，行政执法的概念非常广泛，既包括针对特定人员和事件的具体行政行为，也包括行政监督检查，还可以泛指一般的政府管理行为。本条所称的行政执法，主要是指具体行政执法行为和行政监督检查。具体行政执法行为是指行政主体为了保证行政管理法律的有效执行，依照法定程序，对具体事件进行处理并直接影响相对人权利与义务的行政行为。行政监督检查是指行政机关依照法定职权，对相对人遵守法律、法规和规章的情况进行检查、了解、监督的行政行为。具体到本条，主要是指针对案涉具体污染环境和破坏生态事件进行调查和处理的行政行为，以及对案涉具体环境要素在日常行政管理过程和行政监督检查中的常规监测或专项监测行为。这里所说的行政执法过程，既包括启动行政执法程序并最终作出行政行为的执法过程，也包括启动行政执法程序但最终并未作出行政行为如行政处罚的执法过程。综上，本条所涉及的需要认定证据资格和证据能力的相关数据和报告，前提必须得是负有环境资源保护监督管理职责的部门及其所属或者委托的监测机构在行政执法过程中收集和形成的。同理，对于公安机关获取的数据，亦应作相似理解。

【法条链接】

《最高人民法院关于审理环境侵权责任纠纷案件适用法律若干问题的解释》（2020 年 12 月 29 日）

第十条 负有环境资源保护监督管理职责的部门或者其委托的机构出具的环境污染、生态破坏事件调查报告、检验报告、检测报告、评估报告或者监测数据等，经当事人质证，可以作为认定案件事实的根据。

《最高人民法院关于审理生态环境损害赔偿案件的若干规定（试行）》（2020 年 12 月 29 日）

第九条 负有相关环境资源保护监督管理职责的部门或者其委托的机构在行政执法过程中形成的事件调查报告、检验报告、检测报告、评估报告、监测数据等，经当事人质证并符合证据标准的，可以作为认定案件事实的根据。

《最高人民法院、最高人民检察院关于办理环境污染刑事案件适用法律若干问题的解释》（2023 年 8 月 8 日）

第十四条 环境保护主管部门及其所属监测机构在行政执法过程中收集的监测数据，在刑事诉讼中可以作为证据使用。

公安机关单独或者会同环境保护主管部门，提取污染物样品进行检测获取的数据，在刑事诉讼中可以作为证据使用。

> 第二十六条 【书证提出命令之"书证"范围】对于证明环境污染、生态破坏案件事实有重要意义的书面文件、数据信息或者录音、录像等证据在对方当事人控制之下的，承担举证责任的当事人可以根据《最高人民法院关于适用〈中华人民共和国民事诉讼法〉的解释》第一百一十二条的规定，书面申请人民法院责令对方当事人提交。

【条文主旨】

本条是关于书证提出命令之"书证"范围的规定。

【条文理解】

本条至第二十九条是关于书证提出命令在生态环境侵权案件中具体适用的规定。所谓书证提出命令是指有关书证由对方当事人或者第三人持有时，负有举证责任的一方当事人可以申请法院向持有人发布命令，责令其提交该书证的制度。① 书证提出命令不是《民事

---

① 江伟、肖建国：《民事诉讼法》（第 8 版），中国人民大学出版社 2018 年版，第 192 页。

诉讼法》上的制度，而是民事诉讼司法解释和民事诉讼证据司法解释创设的，是提高当事人举证能力、扩展当事人收集证据手段所采取的重要措施，意在解决生态环境侵权案件存在较为突出的"证据偏在"问题，诸如污染物名称、排放方式、排放浓度和总量、超标排放情况以及防治污染设施的建设和运行情况等对案件审理至关重要的环境信息，均掌握在被告手中，若简单适用举证责任分配规则判决原告败诉，可能会导致司法不公。因此，书证提出命令在生态环境侵权案件中具有重要作用。

一、书证提出命令的适用主体

书证提出命令只适用于当事人之间，由对相应待证事项负举证责任的当事人向法院申请要求不负举证责任的当事人提出由其控制的证据。书证提出命令的适用主体具体可分为申请主体和被申请主体。

（一）申请主体

本条明确了书证提出命令的申请主体是对相应待证事项承担举证责任的当事人。实践中，承担举证责任的主体通常为原告或者被告，有独立请求权的第三人为证明其主张也会承担相应举证责任。因此，按照诉讼地位划分，书证提出命令的申请主体可以是原告、被告，也可以是案件中有独立请求权的第三人。

（二）被申请主体

本条明确了书证提出命令的被申请主体是对该待证事项不负举证责任的当事人。作为被申请主体的"对方当事人"除了包含原告、被告之外，是否也包含第三人存在不同意见。第一种观点认为，"对方当事人"应当包含具有诉讼地位的第三人且无需区分该第三人是否具有独立请求权，主要理由是根据《民事诉讼法》关于"当事人"的相关规定，在诉讼中具有相应诉讼地位的原告、被告、第三人均为当事人，书证提出命令适用的相对主体理应涵盖法律规定的当事人范围，并且采用"最大外延"更有利于发挥该制度的举证补足作用，有利于案件事实的查明和公正判决。第二种观点认为，"对方当事人"应当排除案件中无独立请求权的第三人，只包含原告、被告和案件中有独立请求权的第三人，主要理由是因案件处理结果同其有法律上的利害关系或者为辅助查明案件事实而进入诉讼，其本身没有独立的诉讼地位，诉讼权利相对有限，也不承担举证责任，不宜将无独立请求权的第三人纳入被申请主体。第三种观点认为，第三人无论何种情形，均不属于"对方当事人"，主要理由是第三人的含义本身不够明确，特别是书证提出命令能否对辅助型第三人适用，以及在第三人未提供书证情形下能否认定书证内容为真实等问题尚需进一步研究，目前第三人暂不宜纳入被申请主体。

笔者认为，以是否系案件当事人为标准，第三人可以划分为案外第三人和具有诉讼地位的第三人，案外第三人不在本条规定的规制范围内；具有诉讼地位的第三人需要区分是否有独立请求权，基于权利义务对等以及举证责任等因素的考虑，有独立请求权的第三人以及无独立请求权的第三人中的被告型第三人可以成为被申请人，与我国民事诉讼相关制度的设计更加契合。

二、书证提出命令的适用对象

民事诉讼证据司法解释规定中规定，当事人依照法律规定有权查阅获取的书证，可以作为书证提出命令的对象。本解释第二十九条将其扩展到法规、规章，在生态环境侵权诉讼中，法律、法规、规章规定当事人应当披露或持有的有关排放的污染物名称、方式、浓度、数量、防治污染设施建设运行情况、生态环境开发利用情况等环境信息，属于当事人可以申请书证提出命令的范围。

从广义上讲，书证不仅包括打印、书写于纸张上的文字记录，照片、录音录像资料、记载于计算机磁盘等电子介质上的数据电文均可以归属于书证的范畴。《民事诉讼法》规定的书证系狭义理解，即一般指视听资料和电子数据之外的以其记载的内容来证明案件事实的资料，同时，将照片、录音录像资料等规定为视听资料，记载于电子介质上的数据电文规定为电子证据，作为与书证并列的独立证据类型。书证以纸张等物质载体的形式体现，但文字、图形、符号等所记载的内容是其本质属性。因此，依据《民事诉讼证据规定》第九十九条第二款，本条明确书证提出命令不仅适用于书证，也适用于数据信息或者录音、录像等证据。其中，数据信息也包括属于电子证据的电子数据①，即以电子、电磁、光学等形式或类似形式储存在计算机中的信息作为证明案件事实的证据资料，既包括计算机程序及其所处理的信息，也包括其他应用专门技术设备检测到的信息资料。本条规定所包含的电子数据范围，可参见《民事诉讼证据规定》第十四条。需要注意的是，本解释第二十九条明确环境信息适用书证提出命令。

三、书证提出命令的申请要件

向人民法院申请书证提出命令的实质效果基本等同于申请人民法院调查收集证据，对当事人利益影响较大，二者在申请要件上应保持一致。本条规定向人民法院申请书证提出命令需要满足以下要件：

---

① 根据联合国《电子商务示范法》第二条的规定，电子数据是指由电子手段、光学手段或类似手段生成的传送、接收或储存的信息。

（一）形式要件

所谓书证提出命令申请的形式要件，是指该申请的表现形式。本条明确申请应当以书面方式提出，以增强申请的严肃性和公开性、公正性，坚持人民法院的中立性立场。《民事诉讼证据规定》第二十条也规定，当事人及其诉讼代理人申请人民法院调查收集证据，应当在举证期限届满前提交书面申请。

（二）时间要件

所谓书证提出命令申请的时间要件，是指提交书证提出命令申请的期间。在提交书证提出命令申请的时限方面，亦应立足当事人主义基本原则下当事人与法院各自的证据调查权限分配，遵循大陆法系各个国家和地区的民事诉讼法普遍采取的证据适时提出原则，即当事人应当依据诉讼进行的程度，在适当的时间期限内提交书证提出命令申请。考虑避免造成诉讼的拖延或者给当事人主观恶意留下操作空间等因素，当事人提交书证提出命令申请的时间应当在举证期限届满前，这与《民事诉讼法司法解释》第九十四条第二款、《民事诉讼证据规定》第二十条的规定相一致。对于超出该期间提交的申请，法院享有依法裁量是否予以准许的职权。法院在行使该裁量权时需要考虑以下因素：一是是否存在足够合理的情形或理由；二是超期限提交申请的当事人主观上是否存在恶意；三是准予超期申请是否明显过分给他人（包括案件其他当事人和案外主体）带来不利影响；四是具体案件中的其他影响因素。

（三）内容要件

所谓书证提出命令申请的内容要件，就是当事人向人民法院提交的书证提出命令申请所包含的内容。当事人有责任提供法律裁判的事实基础，因此，向人民法院申请书证提出命令的内容应当包含证据方法和证明对象，其目的在于使法院能够识别出不合理的申请，进而决定是否作出书证提出命令。书证提出命令申请的内容应符合以下条件[①]：其一，作为提出对象的书证应当特定化，即申请人应当明确需要对方当事人提出的书证名称或标题或主要内容，该部分由本解释第二十七条"对象书证特定化的认定"作出具体规定；其二，应当明确需要以对象书证证明的事实以及事实的重要性，即在对象书证对要证事实的证明有积极作用，且要证事实本身对于裁判有重要意义的情况下，人民法院才有作出书证提出命令的必要；其三，应当证明书证存在且对方当事人控制对象书证的事实，该部分由本解释第二十八条"对方当事人控制书证的认定"作出具体规定；其四，控制书证的对方当事人提出书证的法定原因或理由。

四、审查程序

人民法院收到当事人提交的书证提出命令申请后，按照以下三个必要程序进行审查。此外，对于具体案件有特殊需要的，也可以依法增加合理的审查程序。

(一) 形式初审

人民法院应当就当事人提交的书证提出命令申请是否符合申请要件进行初步的形式审查，对于申请要件齐备的予以接收；对于申请要件不齐备的，可要求当事人限期修改。

---

① 最新法律文件解读丛书选编组编：《最高人民法院司法解释与指导性案例理解与适用（第八卷）》，人民法院出版社 2020 年版，第 368~370 页。

（二）听取对方当事人意见

对当事人提交的书证提出命令申请，人民法院应当听取对方当事人的意见，必要时人民法院可以要求双方提供证据、进行辩论。

（三）结果告知

当事人申请成立的，人民法院应当作出裁定，责令对方当事人提交书证；对不予准许的，人民法院可以根据案件具体情况通过书面或口头方式予以告知申请人。

五、审查结果

对当事人的申请，人民法院经审查有两种处理结果：予以准许的，应同时符合以下条件：（1）申请主体和被申请主体适格；（2）适用对象符合本条规定；（3）符合书证提出命令的申请要件；（4）书证提出命令具有必要性和可行性；（5）不违反法律、法规的相关规定。对于书证提出命令的必要性，应从该书证承载的事实对裁判结果具有的重要性方面予以判断，通常认为需要与待证事实相关联、对裁判结果具有实质性影响。对于书证提出的可行性，除考虑对方当事人控制书证的因素外，还要具体分析相关信息能够提取与否和从无关信息中能够剥离出来与否的可能性。对于不符合以上条件，或者经人民法院审查申请人提出的申请存在主观恶意或违法情形的，不予准许。

【审判实践中需要注意的问题】

一、对举证责任的影响

人民法院准予并作出书证提出命令，不意味着申请人举证责任的免除。在适用中，人民法院应当根据《民法典》第一千二百三十条等相关法律规定，充分考虑当事人举证责任的贯彻，并结合负有举证责任的当事人是否完成初步举证责任、是否确实存在因书证受对方控制而不能获取有关证据的情形，以及对方当事人是否真实控制书证且客观上能够提供等因素，根据诚实信用原则和公平原则进行综合判断，把握好平衡度、均衡度。既不宜就书证提出命令之适用条件对申请人苛以过高的证明门槛，亦不能作出被申请方"一律承担不利后果"的逻辑预设。

二、滥用书证提出命令诉权的后果

当事人向人民法院申请书证提出命令，应遵循诚实信用原则。根据违反程序法律和诚实信用原则的诉讼行为无效的原理，对于借书证提出命令程序拖延诉讼或侵害他人合法权益等滥用诉讼权利的行为，人民法院对其申请不予准许或认定相关诉讼行为无效，并根据情形可依法对相关当事人采取训诫、罚款等司法措施。

【法条链接】

《中华人民共和国民法典》（2020 年 5 月 28 日）

第一千二百三十条　因污染环境、破坏生态发生纠纷，行为人应当就法律规定的不承担责任或者减轻责任的情形及其行为与损害之间不存在因果关系承担举证责任。

《最高人民法院关于适用〈中华人民共和国民事诉讼法〉的解释》（2022 年 4 月 1 日）

第一百一十二条　书证在对方当事人控制之下的，承担举证证明责任的当事人可以在举证期限届满前书面申请人民法院责令对方当事人提交。

申请理由成立的，人民法院应当责令对方当事人提交，因提交书证所产生的费用，由申请人负担。对方当事人无正当理由拒不提交的，人民法院可以认定申请人所主张的书证内容为真实。

《最高人民法院关于民事诉讼证据的若干规定》（2019 年 12 月 25 日）

第十四条 电子数据包括下列信息、电子文件：

（一）网页、博客、微博客等网络平台发布的信息；

（二）手机短信、电子邮件、即时通信、通讯群组等网络应用服务的通信信息；

（三）用户注册信息、身份认证信息、电子交易记录、通信记录、登录日志等信息；

（四）文档、图片、音频、视频、数字证书、计算机程序等电子文件；

（五）其他以数字化形式存储、处理、传输的能够证明案件事实的信息。

第二十条 当事人及其诉讼代理人申请人民法院调查收集证据，应当在举证期限届满前提交书面申请。

申请书应当载明被调查人的姓名或者单位名称、住所地等基本情况、所要调查收集的证据名称或者内容、需要由人民法院调查收集证据的原因及其要证明的事实以及明确的线索。

第二十三条 人民法院调查收集视听资料、电子数据，应当要求被调查人提供原始载体。

提供原始载体确有困难的，可以提供复制件。提供复制件的，人民法院应当在调查笔录中说明其来源和制作经过。

人民法院对视听资料、电子数据采取证据保全措施的，适用前款规定。

第九十九条第二款 除法律、司法解释另有规定外，对当事人、鉴定人、有专门知识的人的询问参照适用本规定中关于询问证人的规定；关于书证的规定适用于视听资料、电子数据；存储在电子计算机等电子介质中的视听资料，适用电子数据的规定。

> **第二十七条** 【对象书证特定化的认定】承担举证责任的当事人申请人民法院责令对方当事人提交证据的，应当提供有关证据的名称、主要内容、制作人、制作时间或者其他可以将有关证据特定化的信息。根据申请人提供的信息不能使证据特定化的，人民法院不予准许。
>
> 人民法院应当结合申请人是否参与证据形成过程、是否接触过该证据等因素，综合判断其提供的信息是否达到证据特定化的要求。

【条文主旨】

本条是关于对象书证特定化的具体规定。

【条文理解】

一、证据特定化是人民法院准许书证提出命令的必要条件

《民事诉讼证据规定》第四十五条第一款关于申请人提出书证命令申请时，规定书证特定化是"应当载明所申请提交的书证名称或者内容"，本条文第一款在原有证据规定的基础上对证据特定化作了进一步完善，将条文定为"应当提供有关证据的名称、主要内容、

制作人、制作时间或者其他可以将有关证据特定化的信息"，增加了"制作人、制作时间或者其他可以将有关证据特定化的信息"内容。

"书证提出命令"并非源于《民事诉讼法》的规定，而是《民事诉讼法司法解释》创设的制度，是最高人民法院为增强当事人举证能力、扩展当事人收集证据手段所采取的重要措施。根据《民事诉讼证据规定》第四十七条的规定，负有举证责任的当事人可以申请对方当事人提出的书证范围主要包括五类：引用文书、利益文书、权利文书、账簿、记账原始凭证以及其他。引用文书即控制书证的当事人在诉讼中曾经引用过的书证，因为当事人在诉讼中引用过，即便其仅引用了部分内容，仍然有义务将完整的书证提出。利益文书即为对方当事人的利益制作的书证，如果该书证能够在客观上直接证明负有举证责任当事人的法律地位、权利，或者该书证本身即是为证明负有举证责任当事人的法律地位、权利而制作，则该书证即属于所谓利益文书的范畴。[①] 权利书证是依照法律规定有权查阅、获取的书证，这是申请人源于实体法上的规定而产生的请求权。账簿、记账原始凭证等资料因其能较为翔实和准确地反映交易过程，故具有较强的证明作用。其他情形是兜底条款，由人民法院在具体案件审理中酌情确定。

申请人向人民法院提出书证提出命令申请时，首先要明确该书证的表象特征或记载内容，即要对提出对象的书证进行特定化。否则，对方当事人作为义务主体势必因对象书证指向不明而增加不必要的负担和风险。通常来讲，申请人提出的申请可以从两个方面表示该特定书证的特征，一是书证的外在表征，如书证名称、具体类别、制作主体、形成日期等信息；二是书证的内容要旨，书证中记

---

① 最高人民法院民事审判第一庭编著：《最高人民法院新民事诉讼证据规定理解与适用（上）》，人民法院出版社 2020 年版，第 452 页。

载内容的概要、要点等。在具体法规范的设定上，《日本民事诉讼法》第二百二十一条规定，（一）文书提出命令的申请需要载明下列事项：1. 文书的表示；2. 文书的内容；3. 文书的持有人；4. 应证明的事实；5. 文书提出义务的原因。（二）若无依文书提出命令的申请提出书证申请的必要时，则不能提出以前条第 4 号所列情形作为文书提出义务原因的文书提出命令的申请。《德国民事诉讼法》第四百二十四条规定，申请提出书证时，应当：1. 表明证书；2. 表明以该证书所证明的事实；3. 对该证书的内容，尽量完全说明；4. 主张证书在对方当事人占有所根据的事由；5. 对方当事人有提出证书的义务的原因。对原因应作出说明。《韩国民事诉讼法》第三百四十五条规定，申请提出文书时，应当明示下列各项：（一）文书的题目；（二）文书的内容；（三）文书的持有人；（四）应证明的事实；（五）提出文书义务的原因。上述国家均是将书证的外在表征与书证内容并列予以列明。本条在吸收借鉴我国《民事诉讼证据规定》第四十五条第一款规定的基础上，结合审判实践的需要，将书证名称、主要内容、制作人、制作时间等信息予以并列，更加能够将有关证据特定化，申请人提出的书证命令申请也更容易获得人民法院的准许。对申请人提出对象书证特定化，在对申请人赋予一定权利的同时也科以一定义务，本质上是对申请行为的限制或约束。申请人需遵循书证提出命令的特定化规范要求，防止过于空泛、抽象或者概括的描述给书证持有人增加额外不当负担，有利于人民法院对其申请进行有效审查判断，在一定程度上是诉讼公正与效率的体现。

本条第一款虽然规定了书证特定化，但也充分考虑到申请人"是否参与证据形成过程、是否接触过该证据等因素"而增加了书证缓和程序，即规定了"其他可以将有关证据特定化的信息"。对于自始至终未能亲自参与书证形成过程，或者没有机会接触无从了解书证内容，从而难以特定对象书证申请人，只要其对书证的描述能够达到明确对象书证的程度，便可视为申请人完成了对象书证特定化，不必对书证的名称、内容、制作时间、制作人等是否准确无误作过于严苛的要求。

二、对象书证特定化的司法审查

对象书证特定化是申请人请求人民法院准予向被申请人提出书证命令时必须履行的义务，是启动这一程序的首要条件和必要条件。申请人提供的证据信息是否满足特定化，不能机械地理解为必须同时满足第一款中"证据的名称、主要内容、制作人、制作时间"等内容，否则大量的申请将因无法达到对象书证特定化而不被准许。因为在民事审判实践中，比如环境污染侵权纠纷中，双方当事人之间一般不具有平等性和互换性，存在诉讼能力和证据占有的强弱差距，且环境污染侵权纠纷的内容较为复杂、专业性强，并不占有相关证据的一方自然处于劣势地位，要求其对对象书证的提出满足所有表征性特征如名称、内容、制作人和时间等，显然过于苛责，尤其是当申请人并不参与证据形成过程，也未接触过该证据时，人民法院对书证特定化的审查亦要结合案情和实际情况综合判断，酌定书证特定化的尺度。

德国对书证提出命令申请的审查程序进行了具体规定，就审查内容而言，法庭需要审查该申请是否符合《德国民事诉讼法》第四百二十四条前五款的规定，即对特定化、重要性、关联性、占有人和书证适用范围进行审查。《日本民事诉讼法》第二百二十一条对要式条件作出了规定，第二百二十二条规定了其他特定化文书的方式，"在特定化文书的过程中，举证者提出文书的标示和目的困难时，允许举证者仅提出足以使持有人能够特定化该文书的替代事项"。如在环境侵权诉讼中，被侵权人无法掌握排污企业污染物排放监测数据等信息的情况下，其很难对所需书证进行特定化，这种公法上书证特定化协助义务对处于证据劣势情形下的被侵权人提供了必要帮助。

我国《民事诉讼证据规定》第四十六条第二款规定，当存在当事人申请提交的书证不明确等情形的，人民法院不予准许。但书证特定化如何认定，法院审查的程度如何，一直是审判实践中的难点。鉴于此，本条第二款规定："人民法院应当结合申请人是否参与证据形成过程、是否接触过该证据等因素，综合判断其提供的信息是否达到证据特定化的要求。"一般来讲，申请人如果参与过证据的形成过程或者曾经接触过该证据，其对证据特定信息的掌握和了解会更加明确、具体，人民法院审查证据特定化时必然要求程度更高、更为严格。反之，申请人并未参与制作或无从了解，其对书证特定化显然是困难的，我们认为，只要申请人对该书证信息的描述能够达到指向明确、内容具体，便于被申请人查询的其他特征性描述即可，不必严格要求申请人准确无误地表示出书证的名称、完整的内容等。在生态环境民事侵权纠纷中，因环境污染、生态破坏提起的诉讼是一类专业型诉讼，受环境问题专业性限制，普通民众甚至公益组织因其不参与企业经营生产，不仅对书证名称或内容不能知晓，甚至对相关书证进行描述使其达到明确化程度都较为困难，如相关污染物种类、名称、浓度、排放方式、危险性、致害程度以及污染防治设施运行等，有些损害结果的发生并非单一污染物所致，而是多种污染物相互作用的影响，以致相关证据信息非侵权人明示他人难以知晓。在此情况下的书证提出命令申请，人民法院对证据特定化的审查必须结合申请人是否参与证据形成过程、是否接触过该证据等因素进行综合判断。

对当事人提交的申请，人民法院经过审查认为所提供的信息可以达到证据特定化要求的，符合本条规定。人民法院通过进一步审查书证是否具备证明利益、是否包含于法定的客体范围、是否处于对方当事人控制之下等因素，认为当事人提出的书证提出命令申请成立的，根据《民事诉讼证据规定》第四十六条第三款的规定，应当作出民事裁定责令对方当事人提交书证。裁定书中应写明申请人、书证持有人、申请提出的书证及范围、申请理由及裁定主文，其中裁定主文应当包括责令对方当事人于何时提出书证以及对方当事人违反书证提出义务时应承担的法律责任等内容。① 人民法院经审查认为当事人提出的书证命令申请不能使证据特定化，该申请不成立，人民法院不予准许。对于不予准许的情形，人民法院可以根据《民事诉讼证据规定》第四十六条第三款的规定，通知申请人。我们认为，通知申请人可以口头或者书面的方式告知。2001 年《民事诉讼证据规定》并未有书证提出命令的规定，但第十九条规定了当事人申请人民法院调查收集证据的内容，第二款规定"人民法院对当事人及其诉讼代理人的申请不予准许的，应当向当事人或其诉讼代理人送达通知书⋯⋯" 2019 年《民事诉讼证据规定》删除了上述规定，主要考虑审判实践中提高诉讼效率的现实需求，合议庭可以根据案件具体情况选择口头或者书面的方式予以告知。本条中关于申请人提出书证命令申请不能使证据特定化的情况下，人民法院不予准许以通知方式告知，亦是基于此考虑。至于当事人对人民法院不予准许的告知行为是否具有申请复议的权利，2019 年《民事诉讼证据规定》未作规定，主要考虑是书证提出命令本就是突破法定举证责任的个别情况，与其他可申请复议的事项有本质不同。

---

① 最高人民法院民事审判第一庭编著：《最高人民法院新民事诉讼证据规定理解与适用（上）》，人民法院出版社 2020 年版，第 446 页。

【审判实践中需要注意的问题】

1. 书证提出命令作为一种特殊的证据申请，人民法院对其进行审查时，由于申请人缺乏诉讼经验或者对书证缺乏认知，而使该申请事项所列证据不能达到清楚、明确的程度，人民法院应予以释明，否则难以有效发挥书证提出命令的制度功能。

2. 人民法院对书证特定化或当事人是否控制书证的事实判断，应充分听取当事人意见或组织当事人展开辩论，否则法官过度依赖职权介入文书提出命令制度，将导致当事人诉讼权利保障的不足，案件事实也难以被发现。

【法条链接】

《最高人民法院关于民事诉讼证据的若干规定》（2019 年 12 月 25 日）

第四十五条第一款 当事人根据《最高人民法院关于适用〈中华人民共和国民事诉讼法〉的解释》第一百一十二条的规定申请人民法院责令对方当事人提交书证的，申请书应当载明所申请提交的书证名称或者内容、需要以该书证证明的事实及事实的重要性、对方当事人控制该书证的根据以及应当提交该书证的理由。

第四十六条第二款 当事人申请提交的书证不明确、书证对于待证事实的证明无必要、待证事实对于裁判结果无实质性影响、书证未在对方当事人控制之下或者不符合本规定第四十七条情形的，人民法院不予准许。

第二十八条　【控制书证的认定】承担举证责任的当事人申请人民法院责令对方当事人提交证据的，应当提出证据由对方当事人控制的依据。对方当事人否认控制有关证据的，人民法院应当根据法律规定、当事人约定、交易习惯等因素，结合案件的事实、证据作出判断。

有关证据虽未由对方当事人直接持有，但在其控制范围之内，其获取不存在客观障碍的，人民法院应当认定有关证据由其控制。

【条文主旨】

本条是关于对方当事人控制书证如何认定的规定。

【条文理解】

对方当事人控制书证是人民法院准许书证提出命令的必要条件。本条在《民事诉讼证据规定》第四十五条基础上，进一步明确"未由对方当事人直接持有，但在其控制范围之内"构成对方当事人控制书证。本条及第二十六条、第二十七条、第二十九条是关于书证提出命令在生态环境侵权案件中具体适用的规定。

一般而言，在待证事实处于真伪不明状态时，法官依据证明责任规范的指引，判决由对待证事实承担证明责任的当事人承担相应的不利后果。但是，如果造成待证事实真伪不明的原因，并不是负有举证责任的当事人未尽到努力收集、提供证据，而是由于不负有举证责任的当事人实施了妨害对方当事人举证的行为，使负有举证责任的当事人陷于无证据提供等证据缺失的境地，此时如果适用证明责任规则作出对负有举证责任的当事人不利的判决，对负有举证责任的当事人而言有失公平。特别是在生态环境侵权案件中，存在较为突出的"证据偏在"问题，诸如污染物名称、排放方式、排放浓度和总量、超标排放情况以及防治污染设施的建设和运行情况等对案件审理至关重要的环境信息，均掌握在被告手中，原告收集证据途径不足，若简单适用举证责任分配规则，往往会导致原告承担败诉的结果，可能导致司法不公，严重影响当事人实体权利的保障和实体公正的实现。"书证提出命令"能够扩展当事人收集证据的手段，提高当事人举证能力，有效破解"证据偏在"问题，在生态环境侵权案件中具有重要作用。

一、书证提出命令制度

基于民事诉讼的辩论主义原则，作为裁判基础的案件事实主要依赖于当事人提供的证据进行证明。当事人对于其主张的于己有利的事实，有义务进行举证证明，未提出相应证据证明的将承担相应的不利后果。这既是法律、司法解释的规定，也是"谁主张，谁举证"原则的应有之义。但是，在民事诉讼实践中，对待证事实承担举证责任的当事人并不总是能够掌握所有对其有利的证据，一些能够直接证明案件事实的证据，可能由对方当事人或者诉讼外的第三人所控制。比如，在生态环境侵权等特殊案件中，就存在较为突出的"证据偏在"问题，即实体法律关系居于优势地位的当事人往往对于证据也拥有更大的控制权，在其不将控制的于己不利的证据提交给法院的情况下，对待证事实承担举证责任的对方当事人势必处于非常不利的地位。而法院的事实查明也很可能因此与客观事实存在较大差距，从而损害裁判的正当性，影响实质正义的实现。为此，大陆法系国家和地区通过文书提出命令制度，解决因证据偏在导致当事人举证困难的窘迫局面，更好地发现事实、实现当事人诉讼权利的平等保护。

"书证提出命令"是《民事诉讼法司法解释》创设的制度，是最高人民法院为提高当事人举证能力、扩展当事人收集证据的手段所采取的重要措施。调研中发现，由于立法上对当事人调查收集证据的权利保障不够充分，而法律规定的律师调查权亦未得到充分落实，致使当事人调查收集证据的手段十分有限，由此导致当事人的举证能力普遍不足。特别是生态环境侵权等特殊类型的诉讼，往往存在原告收集证据的能力不足、途径有限的情形。这种情况严重影响事实查明的准确性，影响当事人诉讼权利的保障和实体权利的实现，是民事诉讼实践中亟待解决的问题。为此，最高人民法院从审判实践的需要出发，进行了充分调研和论证，在2012年《民事诉讼法》修改过程中，提出了增加"书证提出命令"和调查令制度的立法建议，但未获立法机关采纳。于是在2015年《民事诉讼法司法解释》起草过程中，在第一百一十二条对"书证提出命令"作出原则性规定，《民事诉讼法司法解释》历次修正对于该条内容均未作修改。《民事诉讼证据规定》第四十五条、第四十六条、第四十七条、第四十八条规定在《民事诉讼法司法解释》第一百一十二条的基础上，对"书证提出命令"申请条件、审查程序、书证提出命令客体范围及不遵守"书证提出命令"的后果进行规定，进一步完善"书证提出命令"制度，通过这四个条文的规定，确立我国"书证提出命令"制度的基本内容。同时，《民事诉讼证据规定》第九十九条将视听资料和电子数据纳入"书证提出命令"的适用范围，扩展了当事人收集证据的途径。对保障当事人诉讼权利，促进案件事实查明、实现裁判结果客观公正具有积极作用。通过"书证提出命令"

制度的建立，能够在一定程度上起到扩展当事人收集证据的手段、增强当事人的举证能力的作用，以更有利于民事诉讼中查明真实的案件事实，促进当事人诉讼权利的保障和实体权利的实现。《民事诉讼法司法解释》和《民事诉讼证据规定》中的"书证提出命令"制度，参照大陆法系国家和地区的文书提出命令制度，结合我国民事诉讼制度和民事审判实践情况进行适当改造，以使其能够更顺利地与我国现行制度融合。

二、对方当事人控制书证的认定

本条第一款来源于《民事诉讼证据规定》第四十五条，明确承担举证责任的当事人申请"书证提出命令"时，人民法院应当审查对方当事人控制书证的依据；同时规定了在对方当事人否认控制书证时，人民法院进行判断时所需要考量的因素，也即明确了对方当事人否认书证存在时的人民法院应当如何判断该书证是否在其控制之下。

人民法院作出"书证提出命令"的前提，建立在书证存在且对方当事人控制书证的基础上。如果书证不存在或者虽然存在但未在对方当事人控制之下，那就失去了"书证提出命令"的支撑和起点。因此，对待证事实负有举证责任的当事人向人民法院申请控制书证的对方当事人提出书证的，应当提供证据证明书证存在且对方当事人控制对象书证的事实。关于对书证存在的证明，隐含于本条关于"应当提出证据由对方当事人控制的依据"的要求之中。这意味着申请人应就书证存在且处于对方当事人控制之下的事实，承担举证责任。在对方当事人否认证据存在或者否认控制书证时，人民法院应当审查该书证按照法律规定是否应当存在，对方当事人是否具有保管对象书证的法定义务，该书证按照事物发展的规律是否在逻辑上属于对方当事人控制的范畴，在当事人约定、交易习惯上是否通常会形成该书证、是否由对方当事人所持有和支配等，再结合案件的事实、其他证据情况作出该书证是否由对方当事人控制的综合判断。对方当事人如果主张书证灭失、毁损等情形的，应当就相应的书证灭失、毁损的事实承担举证责任。对于确有证据证明书证原件灭失、毁损的，如果当事人持有复制件的，也属于应当提交的范畴。

书证提出命令制度的主要功能在于使举证责任人获取对方当事人的文书证据以支持其主张。本条第二款进一步明确了对方当事人控制书证如何认定，是在《民事诉讼证据规定》第四十五条规定的基础上，延伸了对方当事人控制书证的认定范围。对方当事人对书证的控制，不限于对书证的实际占有，不仅包括直接占有，还包括间接占有，即当事人虽未直接占有该文书，但该文书在其控制范围之内，客观上获得该文书并不存在事实上的任何障碍、能够支配转移等情形亦应当认定为控制书证。申请人必须在申请文书中阐明对方当事人占有该文书的依据或事实。同时，当事人在提交的书证提出命令申请书中，应当尽量表明所申请的书证的特定化信息，如该书证的名称、性质、制作人、产生的时间等，这些信息使证据对象能够具象。对方当事人否认控制书证的，人民法院应当根据法律规定、习惯等因素，结合案件的事实、证据，对于书证是否在对方当事人控制之下的事实作出综合判断。

承担举证责任的当事人申请"书证提出命令"，若人民法院认定该书证由对方当事人控制，且进一步认为当事人申请的理由成立，则应当责令持有人提供该书证；如果被申请人无正当理由拒不提供的，则应适用《民事诉讼证据规定》第四十八条规定，由对方当事人承担不遵守"书证提出命令"的后果。何种情况属于理由成立？我们认为，在有证据证明书证被对方当事人持有、控制或者持有书证的当事人负有法定、约定或者依交易习惯上保存、保管的义务的情况下，对象书证对要证事实的证明具有积极意义，且要证事实本身对于裁判有重要意义，同时对方当事人提交书证具有实体法或诉讼法上的理由时，当事人申请的理由才能成立。

【审判实践中需要注意的问题】

1. 承担举证责任的当事人申请人民法院责令对方当事人提交证据的，应当提出证据由对方当事人控制的依据。"对方当事人控制的依据"的要求，隐含着对书证存在的证明要求。但书证存在以及对方当事人控制书证的事实，有时并非需要证据证明，申请人能够陈述充分的理由、足以让法官确信前述事实的，人民法院也可以作出事实存在的认定。

2. 本条明确了对方当事人控制书证的认定所需考量的内容，是对本规定第二十六条关于人民法院认定"对于证明环境污染、生态破坏案件事实有重要意义的书面文件、数据信息或者录音、录像等证据"是否在对方当事人控制之下的具体规定。

3. 人民法院责令当事人提供证据，应当使用裁定。

4. 人民法院经审查认为当事人提出的书证命令申请不成立时，应当以口头或者书面通知的方式告知申请人。

【法条链接】

《最高人民法院关于适用〈中华人民共和国民事诉讼法〉的解释》（2022 年 4 月 1 日）

第一百一十二条 书证在对方当事人控制之下的，承担举证证明责任的当事人可以在举证期限届满前书面申请人民法院责令对方当事人提交。

申请理由成立的，人民法院应当责令对方当事人提交，因提交书证所产生的费用，由申请人负担。对方当事人无正当理由拒不提交的，人民法院可以认定申请人所主张的书证内容为真实。

《最高人民法院关于民事诉讼证据的若干规定》（2019 年 12 月25 日）

第四十五条　当事人根据《最高人民法院关于适用〈中华人民共和国民事诉讼法〉的解释》第一百一十二条的规定申请人民法院责令对方当事人提交书证的，申请书应当载明所申请提交的书证名称或者内容、需要以该书证证明的事实及事实的重要性、对方当事人控制该书证的根据以及应当提交该书证的理由。

对方当事人否认控制书证的，人民法院应当根据法律规定、习惯等因素，结合案件的事实、证据，对于书证是否在对方当事人控制之下的事实作出综合判断。

第四十六条　人民法院对当事人提交书证的申请进行审查时，应当听取对方当事人的意见，必要时可以要求双方当事人提供证据、进行辩论。

当事人申请提交的书证不明确、书证对于待证事实的证明无必要、待证事实对于裁判结果无实质性影响、书证未在对方当事人控制之下或者不符合本规定第四十七条情形的，人民法院不予准许。

当事人申请理由成立的，人民法院应当作出裁定，责令对方当事人提交书证；理由不成立的，通知申请人。

第四十七条　下列情形，控制书证的当事人应当提交书证：

（一）控制书证的当事人在诉讼中曾经引用过的书证；

（二）为对方当事人的利益制作的书证；

（三）对方当事人依照法律规定有权查阅、获取的书证；

（四）账簿、记账原始凭证；

（五）人民法院认为应当提交书证的其他情形。

前款所列书证，涉及国家秘密、商业秘密、当事人或第三人的隐私，或者存在法律规定应当保密的情形的，提交后不得公开质证。

第四十八条 控制书证的当事人无正当理由拒不提交书证的，人民法院可以认定对方当事人所主张的书证内容为真实。

控制书证的当事人存在《最高人民法院关于适用〈中华人民共和国民事诉讼法〉的解释》第一百一十三条规定情形的，人民法院可以认定对方当事人主张以该书证证明的事实为真实。

第九十九条 本规定对证据保全没有规定的，参照适用法律、司法解释关于财产保全的规定。

除法律、司法解释另有规定外，对当事人、鉴定人、有专门知识的人的询问参照适用本规定中关于询问证人的规定；关于书证的规定适用于视听资料、电子数据；存储在电子计算机等电子介质中的视听资料，适用电子数据的规定。

> **第二十九条** 【环境信息适用书证提出命令】法律、法规、规章规定当事人应当披露或者持有的关于其排放的主要污染物名称、排放方式、排放浓度和总量、超标排放情况、防治污染设施的建设和运行情况、生态环境开发利用情况、生态环境违法信息等环境信息，属于《最高人民法院关于民事诉讼证据的若干规定》第四十七条第一款第三项规定的"对方当事人依照法律规定有权查阅、获取的书证"。

【条文主旨】

本条是关于环境信息适用书证提出命令的规定。

【条文理解】

一、书证提出命令的客体范围

"书证提出命令"在《民事诉讼法》中没有规定，是 2015 年《民事诉讼法司法解释》创设的制度。《民事诉讼法司法解释》第一百一十二条规定，"书证在对方当事人控制之下的，承担举证证明责任的当事人可以在举证期限届满前书面申请人民法院责令对方当事人提交。申请理由成立的，人民法院应当责令对方当事人提交，因提交书证所产生的费用，由申请人负担。对方当事人无正当理由拒不提交的，人民法院可以认定申请人所主张的书证内容为真实"。确立了"书证提出命令"的制度框架。在此基础上，《民事诉讼证据规定》第四十五条至第四十八条对"书证提出命令"申请主体、适用条件、法律后果等进行了完善，构建了较为完整的"书证提出命令"规则。

"书证提出命令"的客体是书证，其客体范围即是负有举证责任的当事人可以申请对方当事人提出的书证范围，实质上是控制书证的当事人负有书证提出义务的范围。客体范围是"书证提出命令"的核心条件，只有客体范围内的书证，才能成为"书证提出命令"的对象，当事人才能提出申请。《民事诉讼证据规定》第四十七条第一款参考了日本的立法例，规定了书证提出命令的客体范围，具体包括以下情形：

（一）引用文书

控制书证的当事人在诉讼中曾经引用过的书证，即引用文书。控制书证的当事人在诉讼中引用过书证，意味着其愿意将该书证公开，且其引用该书证本身意味着有利用、公开该书证的积极意愿，因此，负有举证责任的当事人有权要求控制人提交该书证。即使书证控制人在引用该书证后撤销或者放弃使用该书证，其书证提出义务也不能免除。如果书证控制人只引用书证的一部分，控制书证的当事人是否应当提交书证的全部内容？我们认为，对书证的审查应当考虑书证的完整性，法庭难以判断部分书证内容的真实性。故当事人引用书证部分内容的，仍然有义务将完整的书证提出。就引用书证的主体而言，系指控制书证的当事人，既包括原告、被告，也包括具有原告地位的有独立请求权第三人以及被告型无独立请求权第三人。但辅助型第三人不在此限。

（二）利益文书

为对方当事人利益制作的书证，即为利益文书。此处的对方当事人是指负有举证责任的当事人。为负有举证责任的当事人利益制作的书证，未必留存在该当事人之手；由对方当事人控制时，则属于应当提出的书证。此处的利益不仅指负有举证责任的当事人的利益，也包括负有举证责任的当事人与其他人拥有共同利益的情形，即只要包含负有举证责任的当事人的利益即可。书证是否属于为负有举证责任的当事人利益而制作，可以从主客观两个方面考虑：如果该书证能够在客观上直接证明负有举证责任的当事人的法律地位、权利，或者该书证本身即是为证明负有举证责任当事人的法律地位、权利而制作，则该书证即属于所谓利益文书的范畴，如还款承诺，遗嘱，均属于此类书证；在主观方面，可以从制作书证的目的、动机等主观因素出发，结合当事人诉讼请求所需保护的利益进行综合判断。

（三）权利文书

对方当事人依照法律规定有权查阅、获取的书证即为权利文书，是指负有举证责任的当事人依照实体法的规定有权要求书证控制人交出或者查阅的书证权利文书作为书证提出义务的范围，源于实体法上的理由。其既可以基于实体法的规定，如公司法关于股东知情权的规定作出判断，也可以基于实体法上的请求权而发生，如委托人要求受托人交付其保管的文书。

（四）法律关系文书

即基于负有举证责任的当事人与证据控制人之间的法律关系而制作的文书，这种文书作为证据与争议的法律关系事实具有直接关联，对于证明案件事实具有重要意义。《民事诉讼证据规定》第四十七条第一款第四项规定了账簿、记账原始凭证此类法律关系文书，这类财务资料能够比较准确地反映交易主要过程，或者能够从中推定交易情况，具有较强的证明作用。

（五）其他情形

人民法院认为应当提交书证的其他情形，属于兜底性条款，由人民法院在具体的案件审理中根据具体情况审酌确定。书证提出命令制度系通过对举证责任分配规则的调整，扩展当事人收集证据的手段，解决"证据偏在"问题，其本质是以公权力要求不负有举证责任的当事人提供证据，属于极为例外的情形，如不作严格限制，势必动摇举证责任制度。因此，对于《民事诉讼证据规定》第四十七条第一款前四项之外的情形，人民法院应当采取严格审慎态度，限制其适用。在适用时应当充分考虑当事人举证责任的贯彻，结合负有举证责任的当事人是否处于事件发生或者证据形成过程之外、是否确实存在不能获得有关证据的情形，以及对方当事人是否能够较为容易获取证据等因素，根据诚信原则和公平原则进行综合判断。

二、环境信息的基本内容

现行法律法规明确将公开环境信息作为重点排污单位的法定义务。《环境保护法》第五十五条规定："重点排污单位应当如实向社会公开其主要污染物的名称、排放方式、排放浓度和总量、超标排放情况，以及防治污染设施的建设和运行情况，接受社会监督。"《企业环境信息依法披露管理办法》对重点排污单位应当公开的环境信息进一步细化。该办法第十二条规定："企业年度环境信息依法披露报告应当包括以下内容：（一）企业基本信息，包括企业生产和生态环境保护等方面的基础信息；（二）企业环境管理信息，包括生态环境行政许可、环境保护税、环境污染责任保险、环保信用评价等方面的信息；（三）污染物产生、治理与排放信息，包括污染防治设施，污染物排放，有毒有害物质排放，工业固体废物和危险废物产生、贮存、流向、利用、处置，自行监测等方面的信息；（四）碳排放信息，包括排放量、排放设施等方面的信息；（五）生态环境应急信息，包括突发环境事件应急预案、重污染天气应急响应等方面的信息；（六）生态环境违法信息；（七）本年度临时环境信息依法披露情况；（八）法律法规规定的其他环境信息。"第十三条规定："重点排污单位披露年度环境信息时，应当披露本办法第十二条规定的环境信息。"第十四条规定："实施强制性清洁生产审核的企业披露年度环境信息时，除了披露本办法第十二条规定的环境信息外，还应当披露以下信息：（一）实施强制性清洁生产审核的原因；（二）强制性清洁生产审核的实施情况、评估与验收结果。"第十七条规定："企业应当自收到相关法律文书之日起五个工作日内，以临时环境信息依法披露报告的形式，披露以下环境信息：（一）生态环境行政许可准予、变更、延续、撤销等信息；（二）因生态环境违法行为受到行政处罚的信息；（三）因生态环境违法行为，其法定代表人、主要负责人、直接负责的主管人员和其他直接责任人员被依法处以行政拘留的信息；（四）因生态环境违法行为，企业或者其法定代表人、主要负责人、直接负责的主管人员和其他直接责任人员被追究刑事责任的信息；（五）生态环境损害赔偿及协议信息。企业发生突发环境事件的，应当依照有关法律法规规定披露相关信息。"第十九条规定："企业应当于每年 3 月 15 日前披露上一年度 1 月 1 日至 12 月 31 日的环境信息。"

前述法律、部门规章关于需要公开的环境信息内容的规定，对于明确重点排污企业的环境信息公开义务、加强公众对环境保护的参与和监督，具有重要意义。但就生态环境侵权纠纷而言，并非所有的环境信息均会影响到案件审理。因此，本条仅对与诉讼紧密相关的环境信息作出列举式规定，即"排放的主要污染物名称、排放方式、排放浓度和总量、超标排放情况、防治污染设施的建设和运行情况、生态环境开发利用情况、生态环境违法信息等环境信息"。在本解释起草过程中，有意见指出，除环境保护法第五十五条规定的环境信息外，本条还将生态环境开发利用情况、生态环境违法信息列为可以适用书证提出命令的环境信息，似无上位法依据。我们认为，环境保护法系 1989 年制定，2014 年修订，所列环境信息侧重于环境污染，从加强生态保护角度出发，应当对环境信息作生态保护方面的扩展，这也为正在进行的生态保护立法预留了接口。此外，《企业环境信息依法披露管理办法》第十二条关于企业年度环境信息依法披露报告所应包括内容的规定中，第六项规定了生态环境违法信息，第三项、第四项即属于生态环境开发利用情况的范畴。在起草本条时，也对上述规定进行了参照。

三、环境信息适用书证提出命令

法律、法规、规章规定当事人应当披露或者持有的环境信息之所以适用书证提出命令，是因为上述环境信息符合《民事诉讼证据规定》第四十七条第一款第三项规定的"对方当事人依照法律规定有权查阅、获取的书证"，也即环境信息属于书证提出命令的客体范畴。需要注意的是，《民事诉讼证据规定》第四十七条第一款第三项规定的是狭义的"法律"，仅限于全国人民代表大会及其常务委员会制定的法律，以及国务院制定的行政法规，旨在防止书证提出命令制度被滥用，而本条对"法律"进行了扩大解释，即法规、规章也可适用，主要原因是：目前生态环境法律、行政法规的相关规定较为粗疏，且多从行政管理角度作出规定，大量具体的规范性要求规定在法规、规章中；而生态环境侵权案件中的"证据偏在"问题又非常突出，迫切需要通过书证提出命令制度予以破解；从加大生态环境保护力度、有效救济被侵权人的角度出发，确有必要对"法律"作扩大解释。

对于法律、法规、规章规定当事人应当披露或者持有的环境信息，对方当事人拒不提供时，人民法院应当按照《民事诉讼证据规定》第四十八条判定其证据法后果。《民事诉讼证据规定》第四十八条根据证明妨害行为的严重性，对证据法后果进行了分层设计：（1）认定当事人主张的书证内容为真实。此后果适用于持有环境信息的当事人无正当理由拒不提供的一般情形。需要注意的是，认定当事人主张的书证内容为真实，并不等于认定要证事实为真实，更不等于认定当事人的相关诉讼请求成立。当事人所主张的相关事实是否成立，相关诉讼请求应否得到支持，人民法院应当综合全部相关证据，包括当事人所主张的书证内容，进行判断。这种法律后果的适用，也意味着申请人在申请"书证提出命令"时，应当尽量明确环境信息的内容。（2）认定当事人主张的以该书证证明的事实为真实。此后果适用于《民事诉讼法司法解释》第一百一十三条规定的"持有书证的当事人以妨碍对方当事人使用为目的，毁灭有关书证或者实施其他致使书证不能使用行为的"，即严重妨碍证明的行为。对于上述严重妨碍证明的行为，《民事诉讼法司法解释》第一百一十三条虽然规定"人民法院可以依照民事诉讼法第一百一十四条规定，对其处以罚款、拘留"，但有时这种妨碍行为所获利益巨大，如直接导致对方败诉，罚款、拘留不足以对其产生震慑，需要科以更严重的证据法后果。需要注意的是，第二种后果对当事人利益影响重大，在适用中应当非常慎重，对于行为人毁损证据等行为是否系"以妨碍对方当事人使用为目的"、是否具有这种主观故意，应当严格审查。在不能确定行为人具有"以妨碍对方当事人使用为目的"时，不能直接认定要证事实为真实，可以适用违反"书证提出命令"的一般情形的规定，认定其所主张的书证内容为真实。

【审判实践中需要注意的问题】

1. 书证提出命令的被申请人是否持有本条规定的环境信息，是否应当提供，需要区别情况予以确定。（1）如果被申请人属于重点排污单位，则可以认定其持有上述环境信息并且应当依法公开，故申请人只须证明被申请人为重点排污单位即可。至于如何认定是否属于重点排污单位，可以查询被申请人所在地环境保护部门公布的重点排污单位名单。（2）如果被申请人不属于重点排污单位，其又不主动公开相关环境信息的，申请人必须证明被申请人持有相关环境信息。（3）虽然被申请人是重点排污单位，但申请人要求其提供的信息不属于必须公开的环境信息的，申请人也必须证明被申请人持有相关环境信息。

2. 根据《民事诉讼证据规定》第四十七条第二款规定，如果环境信息涉及国家秘密、商业秘密、当事人或第三人的隐私，或者存在法律规定应当保密的情形的，被申请人仍然应当依法提供，但提交后不得公开质证。

【法条链接】

《中华人民共和国环境保护法》（2014 年 4 月 24 日）

第五十三条　公民、法人和其他组织依法享有获取环境信息、参与和监督环境保护的权利。

各级人民政府环境保护主管部门和其他负有环境保护监督管理职责的部门，应当依法公开环境信息、完善公众参与程序，为公民、法人和其他组织参与和监督环境保护提供便利。

第五十四条　国务院环境保护主管部门统一发布国家环境质量、重点污染源监测信息及其他重大环境信息。省级以上人民政府环境保护主管部门定期发布环境状况公报。

县级以上人民政府环境保护主管部门和其他负有环境保护监督管理职责的部门，应当依法公开环境质量、环境监测、突发环境事件以及环境行政许可、行政处罚、排污费的征收和使用情况等信息。

县级以上地方人民政府环境保护主管部门和其他负有环境保护

监督管理职责的部门，应当将企业事业单位和其他生产经营者的环境违法信息记入社会诚信档案，及时向社会公布违法者名单。

第五十五条　重点排污单位应当如实向社会公开其主要污染物的名称、排放方式、排放浓度和总量、超标排放情况，以及防治污染设施的建设和运行情况，接受社会监督。

第五十六条　对依法应当编制环境影响报告书的建设项目，建设单位应当在编制时向可能受影响的公众说明情况，充分征求意见。

负责审批建设项目环境影响评价文件的部门在收到建设项目环境影响报告书后，除涉及国家秘密和商业秘密的事项外，应当全文公开；发现建设项目未充分征求公众意见的，应当责成建设单位征求公众意见。

《最高人民法院关于民事诉讼证据的若干规定》（2019 年 12 月 25 日）

第四十七条　下列情形，控制书证的当事人应当提交书证：

（一）控制书证的当事人在诉讼中曾经引用过的书证；

（二）为对方当事人的利益制作的书证；

（三）对方当事人依照法律规定有权查阅、获取的书证；

（四）账簿、记账原始凭证；

（五）人民法院认为应当提交书证的其他情形。

前款所列书证，涉及国家秘密、商业秘密、当事人或第三人的隐私，或者存在法律规定应当保密的情形的，提交后不得公开质证。

第四十八条　控制书证的当事人无正当理由拒不提交书证的，人民法院可以认定对方当事人所主张的书证内容为真实。

控制书证的当事人存在《最高人民法院关于适用〈中华人民共和国民事诉讼法〉的解释》第一百一十三条规定情形的，人民法院可以认定对方当事人主张以该书证证明的事实为真实。

《最高人民法院关于审理环境民事公益诉讼案件适用法律若干问题的解释》（2020 年 12 月 29 日）

第十三条 原告请求被告提供其排放的主要污染物名称、排放方式、排放浓度和总量、超标排放情况以及防治污染设施的建设和运行情况等环境信息，法律、法规、规章规定被告应当持有或者有证据证明被告持有而拒不提供，如果原告主张相关事实不利于被告的，人民法院可以推定该主张成立。

第三十条 【生态环境私益侵权损失数额酌定】在环境污染责任纠纷、生态破坏责任纠纷案件中，损害事实成立，但人身、财产损害赔偿数额难以确定的，人民法院可以结合侵权行为对原告造成损害的程度、被告因侵权行为获得的利益以及过错程度等因素，并可以参考负有环境资源保护监督管理职责的部门的意见等，合理确定。

【条文主旨】

本条是关于生态环境私益侵权损失数额酌定的规定。

【条文理解】

生态环境侵权属于特殊侵权，适用无过错责任。众所周知，过错责任的归责基础在于行为人的过错具有可非难性。耶林说，"正如使蜡烛燃烧的是氧气，而不是光一样，使行为人承担侵权责任的不是其行为，而是其过错"。与此相对应的是，无过错责任的归责基础却并非"无过错"本身。行为人因为自己的"无过错"承担责任，在逻辑上是无法成立的。民法理论认为，无过错责任的归责原因，一是基于特定身份产生的替代责任；二是因特定的危险而产生的危险责任。生态环境侵权即属于典型的危险责任。这种危险不同于民法典规定的高度危险责任，它涵盖了不同的危险程度，是一种范围更广的危险责任。体现在具体的制度设计上，生态环境侵权的危险性决定了无过错责任原则和因果关系推定的举证责任，对此《民法典》第一千二百二十九条、第一千二百三十条作出了明确规定。而在结果要件上，《民法典》未就生态环境侵权作出有别于普通侵权的特殊规定。但事实上，生态环境侵权在结果要件上与普通侵权同样存在差别。这是因为生态环境侵权因果关系的复杂性决定了损害后果的滞后性、复杂性和不确定性。由此，受害人对于损害的大小和具体数额往往较一般侵权难以举证。在这种情况下，人民法院不能拒绝裁判，须作出实体判决。在过去的个别案件中，有的人民法院以原告未能就损失的具体数额提交证据为由驳回其诉讼请求，严重损害了受害人的合法权益，明显不当。但另一方面，由于没有确切损失数额的证据，若要判决支持受害人的诉讼请求，就只能依靠间接的证据和法官的心证，从而造成裁判尺度标准的不统一。在实践中，人民法院总结出了酌定的一些标准。如一些高级人民法院认为，在已能认定损害确实存在，只是具体数额尚难以确定或者无法确定的情况下，法官可以结合一些间接证据和案件其他事实，遵循法官职业道德，运用逻辑推理和日常生活经验，进行自由心证，适当确定侵权人应当承担的赔偿数额。[①] 本条通过列举需要考量的若干要素，从而为法官在数额难以确定的情况下如何酌定赔偿构建基本框架。

[①] 程新文：《侵权事实存在，但侵权造成的损害数额无法确定或者难以确定的，应如何处理》，载最高人民法院民一庭编：《中国民事审判前沿》（总第一集），法律出版社2005年版，第157~158页。

一、损害结果与损失数额的区分与联系

有损害才能有救济。在侵权责任中，损害结果是责任成立的必备要件。而损失数额，是人们采用一定的方法对损害结果进行的认识、评价和衡量。譬如，对于人身伤害，本身是对人的身体健康和完整性造成的损害，无法直接等同于金钱。只有通过一定的计算标准和方法，才能将人身损害转化为赔偿金。这一评价的过程，需要对损害事实进行完整、全面的掌握。如果仅能够明确损害的发生，但对损害事实信息掌握不全面，就可能造成损失数额的不确定。这种不确定，并非事实本身的不确定，而是人们在对其事后评价时因时过境迁、证据失效等原因产生的主观认识的不确定，属于法律事实的不确定。例如，甲养殖的鱼苗因上游工厂排放污水流入鱼塘导致鱼苗全部死亡。鱼苗死亡后不久恰逢山洪暴发，将死鱼全部冲走，以致无法计算损失。在这种情况下，由于损害事实已经成立，污染企业应当承担生态环境侵权责任。但由于损失数额不明确，造成赔偿标准难以确定。

大陆法系因果关系理论，有助于理解损害结果与损失数额两者间的关系。所谓责任成立的因果关系，指可归责的行为与权利受侵害之间具有因果关系，即原告所造成的损害是否由被告所造成。责任范围的因果关系则是指"权利受侵害"与"损害"之间的因果关系。如甲驾车撞伤乙，乙支出医药费，住院期间感染传染病，家中财物被盗时，其须探究的是，乙支出医药费，住院期间感染传染病，或家中财物被盗等"损害"与"其身体健康被侵害"之间是否具有因果关系。王泽鉴教授进一步指出，首先，责任因果关系所欲认定的是，"权利"受到侵害是否因其原因事实（加害行为）而发生，因权利被侵害而发生的损害，是否应予赔偿，系属责任范围因果关

系的范围。其次，责任范围因果关系所要认定的不是"损害"与"其原因事实"的因果关系，而是"损害"与"权利受侵害"间的因果关系，即因权利受到侵害而产生的损害，何者应归由加害人负赔偿责任的问题。[①] 责任成立因果关系与责任范围因果关系的区分，也从另一个角度说明了损害结果与损失数额这一对概念之间的区别与联系。

二、损失数额的酌定因素

本条列举了"侵权行为对原告造成损害的程度、被告因侵权行为获得的利益以及过错程度等因素，并可以参考负有环境资源保护监督管理职责的部门的意见"等酌定因素。需要说明的是，本条所列举的诸要素适用的前提是损失数额没有证据证明的情形。如果当事人能够提供间接证据，原则上应当优先采用间接证据。如前所举例证中，甲虽然不能证明其当年养殖的鱼苗的数量，但如果能够提供往年养殖鱼苗数量，或规模、条件相近鱼塘的鱼苗数量等间接证据，且无相反证据或正当理由排除的，人民法院原则上可以按照该证据作出判决。就本条所列举的相关因素，现说明如下。

（一）关于造成损害的客观程度

损害的程度是从客观角度对损害后果的观察。即在无法精确量化损失数额的情况下，通过损害程度对损失数额作大致评估。在通常情况下，损害程度越严重，损失数额越大，反之同理。如在杜某某、宋某某等与某风电公司放射性污染责任纠纷案[②]中，某风电公司建设的蜂场工程高压线及线塔经过宋某某的两幢房屋附近。该电塔

---

① 王泽鉴：《侵权行为（第3版）》，北京大学出版社2021年版，第231页。
② 参见黑龙江省齐齐哈尔市中级人民法院（2022）黑02民终1058号民事判决书。

运行后，造成宋某某的房屋墙体和房屋室内、室外附属物上金属物品全部带电，导致宋某某及其家人无法正常居住及使用，进而成讼。某风电公司辩称，虽然输电线路下方存在感应电，但至今已长达 13 年，并未产生损害后果。法院经审理认为，放射性污染对人身伤害具有潜在性和隐蔽性的特点，被侵权人往往在开始受到损害时显露不出明显的受损症状，其所遭受的损害往往暂时无法用精准的计量方法来反映，但随着时间的推移，会逐渐显露。人民法院遂根据两幢房屋因安全隐患无法正常居住的事实，按照房屋 13 年的租金酌定某风电公司赔偿损失 13 万元。又比如，在杨某某、王某某诉砂石厂环境污染责任纠纷案①中，原告以被告砂石厂在生产过程中产生的噪声和粉尘超标严重影响其生活和身体健康为由提起诉讼。在诉讼过程中，二原告仅分别提交了一份诊断证明，对此外的医疗及购买药品票据均无相关证据印证，法院根据被告生产线的生产情况、生产产生的粉尘在原告所患疾病中的原因力大小等因素，酌情确定砂石厂赔偿原告医疗费 4600 元。

（二）被告因侵权行为获得的利益

根据《民法典》第一千一百八十二条的规定，侵权行为造成人身损害的，可以按照侵权人获得的利益赔偿。该条归责被称为"获利返还"或"获利剥夺"。所谓因侵权行为获得的利益，包括积极利益和消极利益，即财产增量和对价节省。就财产增量而言，一般是指侵权人实施侵权后其产品销售、服务营收的同比增长率。以获利之差额替代难以举证受损之差额。而消极利益，则一般指未经他人同意使用他人的肖像、姓名等而节省的授权金。如甲公司未经某

---

① 参见重庆市第五中级人民法院（2019）渝 05 民终 7445 号民事判决书。

明星同意而使用其签名和肖像作为护肤品广告。对于因此而产生的产品销售的增长，属于积极利益。而该公司因此而节省的理应支付的授权金，则属于消极利益，均可以作为认定损失数额的依据。在财产权领域，《专利法》第七十一条规定，侵犯专利权的赔偿数额按照权利人因被侵权所受到的实际损失或者侵权人因侵权所获得的利益确定。《著作权法》第三十九条、《商标法》第六十三条也有类似之规定。

由此可见，获利返还制度似乎仅适用于知识产权以及与之具有可类比性的人格权领域。《最高人民法院关于审理利用信息网络侵害人身权益民事纠纷案件适用法律若干问题的规定》第十二条第二款规定，"被侵权人因人身权益受侵害造成的财产损失以及侵权人因此获得的利益难以确定的……"从比较法来看，也可以得出同样的结论。获利返还的损失计算方法最初就源自无形财产权的保护，其法理依据乃基于实际需要及衡平考虑，即无权侵害他人权利者，不得取得优于经由权利所有人授权使用者的法律地位。即便如此，仍有观点认为，对于人格权类推适用知识产权获利返还制度有违侵权损害赔偿的基本原则，而适用不当得利或无因管理的原理，理论构成方为妥当。在这种情况下，侵权损害赔偿适用获利返还与不当得利制度可以相互替换。例如，对于未经许可使用肖像获得的不法收入，受害人既可以依据侵权主张损害赔偿的获利返还，也可以按照不当得利获得救济。

如照此理解，就应当对《民法典》第一千一百八十二条作限缩解释，即一般仅适用于侵害人格权造成的损失计算，而不包括其他类型的人身损害。即不能当然适用于生态环境侵权造成的人身损失。至于财产损害，则目前没有法律可以适用（生态环境侵权显然不能适用专利法等知识产权法）。之所以不能当然适用，是生态环境侵权造成的受害人的人身财产损害与侵权人获得的利益之间并不具有同一性。例如，某化工企业在排污许可的范围内排放废气造成周边果园果树患病减产。如果认为化工企业正当排污所产生的生产利益都应当作为果农的损失数额，既缺乏理论支持，亦有违公平。同样，该果农亦不得向化工厂主张不当得利返还。只有在某些特定情况下，才能够适用该规则。例如，在污染企业无证排污造成损害的情况下，对于其因未取得排污许可，未缴纳排污费、未依法配置污染物处理设施等节省的费用，可以作为受害人损失数额的酌定因素。又比如，某矿山企业未按照设计规范开采煤矿造成地质塌陷，对于因其违规开采产生的超额利润，也可以作为受害人损失数额的酌定因素。总而言之，是否适用被告因侵权获得的利益作为酌定因素，应当充分结合案件的基本事实，从公平的角度妥当考量。特别是对于侵权人无过错的情况下，获利返还难有适用的空间。此外，还有观点认为，获利返还制度具有惩罚性特征。按照这一观点，则对于无过错的生态环境侵权，适用获利返还则更加缺乏正当性。

（三）被告的过错程度

按照侵权法理论，过错和违法性与结果要件分属独立构成要件，互不隶属。但是，侵权责任制度的目的并非客观地分析某一行为，而是要通过构成要件的协同作用实现归责。因此，尽管侵权责任诸要件各有分工，但无一例外都服务于归责的目的，具有价值判断的功能。例如，因果关系一般被认为是行为与损害结果之间的客观上的必然联系。但是，事物间的因果关系连绵不绝，如不选择在何处切断，将可能造成损害无限扩大，危及行为自由。由此产生了相当因果关系理论，将预见性规则引入了因果关系的判断，从而使因果关系具有了价值判断功能。损害结果同样如此，当损失数额确实无法确定时，引入过错程度作为酌定因素，使判决结果相对有利于无过错的侵权人，而相对不利于有过错特别是过错程度较大的侵权人，无疑是妥当的。此外，在考虑被告过错的同时，也要考虑原告的过错及程度。这是因为，当原告构成重大过失时，被告可以根据过失相抵原则适当减轻责任。

（四）行使环境资源保护监督管理职责的部门的意见

在"党委领导、政府主导、企业主体、社会组织和公众共同参与"的现代环境治理体系中，行使环境资源保护监督管理职责的部门在处理生态环境侵权纠纷中具有天然的优势。从立法来看，多部环境保护法律和行政法规都有关于受害人可以就环境侵害纠纷请求行政机关调处的规定。从当事人的角度来看，当其人身财产权益因污染环境、破坏生态行为受到损害时，也往往寄希望于通过行政机关来获得救济。在这种情况下，行使环境资源保护监督管理职责的部门在事故调查、纠纷调处等过程中形成的意见对于人民法院对损害数额的酌定具有一定的参考意义。

【审判实践中需要注意的问题】

本条通过罗列若干需要考量的因素，为生态环境侵权损失数额的酌定设定了大致的框架。在这个框架范围内，法官可以根据案件的实际情况按照上述要素，妥当确定损失的数额。需要指出的是，虽然法院不能因为原告未能证明损失数额而拒绝裁判或驳回其诉讼请求。但根据举证分配规则，由于原告未能就第二个层次中的因果关系即"责任的范围"因果关系承担举证责任，故原告仍应承担相应不利后果。特别是在因未能及时保留证据等原告自身因素造成损失数额无法确定时，可以考虑适用较低的酌定标准，避免原告因自身原因未能充分举证而获利。此外，即便本条规定了若干考量因素，但在实践中不同法官基于自身的知识背景和价值判断，造成不同案件酌定标准不统一的情况仍然难以避免。这一问题的解决，则有赖于通过司法实践的总结，发布指导案例、典型案例来实现。

> 第三十一条 【公益诉讼损失、费用的酌定】在生态环境保护民事公益诉讼案件中，损害事实成立，但生态环境修复费用、生态环境受到损害至修复完成期间服务功能丧失导致的损失、生态环境功能永久性损害造成的损失等数额难以确定的，人民法院可以根据污染环境、破坏生态的范围和程度等已查明的案件事实，结合生态环境及其要素的稀缺性、生态环境恢复的难易程度、防治污染设备的运行成本、被告因侵权行为获得的利益以及过错程度等因素，并可以参考负有环境资源保护监督管理职责的部门的意见等，合理确定。

【条文主旨】

本条是关于生态环境保护民事公益诉讼中损失、费用数额难以确定情形下人民法院依职权酌定的规定。

【条文理解】

一、条文起草背景

生态环境保护民事公益诉讼案件具有很强的专业性、技术性，对于判断因果关系、确定损害的程度和范围、评估将来的环境影响、平衡经济与环境利益以及寻求解决环境问题的方法等专门性问题通常需要从专业技术的角度作出评判。尤其是在损害事实成立，但相关修复费用、损失的计算更有赖于专业技术的支持。而这些问题实践中往往难以通过鉴定方式得到确定，主要有以下几个因素：一是各地普遍缺乏专业化的、具有公信力的环境损害鉴定机构，具备司法鉴定资质的鉴定机构更是为数寥寥。环境损害评估体系主要包括农业环境污染损害鉴定、养殖和野生渔业环境污染损害鉴定、海洋生态环境损害鉴定、室内环境质量检测、林业环境破坏评估鉴定、危险废弃物认定等，分散在农业、渔业、海洋、环境保护等环境资源行政管理部门。由于行业准入门槛较低，导致评估鉴定市场机构林立，良莠不齐，并且上述鉴定机构的资质也不统一，有的只具有环境监测资质或者渔业资源损害等某一方面的评估鉴定资质，并不具备评估环境资源及环境自身损害的能力和经验，不能为环境司法提供权威、公正的技术支持。为解决环境损害鉴定机构缺失的问题，生态环境部等单位采取推荐机构的方式，弥补实践中司法鉴定机构不能解决环境损害鉴定难的问题。目前已经推荐了三批机构，2014年1月，环境保护部①下发《环境损害评估鉴定推荐机构名录（第一批）》，推荐12家在环境损害评估鉴定领域具有经验和实力的机构开展环境损害评估鉴定工作。2016年2月，环境保护部下发《生态环境损害鉴定评估推荐机构名录（第二批）》推荐17家机构。2020年4月，生态环境部下发《生态环境损害鉴定评估推荐机构名录（第三批）》推荐13家机构。至此，生态环境领域共计推荐了42家机构开展生态环境损害鉴定评估工作，基本覆盖了全国所有省区市，但还是难以满足审判需要。二是环境损害评估鉴定技术规范

---

① 2018年3月，第十三届全国人民代表大会第一次会议批准了《国务院机构改革方案》，组建生态环境部，不再保留环境保护部，下同。

存在缺失和冲突。当前环境损害评估鉴定不仅存在技术标准严重缺失的问题，并且，由于环境损害评估鉴定涉及环境保护、农业、国土、林业、海洋等环境资源行政管理部门，这些部门正在或已经组织编制的技术规范各有侧重，关于污染损害范围的界定与评估方法也有差别。评估鉴定技术规范的不统一，必然导致实践操作不统一以及鉴定结论的相互矛盾，实践中多份鉴定结论之间相互打架的情形并不乏见，这给缺乏专业知识的法院增加了裁判的难度。三是环境损害评估鉴定周期长。环境损害评估鉴定涉及范围广、污染因子较多、时空变化较快、牵涉其他因素众多等原因，使鉴定相对复杂，同时，环境损害鉴定链条包含污染物质鉴别、污染成因分析、累积因素排除、损失分析评估、损害量化确认等环节，导致环境损害鉴定的周期较长，难以适应案件的办理时限需求。四是环境损害评估鉴定费用高。实践中有些案件的评估鉴定费用甚至会超出当事人主张的诉讼标的额，委托评估假定的合理性不足。

综上，由于生态环境侵权案件的专业性、复杂性，实践中存在"定性不易、定量更难"的问题，即使根据在案证据能够认定侵权事实成立，但损害赔偿数额或者损失、费用数额仍然难以确定。这里的损害赔偿数额或者有关损失、费用难以确定，就包括了本解释第二十一条所列因没有鉴定标准、成熟的鉴定方法、相应资格的鉴定人等无法进行鉴定，以及鉴定周期过长、费用过高等诉讼成本明显超出诉讼目的的情形。对于这些情况，法院既不能因事实不清拒绝裁判，也不能仅以原告未完成举证责任为由不支持其关于损失、费用的主张，而应结合已查明的案件事实和其他证据，对相关数额进行酌定，这也是审理侵权案件的通常做法。本条在充分总结审判经验基础上，明确了公益诉讼中修复费用和损失的酌情考量因素。

二、酌定的前提

可以酌情确定生态环境修复费用和损失的前提在于损害事实成立，在此基础上要依据污染环境、破坏生态的范围和程度进行酌定。根据生态环境部 2020 年发布的《生态环境损害鉴定评估技术指南 总纲和关键环节　第 1 部分：总纲》等六项标准内容，规范了生态环境损害鉴定评估的相关内容，可以作为参考。该文件中，明确生态环境损害是指"因污染环境、破坏生态造成环境空气、地表水、沉积物、土壤、地下水、海水等环境要素和植物、动物、微生物等生物要素的不利改变，及上述要素构成的生态系统的功能退化和服务减少"。原环境保护部《环境损害鉴定评估推荐方法（第Ⅱ版）》中有一些可以参考的量化指标，包括：某特定类型栖息地的范围；某种资源的单位或数量（如河流的公里数、某种类型栖息地的公顷数、可用水量等）；植被密度、覆盖或生物量量度；某种植物优良种、优势种或主要种的分布比例；栖息地质量指标；生物生产率、物种丰度、生物量、多样性或群落构成量度；繁殖率；栖息地物种活动时间（例如，如果某个事故降低了栖息地的功能，使其生物数量减少）；种群完整性量度，比如性别比；依据超过毒性阈值的程度确定服务损害的级别。这些都可以作为确定生态环境损害范围和程度的参考依据。当然，上述指标中有些项目专业性非常强，法官还需要向相关领域的环境专家咨询，合理确定损害的范围和程度。

三、考量的主观因素

本条规定人民法院在确定生态环境修复费用以及损失时需考虑被告的过错程度。对于侵权损害赔偿，实行的是完全赔偿原则，即完全填补原告所遭受的损害，被告的过错程度通常并非认定赔偿范围和数额的因素。但也存在例外。比如，《民法典》第九百九十八条规定："认定行为人承担侵害除生命权、身体权和健康权外的人格权的民事责任，应当考虑行为人和受害人的职业、影响范围、过错程度，以及行为的目的、方式、后果等因素。"侵权法除具有权利救济功能外，也具有预防和惩戒功能，行为人的过错程度越高，意味着预防和惩戒的必要性也越强。对于需要法院行使自由裁量权确定损害赔偿数额的情形，过错程度往往是一个必不可少的考量因素。基于上述原理，起草本条时我们也将被告的主观过错程度作为法院认定生态环境修复费用和损失的酌定因素。

四、考量的客观因素

本条列举的可以酌定的客观因素很多，大致可以分为以下三大类：

1. 生态环境及其要素的稀缺性、生态环境恢复的难易程度。环境有其自身的承载容量，具有稀缺性的特点。在特定的适宜人类生存的地区，环境与对环境进行消费的人口数量之间有一个适度比例，这个比例要通过社会制度安排对两者进行配置才能达到或者不明显超出该适度比例。故如何配置环境资源不但是经济问题，也是社会问题。理论上，所有生态环境均可以恢复，但该种恢复是专业技术上可以达到，而非实际操作层面均可以完成。比如，土壤污染事件中，由于生态环境恢复所需时间长、成本高，往往无法采用实际恢复的方式处理，而采用风险管控的处理方式，这在土壤污染防治法中已经予以明确。故在无法进行鉴定或者鉴定成本过高的情况下，可以考虑生态环境的稀缺性和恢复的难易程度作为酌情确定修复费用和损失赔偿资金的因素。此外，该部分客观因素应当从一般社会公众角度考量，而不是从专业技术角度考量。毕竟对于该类无法进行专业技术判断的情况，考量的标准不应设置过高。对于一般公众来说，生态环境是稀缺的，修复难度是较大的，就符合该条的本意。如，最高人民法院第208号指导性案例江西省上饶市人民检察院诉张永明、张鹭、毛伟明生态破坏民事公益诉讼案中，法院认为本案三行为人对巨蟒峰造成的损失量化问题，目前全国难以找到鉴定机构进行鉴定。依据《环境民事公益诉讼解释》第二十三条规定，法院可以结合破坏生态的范围和程度、生态环境的稀缺性、生态环境恢复的难易程度以及被告的过错程度等因素，并可以参考相关部门意见、专家意见等合理确定。

2. 防治污染设备的运行成本。这是借鉴《环境保护法》第五十九条关于违法排放污染物处罚数额计算依据的规定。《环境保护法》第五十九条规定："企业事业单位和其他生产经营者违法排放污染物，受到罚款处罚，被责令改正，拒不改正的，依法作出处罚决定的行政机关可以自责令改正之日的次日起，按照原处罚数额按日连续处罚。前款规定的罚款处罚，依照有关法律法规按照防治污染设施的运行成本、违法行为造成的直接损失或者违法所得等因素确定的规定执行……"当前，守法成本高、违法成本低是实践中的一个突出问题，违法排污的罚款数额如果低于正常运行防治污染设施的成本，可能导致企业选择违法排污。因此，环境保护法修订时规定环境执法部门在确定罚款数额时应将运行防治污染设施成本这一因素纳入裁量的范围。基于同样的原理，在排污企业应该建设防治污染设备而未建，或者虽已经建设但未依法运行，从而造成环境污染、生态破坏的，法院应将企业正常运行防治污染设施的成本作为认定生态环境修复费用的最低限额，只有这样，才能达到有效遏制违法排污行为的目的。

3. 被告因侵权行为获得的利益。为克服此类"确有损害但又难以确定"的困难，减轻原告的证明负担，相关法律采取了一些法律技术或替代方法。比如，《专利法》第七十一条第一款规定："侵犯专利权的赔偿数额按照权利人因被侵权所受到的实际损失或者侵权人因侵权所获得的利益确定；权利人的损失或者侵权人获得的利益难以确定的，参照该专利许可使用费的倍数合理确定。对故意侵犯专利权，情节严重的，可以在按照上述方法确定数额的一倍以上五倍以下确定赔偿数额。"此外，《商标法》、《著作权法》也有被侵权人实际损失难以确定的，可以按照侵权人因侵权所获得的利益加以确定的类似规定。对于污染企业获得的收益，可以通过企业排污期间所获得的利润扣除应支出的治污成本予以确定，还可以参照政府部门的相关统计数据和信息，以及同区域同类生产经营者的同期平均收入、平均治污成本，合理酌定。

此外，本条还规定法院在依职权酌定时可以参考负有环境资源保护监督管理职责的部门的意见。生态环境、自然资源、海洋、农业、水利等负有环境资源保护监督管理职责的部门大都有各自下属的监测或者检验鉴定机构，具备专业人员、技术、设备和经验优势，并且，在污染事件发生后，负有环境资源保护监督管理职责的部门为履行行政处罚等监管职责，通常会有环境污染事件的调查报告。因此，法院在生态环境修复费用和损害赔偿资金难以确定或者确定费用明显过高的情况下，应主动听取负有上述单位的意见，并将之作为考量因素之一。

起草过程中，全国律师协会曾建议增加"生态资源损失"作为酌定修复费用和损害赔偿资金的考量因素。我们经研究认为，生态资源损失的概念宽泛、含义不明，而本条所列"生态环境修复费用、生态环境受到损害至修复完成期间服务功能丧失导致的损失、生态环境功能永久性损害造成的损失""生态环境及其要素的稀缺性、生态环境恢复的难易程度"则明确具体，故未予采纳。

【审判实践中需要注意的问题】

本条规定与第三十条在思路上是一致的，区别在于法院酌定时考量的因素不同，这是公益诉讼与私益诉讼所保护法益之不同决定的。在生态环境保护公益诉讼案件中，需要注意以下几点：

1. 适用的前提。本条的适用前提是损害事实成立，而生态环境修复费用或者损害赔偿金难以确定或者鉴定费用明显过高的情况，因此，如存在相应的评估鉴定机构且鉴定费用合理的情形下，原则上还是委托评估鉴定机构出具评估鉴定结论，不宜由法院直接依职权加以酌定。此外，在无法通过技术手段确定生态环境修复费用和损失赔偿金的前提下，需要对污染环境、破坏生态的范围和程度进行查明。即在已查明的案件基本事实的前提下，对于修复责任和赔偿责任的具体确定上可以采用综合相关因素予以酌情确定的方式。

2. 关于适用惩罚性赔偿的问题。根据《最高人民法院关于审理生态环境侵权纠纷案件适用惩罚性赔偿的解释》第十条规定："人民法院确定惩罚性赔偿金数额，应当综合考虑侵权人的恶意程度、侵权后果的严重程度、侵权人因污染环境、破坏生态行为所获得的利益或者侵权人所采取的修复措施及其效果等因素，但一般不超过人身损害赔偿金、财产损失数额的二倍。因同一污染环境、破坏生态行为已经被行政机关给予罚款或者被人民法院判处罚金，侵权人主张免除惩罚性赔偿责任的，人民法院不予支持，但在确定惩罚性赔偿金数额时可以综合考虑。"在确定惩罚性赔偿数额时，往往也要考量侵权人的恶意程度，这与酌定修复费用和赔偿金时所考量的侵权人的过错程度有一定关联性。在实践中需要注意的是根据司法解释的规定，生态环境修复费用是实际用于修复受损生态环境所需要的费用，不应当作为惩罚性赔偿的计算数额；而生态环境受到损害至修复完成期间服务功能丧失导致的损失、生态环境功能永久性损害造成的损失则可以具有惩罚性。

对于生态环境修复费用难以确定或者确定具体数额所需鉴定费用明显过高的情形，法院在依职权酌定生态环境修复费用时可以参考上述规定精神，即如果环境民事公益诉讼的被告存在主观故意等明显情形时，酌定生态环境受到损害至修复完成期间服务功能丧失导致的损失、生态环境功能永久性损害造成的损失时，可以按照《最高人民法院关于审理生态环境侵权纠纷案件适用惩罚性赔偿的解释》第十二条的规定，"国家规定的机关或者法律规定的组织作为被侵权人代表，请求判令侵权人承担惩罚性赔偿责任的，人民法院可以参照前述规定予以处理。但惩罚性赔偿金数额的确定，应当以生态环境受到损害至修复完成期间服务功能丧失导致的损失、生态环境功能永久性损害造成的损失数额作为计算基数"。以生态环境受到损害至修复完成期间服务功能丧失导致的损失、生态环境功能永久性损害造成的损失为基数确定惩罚性赔偿数额。

【法条链接】

《中华人民共和国民法典》（2020 年 5 月 28 日）

第一千二百三十五条 违反国家规定造成生态环境损害的，国家规定的机关或者法律规定的组织有权请求侵权人赔偿下列损失和费用：

（一）生态环境受到损害至修复完成期间服务功能丧失导致的损失；

（二）生态环境功能永久性损害造成的损失；

（三）生态环境损害调查、鉴定评估等费用；

（四）清除污染、修复生态环境费用；

（五）防止损害的发生和扩大所支出的合理费用。

《最高人民法院关于审理环境民事公益诉讼案件适用法律若干问题的解释》（2020 年 12 月 29 日）

第二十三条　生态环境修复费用难以确定或者确定具体数额所需鉴定费用明显过高的，人民法院可以结合污染环境、破坏生态的范围和程度，生态环境的稀缺性，生态环境恢复的难易程度，防治污染设备的运行成本，被告因侵害行为所获得的利益以及过错程度等因素，并可以参考负有环境资源保护监督管理职责的部门的意见、专家意见等，予以合理确定。

第三十二条　【解释的衔接】本规定未作规定的，适用《最高人民法院关于民事诉讼证据的若干规定》。

【条文主旨】

本条是关于本解释与《民事诉讼证据规定》如何衔接的规定。

【条文理解】

本解释以《民事诉讼证据规定》为基础，同时体现生态环境侵权在证据方面的特点，是《民事诉讼证据规定》在生态环境侵权领域的具体化及补充规定，对于《民事诉讼法司法解释》《民事诉讼证据规定》等法律及有关司法解释已有明确规定的内容，不作重复规定。本解释条文紧扣生态环境侵权诉讼的特点和规律，在技术性、可操作性规则上针对生态环境侵权证据特点进行完善，期待推动生态环境侵权民事诉讼证据调查收集、认定、采信的规范化。本解释对生态环境侵权领域作为实体与程序问题"结合部""连结点"的证据问题进行系统性、专门性规定，是更好发挥环境资源审判职能作用，推动构建具有中国特色和国际影响力的环境资源审判规则体系的现实需要，为解决生态环境侵权纠纷案件审判实践中的证据问题提供了有效指引。基于此，本解释与《民事诉讼证据规定》是特别法与普通法的关系，人民法院在审理环境污染责任纠纷案件、生态破坏责任纠纷案件和生态环境保护民事公益诉讼案件时应当优先适用本解释，本解释未作规定的，适用《民事诉讼证据规定》。

一、《民事诉讼证据规定》

2001 年《民事诉讼证据规定》的公布实施，对于民事诉讼当事人证据意识的形成、审判人员证据裁判主义理念的确立具有里程碑意义。2001 年《民事诉讼证据规定》在适用期间，社会生活、法律制度和民事诉讼实践都发生了巨大变化，党和国家、社会对人民法院审判工作提出了新的、更高的要求。2019 年，最高人民法院对原《民事诉讼证据规定》进行了全面修改，修改后的《民事诉讼证据规定》自 2020 年 5 月 1 日起施行。《民事诉讼证据规定》以贯彻落实《民事诉讼法》的规定、解决《民事诉讼法》在审判实践中的可操作性问题为基本目标，对当事人处分权，证据调查收集和保全、举证时限以及各种证据形式的审查规则作出规制，以期实现民事诉讼证据认定、采信规范化的目的。

《民事诉讼证据规定》共一百条，按照"当事人举证—人民法院调查收集证据—举证时限和证据交换—质证—证据的审核认定—其他"的结构布局，体现了证据在民事诉讼中动态的过程。与原《民事诉讼证据规定》相比，修改后的《民事诉讼证据规定》在"当事人举证"部分，主要补充完善了当事人自认规则；在"人民法院调查收集证据"部分，对鉴定的规定进行了补充完善，增加了对鉴定人虚假鉴定处罚的内容，同时增加规定了"书证提出命令"制度；在"举证时限和证据交换"部分，完善了举证时限的可操作性规则；在"质证"部分，对于当事人、证人作证行为的程序、要求进行完善和补充，对于当事人、证人故意虚假陈述规定了处罚措施；在"证据的审核认定"部分，完善了电子数据的审查判断规则。其中，保留原《民事诉讼证据规定》条文未作修改的有十一条，对原《民事诉讼证据规定》条文修改的有四十一条，新增加条文有四十七条。《民事诉讼证据规定》的施行，进一步规范了各方诉讼主体包括审判主体的证据行为。具体来讲，有效遏制了民事诉讼各方诉讼主体、诉讼参与人存在的一些不规范行为，如加大对当事人虚假陈述、滥用举证权利，以及一些评估鉴定机构存在的虚假鉴定、随意撤销鉴定等妨碍民事诉讼等行为的制裁力度；同时，对有些法院在认定采信证据上存在的问题进行严格规范。此外，《民事诉讼证据规定》进一步调试了审判主体和诉讼当事人在举证、查证和认定证据方面的职能分工，在职权主义和当事人之间进行了重新分配。一方面，明确了当事人提供证据的责任，充分调动当事人提供证据的积极性，提高举证效率，有利于节约司法资源；另一方面，又科学地设定了人民法院合议庭、主审法官在调查收集证据方面的责任。这种调整有利于提高审判效率，减少滥用职权的情形，进一步提高司法公信力。

二、生态环境侵权证据特点

生态环境侵权是指行为人造成的环境污染与生态破坏对民事主体的生产、生活和健康以及其他生物的生存和发展造成影响和破坏而应当承担的一种法律责任。民法典通过在侵权责任编增补"破坏生态"这一侵权形态，使环境侵权的原因行为得以完善为"污染环境""破坏生态"两种情形。生态环境侵权，既包括生态环境私益侵权，也包括生态环境公益侵权。生态环境私益侵权案件是因生态环境受损进而导致合法利益被侵害的自然人、法人和非法人组织提起的诉讼，《民法典》于第一千二百二十九条对环境侵权原因行为和环境私益侵权责任作出规定，是生态环境私益诉讼实体法依据；生态环境公益侵权案件则是因生态环境公共利益受损而由"国家规定的机关或者法律规定的组织"提起的诉讼，《民法典》于第一千二百三十四条、第一千二百三十五条针对造成生态环境损害之公共利益的环境侵权责任作出规定，是生态环境保护民事公益诉讼实体法依据。

无论生态环境私益侵权案件，还是公益侵权案件，基于环境污染、生态破坏自身的特点，与一般侵权相比，生态环境侵权在证据方面至少存在以下突出特点：（1）"证据偏在"问题明显。诸如污染物名称、排放方式、排放浓度和总量、超标排放情况以及防治污染设施的建设和运行情况等对案件审理至关重要的环境信息，均掌握在侵权人手中，被侵权人的举证能力受到限制，申请人民法院调查收集证据的情况较为普遍。（2）举证责任分配不同。由于生态环境侵权的特殊性、因果关系复杂及"证据偏在"问题的存在等，如果坚守传统的举证证明责任分配标准，要求受害人就被损害事实承担举证责任，其受损权利难以保障。因此，生态环境侵权采用了不同于《民事诉讼法》第六十七条规定的"谁主张，谁举证"的制度安排，推定侵权行为与损害结果存在因果关系，并将证明因果关系不存在的举证责任分配给行为人，也即采用无过错责任归责原则，举证责任倒置，因果关系构成要件由侵权人证明。民法典第一千二百三十条规定，"因污染环境、破坏生态发生纠纷，行为人应当就法律规定的不承担责任或者减轻责任的情形及其行为与损害之间不存在因果关系承担举证责任"。（3）事实认定的"专业壁垒"问题突出。生态环境侵权大多具有长期性、潜伏性、持续性、广泛性等特点，污染行为交互迁移，造成损害的过程、因果关系链条比较复杂，且可能涉及物理、化学、生物、地理、医学、环境科学等专业知识，专门性问题事实查明的难度大，对专家证据的依赖程度较高。

三、本解释重点解决的问题

在历次环境资源审判疑难问题调研中，证据问题都是各级法院反映的焦点，如公益诉讼与私益诉讼举证责任分配之异同，原告关于关联性的证明程度，因果关系的判断因素，鉴定难、费用高、周期长的问题如何破解，当事人自行委托"鉴定"的处理，鉴定人能否对鉴定事项转委托，行政执法、刑事侦查过程中收集的信息可否作为证据使用，证明妨害规则、书证提出命令在环境侵权诉讼中如何具体适用，损失、费用能否及如何酌定，等等。审判人员对这些问题的认识和把握，直接关系到当事人实体权利的保护和人民法院裁判的公正性，应当妥善解决。

本解释共三十四条，分八个部分，第一部分为第一条，是关于案件适用范围的规定；第二部分为第二条至第九条，是关于当事人举证的规定；第三部分为第十条至第十四条，是关于证据的调查收集和保全的规定；第四部分为第十五条，是关于证据共通原则的规定；第五部分为第十六条至第二十三条，是关于专家证据的规定；第六部分为第二十四条至第二十九条，是关于书证的规定；第七部分为第三十条至第三十一条，是关于人民法院对损害赔偿、损失、费用等进行酌定的规定；第八部分为第三十二条至第三十四条，是其他内容，包括本解释与《民事诉讼证据规定》的关系与衔接的规定、检察公益诉讼参照适用的规定及本解释的效力规定。

【审判实践中需要注意的问题】

1. 要准确把握适用范围

本解释适用于人民法院审理生态环境侵权民事案件，具体包括环境污染责任纠纷案件、生态破坏责任纠纷案件和生态环境保护民事公益诉讼案件。其中，生态环境保护民事公益诉讼案件，包括环境污染民事公益诉讼案件、生态破坏民事公益诉讼案件和生态环境损害赔偿诉讼案件。上述几类生态环境侵权案件在证据规则上，应当优先适用本解释，在本解释未作规定的情况下，适用《民事诉讼证据规定》。要正确适用本解释，首先就要准确把握适用范围，准确识别生态环境侵权民事案件，特别应当注意与相邻污染侵害和劳动者职业污染损害的区别。相邻污染侵害中因个人、家庭生活排放污染发生的纠纷适用过错责任原则，主要由民法典规定的相邻关系解决，不适用本解释。而《最高人民法院关于审理环境侵权责任纠纷案件适用法律若干问题的解释》第二条明确规定，对于不动产权利人在日常生活中因污染环境、破坏生态造成相邻不动产权利人损害，及劳动者在职业活动中因污染环境、破坏生态受到损害发生的纠纷，不作为生态环境侵权案件处理。

2. 要准确把握本解释适用与《民事诉讼证据规定》的衔接问题

本解释是在《民事诉讼证据规定》基础上制定的，同时又根据生态环境侵权纠纷呈现的特点作出相应调整。因此，在贯彻执行过程中，要注意本解释与《民事诉讼证据规定》的不同，注意分析不同的原因及内在逻辑，做到准确理解、正确适用。由于本解释对于《民事诉讼法司法解释》《民事诉讼证据规定》已有明确规定的内容，不作重复规定，在适用时要注意结合《民事诉讼法司法解释》和《民事诉讼证据规定》的内容。

【法条链接】

《中华人民共和国民法典》（2020 年 5 月 28 日）

第一千二百二十九条　因污染环境、破坏生态造成他人损害的，侵权人应当承担侵权责任。

第一千二百三十条　因污染环境、破坏生态发生纠纷，行为人应当就法律规定的不承担责任或者减轻责任的情形及其行为与损害之间不存在因果关系承担举证责任。

第一千二百三十四条　违反国家规定造成生态环境损害，生态环境能够修复的，国家规定的机关或者法律规定的组织有权请求侵权人在合理期限内承担修复责任。侵权人在期限内未修复的，国家规定的机关或者法律规定的组织可以自行或者委托他人进行修复，所需费用由侵权人负担。

第一千二百三十五条　违反国家规定造成生态环境损害的，国家规定的机关或者法律规定的组织有权请求侵权人赔偿下列损失和费用：

（一）生态环境受到损害至修复完成期间服务功能丧失导致的损失；

（二）生态环境功能永久性损害造成的损失；

（三）生态环境损害调查、鉴定评估等费用；

（四）清除污染、修复生态环境费用；

（五）防止损害的发生和扩大所支出的合理费用。

《最高人民法院关于适用〈中华人民共和国民事诉讼法〉的解释》（2022 年 4 月 1 日）

第一百一十二条　书证在对方当事人控制之下的，承担举证证明责任的当事人可以在举证期限届满前书面申请人民法院责令对方当事人提交。

申请理由成立的，人民法院应当责令对方当事人提交，因提交书证所产生的费用，由申请人负担。对方当事人无正当理由拒不提交的，人民法院可以认定申请人所主张的书证内容为真实。

《中华人民共和国民事诉讼法》（2023 年 9 月 1 日）

第六十七条 当事人对自己提出的主张，有责任提供证据。

当事人及其诉讼代理人因客观原因不能自行收集的证据，或者人民法院认为审理案件需要的证据，人民法院应当调查收集。

人民法院应当按照法定程序，全面地、客观地审查核实证据。

《最高人民法院关于审理生态环境侵权责任纠纷案件适用法律若干问题的解释》（2023 年 8 月 15 日）

第二条 因下列污染环境、破坏生态引发的民事纠纷，不作为生态环境侵权案件处理：

（一）未经由大气、水、土壤等生态环境介质，直接造成损害的；

（二）在室内、车内等封闭空间内造成损害的；

（三）不动产权利人在日常生活中造成相邻不动产权利人损害的；

（四）劳动者在职业活动中受到损害的。

前款规定的情形，依照相关法律规定确定民事责任。

> **第三十三条 【检察公益诉讼参照适用】** 人民法院审理人民检察院提起的环境污染民事公益诉讼案件、生态破坏民事公益诉讼案件，参照适用本规定。

【条文主旨】

本条是关于检察机关依法提起环境污染、生态破坏民事公益诉讼时参照适用的规定。

【条文理解】

一、关于检察公益诉讼

检察公益诉讼对于强化国家利益和社会公共利益司法保障力度，规范行政机关依法行政，具有积极的促进作用。

2014年10月23日，党的十八届四中全会通过的《中共中央关于全面推进依法治国若干重大问题的决定》中提出"探索建立检察机关提起公益诉讼制度"。2015年7月1日，第十二届全国人大常委会第十五次会议表决通过《全国人民代表大会常务委员会关于授权最高人民检察院在部分地区开展公益诉讼试点工作的决定》（以下简称《授权试点决定》）指出，为加强对国家利益和社会公共利益的保护，第十二届全国人民代表大会常务委员会第十五次会议决定：授权最高人民检察院在生态环境和资源保护、国有资产保护、国有土地使用权出让、食品药品安全等领域开展提起公益诉讼试点。试点地区确定为北京、内蒙古、吉林、江苏、安徽、福建、山东、湖北、广东、贵州、云南、陕西、甘肃13个省、自治区、直辖市。人民法院应当依法审理人民检察院提起的公益诉讼案件。《授权试点决定》实施办法由最高人民法院、最高人民检察院制定，报全国人民代表大会常务委员会备案。公益诉讼试点期限为2年，自《授权试点决定》公布之日起算。试点期满后，对实践证明可行的，应当修改完善有关法律。2015 年 7 月 2 日，最高人民检察院发布《检察机关提起公益诉讼改革试点方案》，进一步明确了人民检察院提起公益诉讼的具体方式。两年试点期间，试点地区人民检察院严格履行诉前程序，充分发挥相关主体保护公益积极性和行政机关履职纠错主动性，节约司法资源，提高保护质效。最高人民法院建立专门工作机制，加大监督指导力度，研究制定《人民法院审理人民检察院提起公益诉讼案件试点工作实施办法》等指导文件，内容涵盖人民检察院提起环境公益诉讼案件的审判原则、受理审理程序和裁判方式等，为试点法院审理人民检察院提起的公益诉讼案件提供了审理依据和政策指引。在两年试点工作即将结束时，最高人民法院和最高人民检察院开展了试点工作全面调研评估。2017 年 3 月，最高人民法院起草《最高人民法院关于检察机关提起公益诉讼试点工作情况及立法修改建议的报告》，就立法修改的必要性、范围、方式和具体条文提出建议，报送全国人大常委会。2017 年 4 月，最高人民法院和最高人民检察院进行了多次沟通，对于立法修改必要性和具体建议基本达成共识，形成《关于提请全国人民代表大会常务委员会就人民检察院提起公益诉讼修改完善有关法律的报告》，共同报送全国人大常委会。2017 年 5 月 23 日，中央全面深化改革领导小组第三十五次会议审议通过《关于检察机关提起公益诉讼试点情况和下一步工作建议的报告》。会议指出，正式建立人民检察院提起公益诉讼制度的时机已经成熟，要在总结试点工作的基础上，为人民检察院提起公益诉讼提供法律保障。2017 年 6 月 27 日，第十二届全国人大常委会第二十八次会议表决通过《全国人民代表大会常务委员会关于修改〈中华人民共和国民事诉讼法〉和〈中华人民共和国行政诉讼法〉的决定》，人民检察院提起公益诉讼明确写入这两部法律。这标志着我国以立法形式正式确立了检察公益诉讼制度。2017 年修正的

《民事诉讼法》第五十五条规定，对污染环境、侵害众多消费者合法权益等损害社会公共利益的行为，法律规定的机关和有关组织可以向人民法院提起诉讼。人民检察院在履行职责中发现破坏生态环境和资源保护、食品药品安全领域侵害众多消费者合法权益等损害社会公共利益的行为，在没有前款规定的机关和组织或者前款规定的机关和组织不提起诉讼的情况下，可以向人民法院提起诉讼。前款规定的机关或者组织提起诉讼的，人民检察院可以支持起诉。2017年修正的《行政诉讼法》第二十五条增加规定检察机关提起行政公益诉讼制度，明确人民检察院在履行职责中发现生态环境和资源保护、食品药品安全、国有财产保护、国有土地使用权出让等领域负有监督管理职责的行政机关违法行使职权或者不作为，致使国家利益或者社会公共利益受到侵害的，在履行诉前程序后，可以依法向人民法院提起诉讼。

　　近年来，检察公益诉讼制度逐渐发展完善，在保护国家利益和社会公共利益方面起到了积极作用。人民法院在促进检察公益诉讼制度完善方面做了一系列扎实的工作。为了解决法律规定过于原则的问题，最高人民法院与最高人民检察院共同制定出台《最高人民法院、最高人民检察院关于检察公益诉讼案件适用法律若干问题的解释》《最高人民法院、最高人民检察院关于人民检察院提起刑事附带民事公益诉讼应否履行诉前公告程序问题的批复》，专门规范检察公益诉讼案件审理，对检察公益诉讼中的起诉受理、区域管辖、诉讼程序衔接、检察机关调查取证、证据规则、审理裁判、诉前程序等方面都作出具体规定，填补审判实践空白，推动公益诉讼制度不断完善。最高人民法院先后发布多个检察公益诉讼典型案例，为各级人民法院审理检察公益诉讼案件提供可供遵循的规范和指引，促进裁判标准的统一和审理规则的完善。最高人民法院积极组织召开全国法院公益诉讼、生态环境损害赔偿案件审判工作座谈会，就包含检察公益诉讼在内的公益诉讼和生态环境损害赔偿案件的审理、执行问题进行研讨，形成共识，进一步推动检察公益诉讼制度的发展和完善。

二、关于人民检察院的诉讼地位和诉讼权利义务

根据《民法典》《民事诉讼法》《环境保护法》的有关规定，检察机关可以依法提起环境污染、生态破坏民事公益诉讼。2017 年《民事诉讼法》的修改赋予了检察机关提起环境民事公益的主体资格。《民事诉讼法》（2023 年修正）第五十八条第二款规定，人民检察院在履行职责中发现破坏生态环境和资源保护、食品药品安全领域侵害众多消费者合法权益等损害社会公共利益的行为，在没有前款规定的机关和组织或者前款规定的机关和组织不提起诉讼的情况下，可以向人民法院提起诉讼。前款规定的机关或者组织提起诉讼的，人民检察院可以支持起诉。该条明确了人民检察院的环境公益侵权请求权的主体地位。《民法典》第一千二百三十四条规定，违反国家规定造成生态环境损害，生态环境能够修复的，国家规定的机关或者法律规定的组织有权请求侵权人在合理期限内承担修复责任。侵权人在期限内未修复的，国家规定的机关或者法律规定的组织可以自行或者委托他人进行修复，所需费用由侵权人负担。第一千二百三十五条规定了公益诉讼的赔偿范围。这两条共同确定了环境公益诉讼侵权责任的基本规则，整合了环境公益侵权责任请求权的行使主体为"国家规定的机关或者法律规定的组织"，其中国家规定的机关包含人民检察院。

根据《最高人民法院、最高人民检察院关于检察公益诉讼案件适用法律若干问题的解释》第四条的规定，人民检察院以公益诉讼

起诉人身份提起公益诉讼，依照《民事诉讼法》《行政诉讼法》享有相应的诉讼权利，履行相应的诉讼义务，但法律、司法解释另有规定的除外。这个条款包含两个方面含义，一是人民检察院以公益诉讼起诉人的身份启动的是公益诉讼，具有区别于普通原告的特殊性，《最高人民法院、最高人民检察院关于检察公益诉讼案件适用法律若干问题的解释》中对检察机关的特殊诉讼权利义务有明确规定的，应当按照《最高人民法院、最高人民检察院关于检察公益诉讼案件适用法律若干问题的解释》的规定执行。二是公益诉讼起诉人要"依照民事诉讼法、行政诉讼法享有相应的诉讼权利，履行相应的诉讼义务"。

三、关于参照适用的问题

检察机关提起环境污染、生态破坏民事公益诉讼时，从诉讼层面看，其实际上居于原告地位，依法享有、负担原告的诉讼权利义务。但是，考虑到其是以公益诉讼起诉人的身份启动公益诉讼，具有区别于普通原告的特殊性，故本条明确，人民法院审理人民检察院提起的环境污染民事公益诉讼案件、生态破坏民事公益诉讼案件，参照适用本规定。这里的"参照适用"，是指除法律、司法解释另有规定外，本规定中关于生态环境保护民事公益诉讼原告的举证责任、证明标准、申请调查收集证据、申请保全、委托鉴定、申请专家辅助人等规定，对其同样适用。

【审判实践中需要注意的问题】

根据《生态环境损害赔偿规定（试行）》第一条规定，省级、市地级人民政府及其指定的相关部门、机构，或者受国务院委托行使全民所有自然资源资产所有权的部门，因与造成生态环境损害的自然人、法人或者其他组织经磋商未达成一致或者无法进行磋商的，可以作为原告提起生态环境损害赔偿诉讼。检察机关并不在可以提起生态环境损害赔偿诉讼的主体范围内。因此，本规定第三十三条检察机关参照适用范围，仅限于第三十三条所列的环境污染民事公益诉讼案件和生态破坏民事公益诉讼案件，不包括生态环境损害赔偿诉讼案件。

【法条链接】

《中华人民共和国民法典》（2020 年 5 月 28 日）

第一千二百三十四条 违反国家规定造成生态环境损害，生态环境能够修复的，国家规定的机关或者法律规定的组织有权请求侵权人在合理期限内承担修复责任。侵权人在期限内未修复的，国家规定的机关或者法律规定的组织可以自行或者委托他人进行修复，所需费用由侵权人负担。

第一千二百三十五条 违反国家规定造成生态环境损害的，国家规定的机关或者法律规定的组织有权请求侵权人赔偿下列损失和费用：

（一）生态环境受到损害至修复完成期间服务功能丧失导致的损失；

（二）生态环境功能永久性损害造成的损失；

（三）生态环境损害调查、鉴定评估等费用；

（四）清除污染、修复生态环境费用；

（五）防止损害的发生和扩大所支出的合理费用。

《中华人民共和国环境保护法》（2014 年 4 月 24 日）

第五十八条 对污染环境、破坏生态，损害社会公共利益的行为，符合下列条件的社会组织可以向人民法院提起诉讼：

（一）依法在设区的市级以上人民政府民政部门登记；

（二）专门从事环境保护公益活动连续五年以上且无违法记录。

符合前款规定的社会组织向人民法院提起诉讼，人民法院应当依法受理。

提起诉讼的社会组织不得通过诉讼牟取经济利益。

《中华人民共和国民事诉讼法》（2023 年 9 月 1 日）

第五十八条 对污染环境、侵害众多消费者合法权益等损害社会公共利益的行为，法律规定的机关和有关组织可以向人民法院提起诉讼。

人民检察院在履行职责中发现破坏生态环境和资源保护、食品药品安全领域侵害众多消费者合法权益等损害社会公共利益的行为，在没有前款规定的机关和组织或者前款规定的机关和组织不提起诉讼的情况下，可以向人民法院提起诉讼。前款规定的机关或者组织提起诉讼的，人民检察院可以支持起诉。

《最高人民法院关于适用〈中华人民共和国民事诉讼法〉的解释》（2022 年 4 月 1 日）

第二百八十二条 环境保护法、消费者权益保护法等法律规定的机关和有关组织对污染环境、侵害众多消费者合法权益等损害社会公共利益的行为，根据民事诉讼法第五十八条规定提起公益诉讼，符合下列条件的，人民法院应当受理：

（一）有明确的被告；

（二）有具体的诉讼请求；

（三）有社会公共利益受到损害的初步证据；

（四）属于人民法院受理民事诉讼的范围和受诉人民法院管辖。

《最高人民法院、最高人民检察院关于检察公益诉讼案件适用法律若干问题的解释》（2020 年 12 月 29 日）

第四条 人民检察院以公益诉讼起诉人身份提起公益诉讼，依照民事诉讼法、行政诉讼法享有相应的诉讼权利，履行相应的诉讼义务，但法律、司法解释另有规定的除外。

《最高人民法院关于审理生态环境损害赔偿案件的若干规定（试行）》（2020 年 12 月 29 日）

第一条 具有下列情形之一，省级、市地级人民政府及其指定的相关部门、机构，或者受国务院委托行使全民所有自然资源资产所有权的部门，因与造成生态环境损害的自然人、法人或者其他组织经磋商未达成一致或者无法进行磋商的，可以作为原告提起生态环境损害赔偿诉讼：

（一）发生较大、重大、特别重大突发环境事件的；

（二）在国家和省级主体功能区规划中划定的重点生态功能区、禁止开发区发生环境污染、生态破坏事件的；

（三）发生其他严重影响生态环境后果的。

前款规定的市地级人民政府包括设区的市，自治州、盟、地区，不设区的地级市，直辖市的区、县人民政府。

《最高人民法院关于印发〈人民法院审理人民检察院提起公益诉讼案件试点工作实施办法〉》（2016 年 6 月 25 日）

第四条 人民检察院以公益诉讼人身份提起民事公益诉讼，诉讼权利义务参照民事诉讼法关于原告诉讼权利义务的规定。民事公益诉讼的被告是被诉实施损害社会公共利益行为的公民、法人或者其他组织。

第三十四条 【时间效力和新旧司法解释的衔接适用】本规定自 2023 年 9 月 1 日起施行。

本规定公布施行后，最高人民法院以前发布的司法解释与本规定不一致的，不再适用。

图书在版编目（CIP）数据

最高人民法院生态环境侵权民事证据规定理解与适用/
最高人民法院环境资源审判庭编著 . —北京：中国法制
出版社，2023.9

ISBN 978-7-5216-3810-3

Ⅰ.①最… Ⅱ.①最… Ⅲ.①环境保护法-侵权行为
-民事诉讼-证据-法律适用-中国 Ⅳ.
①D922.680.5

中国国家版本馆 CIP 数据核字（2023）第 147708 号

策划编辑：李小草　韩璐玮（hanluwei666@ 163. com）
责任编辑：白天园　　　　　　　　　　　　　　　封面设计：李宁

最高人民法院生态环境侵权民事证据规定理解与适用
ZUIGAO RENMIN FAYUAN SHENGTAI HUANJING QINQUAN MINSHI ZHENGJU GUIDING LIJIE
YU SHIYONG

编著/最高人民法院环境资源审判庭
经销/新华书店
印刷/三河市紫恒印装有限公司
开本/730 毫米×1030 毫米　16 开　　　　　　印张/ 24.25　字数/ 256 千
版次/2023 年 9 月第 1 版　　　　　　　　　2023 年 9 月第 1 次印刷

中国法制出版社出版
书号 ISBN 978-7-5216-3810-3　　　　　　　　　　　定价：98.00 元

北京市西城区西便门西里甲 16 号西便门办公区
邮政编码：100053　　　　　　　　　　　　　传真：010-63141600
网址：http：//www. zgfzs. com　　　　　**编辑部电话：010-63141792**
市场营销部电话：010-63141612　　　　　**印务部电话：010-63141606**

（如有印装质量问题，请与本社印务部联系。）